●한국교육철학학회 총서●

교사, 교과서를 말하다

교육 실제에 관한 철학적 탐구

한국교육철학학회 편
김선희 · 방진하 · 송순재 · 임현정
정정철 · 조상식 · 한현정 공저

학지사

차례

* * *

얼마 전 유튜브 영상물 하나를 볼 기회가 있었다. 우리나라에서 '프랑스 여자 로어'라는 이름으로 활동하고 있는 프랑스 건축가의 〈유럽 사람들이 일본을 좋아하는 이유〉(2020. 04. 21.)라는 작품으로, 마침 이 글의 주제 일부와 궤적을 같이하고 있기에 이를 단서로 말문을 열어 보려 한다.

로어는 이 영상에서 코로나바이러스감염증-19(COVID-19) 대처를 가장 잘하는 나라는 일본이고, 아시아라면 일본만 알고 일본이 최고고 다른 나라들은 전혀 모르거나 아니면 잘못 알고 있는 프랑스인들의 잘못된, 어쩌면 우스꽝스러운 역사 인식에 대해서 지적하고 있다. 그리고 그 이유를 학교교육, 조금 더 자세히 말하자면 교과서로 돌린 다음, 사회비판이론에서 하는 방식으로 아픈 부위를 콕 찔러 고발하고, 이 상황에서 "나는 '새로운 교육'을 하고 싶다."라고 말하고 있다. 아주 상큼한 작품으로, 자세한 내용에 대해서는 뒤에서 다시 소개하기로 하겠지만(이 장 3절 1항), 논지를 다시 정리해 보자면 다음과 같다. 사람들이 지식을 얻게 되는 것은 학교이고, 그 기반이자 중추는 교과서라는 것이지만 그렇게 중요한 가치를 지닌 교과서에도 심각한 오류가 있기에 이로 인해 세계 여러 나라 사람의 시각이 종종 왜곡되고는 한다는 것이다. 그렇다면 이 문제를 그냥 접고 넘어갈 수는 없기 때문에 반드시 수정이 필요하고 그에 상응하는 조치, 즉 새로운 교육이 요청된다는 것이다.

이 장에서는 교과서가 무엇인지, 그것은 어떤 기능을 하는지, 또 이를 어떻게 활용해야 하는지, 학습자는 교과서와 어떤 위치에서 어떤 관계를 맺어야 하는지, 교과서의 한계와 문제점은 무엇이고, 그 비판적 극복의 길은 어디에 있는지, 4차 산업혁명기에 접어든 현 시대 상황 속에서 교과서의 미래는 무엇인지 등의 물음을 중심으로 생각을 풀어 보겠다. 먼저, 교과서에 대한 개념 정의로부터 출발하여 현대적 공간에서 우리 교과서가 어떤 변천 과정을 밟아 왔고 현재 어떤 지점에 도달해 있는지에 관해서 간략히 살펴본다.

1. 교과서에 관한 기본 물음: 개념 정의, 역사적 변천 과정과 한계, 한계 극복을 위한 요청

보통 교과서라고 할 때는 1차 교육과정기(1954. 4.~1963. 2.)부터 현재까지 발전을 거듭해 온 학교의 주 교재를 염두에 둔 것이지만, 현 상태를 제대로 판단하기 위해서는 해방 후 정부 수립기, 일제 강점기, 조선시대 말 개화기 그리고 전통 시대로까지 거슬러 올라가 살필 필요가 있다.[1] 교과서란 일반적 정의에 따르면, 국가 교

1) 한국학중앙연구원의 『한국민족문화대백과』(1991~)의 교과서 항목: 개념과 역사, 현황에 관한 최근까지의 인터넷 자료(https://terms.naver.com/entry.naver?docId=794425&cid=46615&categoryId=46615).

육과정에 따라 편찬된 학교교육의 주 교재를 말하며, 여기에는 교사의 교수활동과 학생의 학습활동을 위해 사용되는 교사용 도서와 학생용 도서가 있다. 내용은 교육과정에 따라 지식과 경험의 체계를 잡아 간결 · 명료하게 제시하는 한편, 학생들이 소질과 능력, 발달단계에 따라 잘 배울 수 있도록 구조화시킨 형태여야 한다(서울대학교 교육연구소 편, 1994: 81).

우리나라에서 교과서는 학교 철학과 교육과정에 의거하여 교육을 구현하기 위한 가장 중요한 도구로서 그 법적 지위는 「초 · 중등교육법」 법률 제18461호 제29조(교과용 도서의 사용)와 대통령령(제30319호)으로 정한 「교과용도서에 관한 규정」에서 찾아볼 수 있다. 교과용 도서에는 서책, 음반, 영상, 전자 저작물을 포괄하며, 학생을 위한 교과서와 교사를 위한 지도서가 있다. 교과서와 지도서는 구조와 내용상 국가 수준의 교육목표에 따른 교육과정의 의도를 충분히 반영해야 하고, 아울러 교수-학습 과정의 기본 방향과 범위에 의미 있게 부합해야 한다.

교과서에는 국정, 검정, 인정 세 가지 종류가 있다. '국정교과서'란 교육부가 저작권을 가진 교과용 도서이며, '검정교과서'란 교육부장관의 검정을 받은 교과용 도서이며, '인정교과서'란 국정과 검정 도서가 없을 경우, 또 이를 사용하기 곤란하거나 보충할 필요가 있는 경우 교육부장관의 인정을 받아 사용하는 도서를 말한다(「교과용도서에 관한 규정」 제2조).

국정교과서는 국가의 정체성과 통일성을 위해 국가가 발행하는 도서로 한 과목에 한 종류만 있다. 검정교과서는 민간이나 국가가

위임한 기관에서 심사 절차를 거쳐 발행하며 여러 출판사의 저작물들이 있으므로 학교는 선정 절차를 거쳐 교과서를 채택한다. 인정교과서는 발행자가 없는 경우, 시 · 도 교육감이 발행하는 경우도 있다. 국정교과서가 주축을 이루었던 때는 정부 수립과 함께 사회적 안정을 필요로 했던 시기였으며, 이 성격은 군사정부가 들어섰을 때, 즉 3차 교육과정기 때 매우 강화된 형태로 나타났다. 검정교과서는 인문계 고등학교의 일부 과목에 한정되었으며, 그 외 모든 교과서의 방향과 내용은 '유신 정책'과 '국민교육헌장'의 이념에 의해 결정되었다.

교과서는 공교육의 정착과 발전 과정에 상응하여 정착하고 발전해 갔다. 해방 직후, 긴급조치기(1945. 8.~1946. 9.)에는 '임시 교과서'를 발행해 썼으며, 정부가 수립될 즈음부터 현재에 이르기까지 중요한 변천 과정을 거쳤다. 교육과정은 초기에서 현재까지 일곱 차례 변천 과정을 겪었으며, 시기와 특징을 짚어 대별해 보면 다음과 같다. 1차(1954~1963)는 교과중심, 2차(1963~1973)는 경험중심, 3차(1973~1981)는 학문중심, 4차(1981~1987)는 인간중심, 5차(1987~1992)는 통합지향성, 6차(1992~1997)는 분권지향성, 그리고 7차(1997~2007) 및 2007, 2009 개정교육과정기는 수준별이다.

여기에서 가장 중요한 점은 중앙집중화된 구조, 즉 국정교과서가 주축을 이루었던 단계에서 지방분권화된 구조로 변화해 갔으며, 학교의 자율성에 대해서도 점차 많은 비중을 두게 되었다는 것이다. 국정의 비율이 차츰 축소되는 대신 검인정의 비율이 늘어 갔고, 6차 교육과정기에는 그 양상이 아주 두드러졌다. 그 판세가 확연해진 것은 7차 교육과정기 이후이다. 이때 두드러진 특징이라면, 교과서의 종류를 서책 형태에서 음반, 영상, 전자 저작물 형태로 확장시킨 것과 '전자교과서'의 도입(2009년)이며, 학생의 개인차를 반영한 선택 학습과 실생활을 소재로 한 내용을 반영한 것이다. 7차 교육과정의 도입과 함께 2007년(과도기)과 2009년(개정 교육과정기)을 거쳐 2012년까지 이루어진 변화 추세를 보면, 2007년에 국정 56%, 검정 19%, 인정 25%였던 것이 2010년에는 국정 39%, 검정 16%, 인정 45%로 바뀌었고, 2011년에는 국정 9%, 검정 7%, 인정 84%가 되었다. 2012년까지 고등학교 전문 교과서는 모두 인정 도서로 바뀌었고, 초등학교와 중학교의 보통 교과에서도 그러한 경향이 확대되었다. 최근 변화로 특기할 만한 것은 '디지털교과서'[2]의 제작 · 보급이다. 그 자세한 의미는 실험적 평가 기간을 거쳐 가늠해 볼 수 있을 것이다.[3]

이러한 변화에도 불구하고 현장의 요구는 그치지 않고 있다. 그

---

2) 디지털교과서는 기존 서책용 교과서에 용어 사전, 멀티미디어 자료, 평가문항, 보충학습 내용 등 풍부한 학습 자료와 학습 지원 및 관리 기능이 부가되고, 교육용 콘텐츠 등과 연계가 가능하도록 구성되어 있으며, 동영상, 애니메이션 등 다양한 멀티미디어 자료와 용어 사전, 평가문항, 보충학습 내용 등 학습효과를 높여 주는 풍부한 학습자료도 포함하고 있다. 이를 통해서 학생들은 학교와 가정을 막론하고 PC, 노트북, 스마트패드 등을 통해 교과서를 이용할 수 있게 되었고, 커뮤니티(위두랑)을 통해 친구들과 협력학습을 하고 메모, 필기, 검색 등 다양한 학습 경험도 할 수 있게 되었다. (정부24 디지털교과서 서비스, https://www.gov.kr/portal/service/serviceInfo/PTR000051103)

3) 교과서에 관한 기술 중 주요 부분은 임이균(2017)의 「한국 교과서 제도의 역사적 변천과정과 미래 방향에 관한 연구」 중 특히 pp. 9-11, 91-97의 논지에 의거한 것임을 밝혀 둔다.

러니까 그건 외형상 그런 것으로, 실제로는 "여전히 국가 주도적이다. 획일적이다. 실제로 현장에 자유가 주어져야 한다. 교과서가 아니라 교육과정을 축으로 해야 한다. 자유발행제 도입을 적극 검토하라." 등의 요구가 바로 그것이다(이에 대해서는 이 책의 다른 장들에서 좀 더 자세히 살펴볼 수 있다).

이는 사회의 민주화 추세와 맞물려 나타난 것으로, 말하자면 진보적/진보주의적[4] 교육관을 가진 교사들과 학자들의 점증하는 요구 때문이라고 할 수 있다. 하지만 그러한 방향은 권위주의적 정부가 들어설 때마다 위험에 처했는데, 그것은 비단 유신시대에 국한된 문제가 아니었다. 2002년에는 한국 근현대사와 관련된 혼란, 그리고 2013년에는 고등학교 한국사와 관련된 혼란이 바로 그것이다. 일단 마음만 먹으면 언제든지 역사의 흐름을 거꾸로 돌려 행동할 준비가 되어 있는 것이 바로 그러한 유형의 정부라고 할 수 있다. 교육의 정치적 중립성을 요구받아 온 교사에게는 이러한 조건이 부당하고, 이성에 반하며, 억압적인 상황을 의미할 것임은 두말할 나위가 없다.

이와 같은 문제에 대한 기본 인식을 배경으로 이어서 교과서의 철학과 방법 문제로 넘어가 중요한 점 몇 가지를 살펴보기로 하겠다.

---

4) '진보적'이란 정치적 성향에서 권위주의와 보수주의에 반하여 민(民)을 토대로 하는, 민주화를 추구하는, 시민의 자유를 신장시키려 하는 입장을 뜻한다. '진보주의'란 아동중심 내지 아동 존중 사상에 기초한 교육철학적 관점을 뜻한다.

2) 방법

(1) 요체화와 범례적 학습

문화 전승을 통한 주체적 깨달음을 위한 방법으로 가장 중요한 것 중 하나는 '요체화'[要諦化, 혹은 기초도야(基礎陶冶)]라 할 수 있다. 이는 학습과제의 핵심과 기초를 파악하여 학생들의 심리적 구조에 맞추어 제시하는 것을 뜻한다. 교과서 그 자체도 과거의 유산 전체의 대지를 파악하여 그 '정수'를 산출한 것이라는 점에서 그런 것이라 할 수 있으나, 교사는 이것을 현장에 들어맞게 다시 한 번 자신의 손으로 다시 작업하여 그가 처한 시간과 공간적 조건에 맞도록 재구성해 내야 한다. 서양에서는 종교개혁기 마틴 루터(Martin Luther)가 평민교육과 성직자 교육을 위해 『소교리문답』(1529)과 『대교리문답』(1529)을 만든 것이 그 시효라 할 수 있으며, 이후 문제는 요한 하인리히 페스탈로치(Johann H. Pestalozzi)에 의해 정교하게 발전되었고, 현대에 들어서도 쉬프랑어를 비롯한 여러 학자와 교사들에 의해 새로이 천착되었다.

독일의 혁신학교인 헬레네랑에학교(Helene-Lange-Schlue)가 도입한 '범례적 학습(Exemplarisches Lernen)'도 이 맥락에서 함께 생각해 볼 수 있다. 그 창안자는 물리학자이자 김나지움의 물리교사로 활동했던 마르틴 바겐샤인(Martin Wagenschein, 1896~1988: 수학과 과학 영역에서 현대적 교수-학습 방법의 기초를 닦음)으로, 그 기본 의도는 감당할 수 없는 학습량을 계속 강요하지 말고 학생들이 적정 수준에서 받아들여 학습할 수 있도록 양을 적게 하고 이해할 수 있는 구조로 만들어 심도 있게 다루도록 하자는 데 있었다. 처음에는 수학과 물리 교과에서 논의되었으나, 이후에는 문학이나 역사 교과에도 적용하기 시작했다고 한다. 보통 양이 엄청나게 많아서 처음부터 질리게 만드는 역사교과에 있어서 범례적 학습이 새로운 통찰력을 줄 수 있다고 보았기 때문이었다. 그것은 말하자면 하나의 질문을 가지고 몇 개의 사례를 심도 있게 해석하는 식이다. 예를 들면, "좋은 인간, 좋은 삶, 좋은 사회란 무엇인가?"라는 질문을 던지고, "고대 그리스인과 중세 유럽과 1920년대 독일에서는 어떻게 생각했는지" 살펴보도록 하는 것이다. 혹은 "독재자들이 권력을 유지하기 위해 했던 일은 무엇이었고, 무엇 때문에 실패했는가?" "지리, 기후, 기술 및 종교가 사회 발전에 끼친 영향은?" "우리가 이러한 사실들을 알게 된 경로는?" "그 경로에는 객관적 출처가 있는지, 우리의 해석이 정보의 질에 끼친 영향을 알 수 있는 방법은 무엇인가?" 등 여러 질문을 던지는 것인데, 이 모두 최종적으로 한 가지 주제를 심화시키기 위한 것이다. 학생들 편에서 보자면, 이런 질문들에 한 번이라도 성의 있게 대답해 보고, 이렇게 해서 스스로 무엇인가를 발견해 보게 된다면, 역사를 단순한 암기 위주의 재미없는 공부로 여기지는 않을 것이라고 보았다. 이 연장선에서 교사는 이 경험이 결국에는 학생들 자신의 인생사나 운명에 대해서 스스로 생각하도록 이끌 것이라는 기대까지 할 수 있게 되었다고 한다. 교과 수업은 최종적으로 학생들의 '삶을 위한 것'이어야 한다는 관점이다(Riegel, 2005/2012: 43-45). 교과수업과 교과서에 열중하다 보면, 정작 이 모든 것이 어디로 귀착되어야 하는지 간과하거나 무심할 수 있는데, 범례적 학습의 기본 의도는 수업에서 시종일관이 끈을 놓지 않게 하고 결국 최종적 목표를 가시권 안에 들어오게 하기 위한 것이라고 볼 수 있다.

우리나라에서도 일찍이 이와 비교할 만한 방법이 개발되어 활용되었는데, 유학공부 전통에서 들어 볼 만한 탁월한 사례는 『성학십도(聖學十圖)』나 『격몽요결(擊蒙要訣)』 같은 것이라 하겠다. 『성학십도』란 조선 중기의 퇴계 이황(李滉)이 1568년(선조 1년) 12월, 17세의 나이로 왕위에 오른 선조 임금에게 성왕이 되기를 바라는 마음에서 올린 상소문으로, 성리학(性理學)의 요체(要諦)를 열 개로 나누어 해설하고 도표를 함께 붙여 만든 것이다(이황, 1568/2009). 『격몽요결』은 1577년(선조 10년)에 율곡 이이(李珥)가 유학의 기초와 대강을 잡아 덕행과 지식의 함양을 위해 유학의 초학자들에게 가르치도록 쓴 책이다. 두 책 모두 앞에서 말한 방법과 비교해 볼 만한 것이라 하겠다(이이, 1577/2003).

(2) 교구와 교실의 다변화를 통한 교과서 활용도 높이기

서책 형태의 교과서가 학교에서 차지해 온 위치와 중요도는 농토에서 활용되어 온 농기구의 위치 및 중요도와 비교해 보면 확연히 드러난다. 농기구라 할 것 같으면 쟁기, 호미, 큰 호미, 톱 호미, 여우 호미, 낫, 괭이, 쇠스랑, 삽, 톱, 곰뱅이, 도리깨, 전지다리, 소, 말 등 떠오르는 대로 여러 가지를 열거할 수 있다. 이에 비해 과거 학교에서는 교과서 하나가 주요 도구였다. 지적 학습의 성격이 짙을수록 그러했고, 몸을 써서 하는 교과로 갈수록 서책 형태의 비중은 덜하였다. 실험 및 실습을 요하는 교과의 경우 실제 활동을 위한 교구의 비중이 커지고, 음악 · 미술 · 체육 같은 교과의 경우도 역시 그러하였다. 또 학교교육의 발전 과정에서 학생들의 지적인 교과를 실제 삶과 신체 활동에 연관 지어 하는 것이 중요하다는 사실을 인식하게 되었다. 따라서 지식에서 출발하여 지식으로 끝나는 식이 아니라, 지식에서 출발하여 삶의 과정으로 이행하거나, 삶의 과정 그 자체를 교학(教學)의 기본 터전으로 삼거나, 삶의 과정에서 얻은 단서를 가지고 지식에 이르는 등 학습자를 존중하는 현대식 교육방법을 도입하게 되면서부터도 그러하였다. 그에 따라 수업에서 활용해야 하는 교구들의 종류와 양이 대폭 증가해 갔다. 아울러 교실의 구조도 획기적으로 변화하기 시작했다. 혁신교육과 대안교육 현장의 교구와 교실을 보게 되면 그 변화의 양상을 단번에 알 수 있다. 그러한 변화로 교과서의 위치가 상대화될 수 있겠지만, 이로 인해 수업 전체가 거꾸로 활기를 띠게 될 수도 있게 되는데, 교과서만이 가지는 장점이 그러한 교구와 교실 구조의 변화에 힘입어 한 방향에서 잘 살아날 수 있기 때문이다. 앞 절에서 소개한 헬레네랑에학교의 교실 구조와 교구는 이 맥락에서 역시 언급할 만한데, 전통적 교실의 정형화된 구조와는 아주 다른 구조로 바꾸어 냈고 교구도 다양하게 활용할 수 있도록 했기 때문이다. 주요 특징은 다음과 같이 정리해 볼 수 있다.

교실과 교수의 변화는 새로운 교육적 관점 때문이다. 전체적으로 배치를 다시 하고 방을 나누거나 트거나 하여 용도를 쓰임새 있게 하였다. 도색도 새로 하였다. 24개의 교실을 마련하고, 각 학년

마다 네 개의 교실을 배정하였다. 각 학년의 공동작업과 사회적 교류를 위한 여섯 개의 큰 방이 있다. 아울러 자료실(6개), 모둠 작업실(6개), 작업교실(11개), 자연과학 실험실(4개), 체육관, 도서관, 연극실, 식당, 정원 등이 있다. 복도는 단순히 통과하는 공간이 아니라 삶을 경험할 수 있도록 다양하게 꾸몄다. 이곳은 마치 교실처럼 자유로운 학습을 위한 자리가 되기도 하고, 전시를 위한 공간이 되기도 한다. 교실 공간을 구성하는 주요소는 다음과 같다. ① 교실은 전체적으로 가정집과 같은 분위기가 나도록 꾸민다. ② 교사의 강의뿐 아니라 학생들의 자발적 학습 활동을 촉진할 수 있는 공간이어야 한다. 공동협력학습을 할 수 있도록 4~6명이 함께 앉을 수 있게 책걸상을 배치한다. 책걸상은 교실 문 왼쪽부터 시작해서 뒤편으로 돌아 다시 오른쪽으로 오도록 하되 전면은 비워 둔 형태로 한다(길죽한 타원형). 이렇게 하니 모둠 토의 학습뿐 아니라 프로젝트 등의 학습 활동이 원활하게 되었다. ③ 뒤편 구석에는 조용히 앉아 있을 수 있거나, 혼자서 책을 읽거나 글을 쓸 수 있는 공간을 별도로 마련해 두었다. ④ 각 교실마다 프린터나 복사기, 타이프라이터, 자연과학 실험도구상자, 외국어 학습 보조교구, 수작업 활동교구 등을 편의에 따라 이용할 수 있다. ⑤ 공동의 방에서는 학급이나 학년 간의 통합 활동이 이루어진다(Becker, Kunze, Riegel & Hajo, 1997/2006: 310-318).[6)]

---

6) 이 특징은 인용 문헌에 필자가 직접 본 것을 더하여 정리한 것이다. 책에는 교실과 학년 구역 내부를 알 수 있도록 자세한 형태가 그려져 있어 매우 흥미롭다.

이 점에서 우리의 교실 구조와 교구도 전반적으로 재검토할 필요가 있겠다.

(3) 감각과 예술을 매개로 한 교과서 구성

처음에 교과서는 제작자의 시각에서 만들어졌지만 차츰 학습자의 눈높이를 고려하는 쪽으로 방향을 선회하기 시작했는데, 그림 · 도형 · 도표를 활용하는 식으로 감각 기관을 유효하게 자극하여 흥미와 관심을 불러일으키는 방법도 그중 하나로 획기적인 성과를 거두었다.

서양교육사에서는 종교개혁자이자 교육자인 요한 아모스 코메니우스(Johann Amos Comenius)의 『세계도해(Orbis Sensualium Pictus, Visible World in Pictures)』가 선구적이며 유명한 사례라 할 수 있다(Comenius, 1658/2021). 이는 중세기 성당 벽화를 이용하여 신자들과 소통하고자 했던 맥락에서 해석해 볼 수 있다. 이탈리아 아시시(Assisi)에 있는 성당 벽화들은 그 전형적 사례이고, 아울러 피렌체와 쌍벽을 이루었던 도시국가 토스카나(Toscana)의 수도 시에나(Siena)의 시청 대회의실 안에 둘러진 벽화('선한 자와 악한 자'를 주제로 한 그림)도 그런 것이라 할 수 있다. 당시 시의회 의원들은 이 그림을 통해서 회의를 할 때, 선한 자가 통치할 때 시민이 가지게 되는 행복한 상태와 악한 자가 통치할 때 시민이 겪게 되는 열악하고 고통스러운 상태를 다양하게 묘사한 벽화를 늘 주시하면서 회의를 하고 의정 활동을 하도록 촉구받았던 것이다.

잘 알려져 있는 바와 같이, 중국과 우리나라 사찰에 그려진 벽화인 〈십우도(十牛圖)〉에서도 그런 뜻을 읽어 낼 수 있다. 이는 견성(見性), 즉 본성을 찾아 나선 것을 소를 찾으러 나간 것에 비유하여 열 개의 그림으로 나타낸 것이다

감각을 활용하여 가르쳐야 한다는 원리는 20세기 초엽 이래 개혁교육운동이나 대안교육운동에서 널리 확산되었고, 그 대표적 사례는 마리아 몬테소리(Maria Montessori)나 루돌프 슈타이너(Rudolf Steiner)의 발도르프학교(Waldorfschule)의 수업 형태라 할 것이다.[7)]

이미지나 상징 매체 혹은 디지털 영상물이 한껏 활성화되어 있는 오늘날 상황에서 그 의미에 대해서 더 강조할 필요는 없을 것이다. 과거와 다른 점이라면 이 방법을 디지털 영상 매체로 자유자재로 활용할 수 있게 되었다는 것이다. 다양한 형태의 영상물을 매개로 학습자는 어려운 학습 과제에 좀 더 흥미롭고 부드러운 경로를 통해 접근할 수 있게 되었다. 또 이 영상물을 본격적인 조형예술작품으로 격상시켜 활용할 수도 있게 되었는데, 이렇게 하면 학습자는 영상물을 단지 본론으로 들어가기 위한 유인체로써 뿐 아니라 예술작품 그 자체로 감상할 수 있는 기회도 얻게 되는 셈이다. 만일 이 과정이 교과 전 영역에서 활성화된다면 예술교육은 전혀 다른 지평을 확보할 수 있을 것이고, 학습자의 미적 감정세계 역시 질적으로 다른 차원에서 심도 있게 형성될 수 있을 것이다.

---

7) 몬테소리와 슈타이너에 관한 자세한 논의는 별도의 지면을 요하기에 간략한 언급으로 그친다.

3. 교과서와 현장 사이의 긴장 관계를 조율하기 혹은 양자 간의 거리를 비판적으로 극복하기

국가적 가치와 현장 사이에는 일정한 간극이 있기 마련이다. '국가에 의해 표준화된 교과서'가 지역학교나 교사의 개별적 정황을 모두 담아내기는 어렵기 때문이다. 이 문제의식은 1990년대 이래 국가교육과정에서 새로 설정된 교육과정 분권화와 자율화 지침에 잘 반영되었으나, 그 구현을 위한 실제적 논의는 민선 교육감 체제 이후에 들어서야 비로소 시작되었다고 할 수 있다. 국가와 시·도 교육청, 학교 간에 존재하는 긴장 관계에서 핵심은 개별학교 교사가 국가 표준 교과서를 그가 처해 있는 개개 상황에 유의미하도록 어떻게 '재구조화' 할 수 있겠는지 하는 물음에 있다 할 것이다(김현주, 2020: 61-63).

이 난점을 풀어내기 위한 한 가지 유력한 가능성은 최근 교육과정 중심 수업 구조 개편론에서 활발히 모색되고 있다. 수업이 의거해야 할 근본 축을 교과서가 아니라 교육과정에 놓고 보자는 것으로, 수업이 주안점으로 삼아야 할 것은 교육과정이 제시하는 방향, 즉 목적과 성취기준(학생의 학습과 성장을 위한)인데, 실제로는 교과서라는 조건에 매여 있음으로 초점이 흐려졌기 때문이라는 것이다. 따라서 이 초점을 다시 바로 잡을 필요가 있다고 본다. 그럴 수 있다면 국가 표준 교과서 틀이 강제하는 획일성도 극복할 수 있고, 교사의 자율권과 전문성도 확대·신장시킬 수 있으며, 결국 교육의 애초 의도도 달성할 수 있을 것이라는 생각이다. 이 경우, 개편된 수업 구도는 다음과 같이, 즉 '교육과정→교과서→수업'의 구조가 아니라, '교육과정→수업'의 구조로 만들어 볼 수 있을 것이라고 본다. 전자에서 교과전문가와 일부 교사가 중심 역할을 하고 있다면, 후자에서는 교사가 중심 역할을 하게 된다(김세영, 2018: 1361). 이로써 기존 교과서의 위치는 상대화되고 교사의 경험이나 교사가 만들어 내는 자료가 중심 위치에 서게 된다(김현주, 2020: 55-56). 이럴 경우, 교실 현장에서는 두 가지 종류의 교과서가 존재하게 되는데, 하나는 기존 교과서이고 다른 하나는 교사가 스스로 혹은 해당 분야 학술 전문가와 협력하여 만들어 내는 학습 자료이다.

그런가 하면, 양자(국가와 현장 교사) 간의 존재하는 심각한 시각차 때문에 문제가 발생할 수도 있다. 만일 국가적 가치가 정치적으로나 사회문화적으로 편향되었을 경우, 혹은 인류 보편적 가치나 이상에 비추어 정당성을 상실하거나 오류에 빠졌다고 판단될 경우, 교육학적으로 보아 대폭 명백히 오류를 범하고 있다고 판단될 경우, 여기에 대해 교사는 거리를 두거나 비판적 관점과 입장을 취할 수 있다. 이러한 오류는 필연적으로 학습자들로 하여금 잘못된 지식 습득을 초래케 할 것이며, 그 폐해는 타자와 사회와 국제관계에까지 이르게 될 것이다. 이 난점을 피하기 위해서 교사는 기존의 것을 대치하는 의미에서 자체 교과서나 그에 준하는 교재를 제작해야 한다.

앞에서 말한 두 가지 경우 모두와 관련해서는 검정이나 인정 혹은 자유발행 교과서 등을 통한 해법들을 모색해 볼 수 있을 것이다.

아울러 교과서 오용 문제에 대해서도 생각해 볼 필요가 있다. 오용이란 교과서를 중심에 놓고 오로지 교과서만 사용하여 결국 학습자의 주체적·창조적 학습기회와 실제 생활 및 경험을 도외시함으로써 결국 살아 있는 지식에서 멀어지게 하는 경우를 말한다. 그러한 난점을 넘어서기 위한 대안 모색은 불가피하다.

이와 같은 논지에 따라 이어서 교과서 오류와 오용 문제를 둘러싼 문제와 해법을 놓고 몇 가지 생각해 보기로 하겠다.

1) 교과서 오류

오류 문제의 경우, 앞에서 소개한 '프랑스 여자 로어'의 유튜브 영상물을 통해 좀 더 자세히 살피고자 한다. 이야기는 2010년 이른 봄철 프랑스의 어느 도시(아마도 파리) 거리에서 코로나19 예방에 투입된 경찰관 한 명을 상대로 진행한 인터뷰 장면에서 시작한다.

경찰관은 인터뷰에서 전 세계에서 확진자가 가장 적은 나라는 일본이며, 그 이유는 일본인들이 모두 마스크와 장갑을 사용하고 매우 위생적이고 정부 지침을 잘 지키기 때문이라는 의견을 밝히고 있다.

"이 경찰은 '일본이 세계에서 가장 적은 확진자 수'라고 합니다. '일본인들은 매우 위생적이고 일본 정부 지침을 잘 준수한다. 그래서 일본은 전 세계에서 확진자자 가장 적다.'라고 합니다."

로어는 아시아에서 실제로 방역을 잘하고 있는 나라는 한국, 타이완, 싱가포르인데 이 경찰관이 일본이라고 하는 이유에 대해서 의아한 일이 아닌지 묻는다. 문제는 프랑스에서 '아시아에서 뭔가 잘했다'고 하면 우선 일본부터 떠올리는데, 이건 황당한 일이 아니냐는 것이다. 이것은 프랑스와 유럽 국가들이 가진 일본의 이미지 때문인데, 그렇다면 왜 유럽인들은 일본에 대해 이렇게 우호적일까? 이유는 아주 간단한데, 그것은 학교에서 만들어지는 이미지 때문이라는 것이다. 그녀가 지적하는 상황을 간추려 보면 다음과 같다.

프랑스 학교에서는 역사를 어릴 적부터 가르치는데, 교과서에서는 일본만 언급하고 다른 아시아 국가들에 대해서는 가르치지 않는다. 일본은 제2차 세계대전 때 나치와 동맹을 맺은 나라, 미국을 공격했다가 핵폭탄을 맞고 망한 나라, 그래서 나쁜 나라이긴 하나 어떤 짓을 했는지는 밝히지 않아 알 수 없고, 이마저도 단 세 줄 정도만 나오고 다른 나라들에 대해서는 나오지 않는다. 그러고 나서 일본에 대해 다시 배울 때 일본은 세계를 지배하는 초강대국인 미국 및 유럽과 기술력, 경제력 등에서 국력이 동동한 나라로 나온다. 그렇게 하여 일본은 아시아의 유럽 국가 같은 이미지로 만들어져 제시된다!

> "일본은 미국, 유럽 국가들과 같은 위치의 강대국으로 나와요. 기술력, 경제력이 동등한 국가로 배우기 때문에 아시아의 유럽 국가 같은 이미지예요. 그렇게 유럽인들에게 일본의 이미지가 만들어져요."

아울러 수업에서 중국이 언급되긴 하나 조금만 언급되고 이렇게 아시아 역사에 관한 공부는 끝이다. 그렇게 해서 현대 유럽에서, 아시아의 첨단 기술력이나 성공사례 혹은 무언가 잘한 것에 대해 생각할 때는 늘 일본이라는 이미지를 먼저 떠올린다. 요컨대, 이 경찰관이 그렇게 말한 것은 그러한 착각에 기인한 것으로, 이것은 무지의 소산이라고 할 수 밖에 없다. 일본과 일본의 좋은 점에 대해서만 알아야 하고, 다른 나라들은 알 필요도 없고 그래서 그냥 무시하고 지나쳐도 된다는 식의 어처구니없는 상황이 고착되어 있다.

논지는 대충 이와 같다. 그래서 로어는 이를 바로 잡아야 하고 그러기 위해서는 교육이 필요하다고 역설한다. 그 교육이란 두말할 나위 없이 수정된 지식에 의거한 새로운 교육이다.

> "유럽에서 일본이 좋은 이미지를 가진 건 바로 무지에서 나오는 거예요. 일본의 이미지가 좋은 건 다른 아시아 국가들을 모르기 때문이에요. 저는 '교육합시다!'라고 말하고 싶어요."

로어에 따르면, 프랑스 시민은 잘못 쓰인 역사 교과서 때문에 아시아 국가들에 대해 그릇된 관점을 가지고 있다. 그렇다면 이런 식의 오류는 바로잡아야 하며 따라서 새로운 교육이 필요하다는 것이다. 오류를 바로잡은 교과서 수업 말이다. 경찰관도 로어도 다 같이 교육을 받은 사람들이지만, 로어가 그렇게 말할 수 있는 것은 로어는 경찰관의 경험을 넘어서는 시야를 확보했기 때문이다.

교과서 안에는 편향되고 왜곡된 내용도 있으며, 이것은 면밀히 검토하여 바로잡아야 한다. 현대과학이 종교에 지배되지 않게 된 오늘날에 와서는 과학교과서가 오류에 빠질 위험은 현격히 줄어들었다. 그럼에도 자연과학을 인간 삶과 연관 지어 다룰 때에는 역사 · 사회 · 정치 · 윤리 등 여러 영역이 결부된다. 만일 여기에서 문제가 생기게 되면, 그릇된 관점이 형성될 수 있으므로 그 원인을 학교 교과서 수업에서 찾는다면 그 일차적 책임은 교과서 제작자에게로 귀착될 수밖에 없다. 로어는 프랑스의 역사 교과서를 사례로 들어서 말하고 있지만, 우리에게는 한반도 침탈, 위안부, 징용공, 독도 문제 등과 관련하여 현 시대 상황 속에서도 역사를 왜곡하고 있는 일본의 교과서보다 더 좋은 사례는 없을 것이다. 일본에서 그러한 오류를 바로 잡기는 쉽지 않고 때로는 불가능해 보이기까지 한다. 이는 한 국가의 작품이기도 하지만, 그런 작품을 가능케 하는 사회구조적 문제, 즉 정치가와 학자를 주축으로 한 극우집단의 이해관계가 뿌리 깊게 작용하고 있기 때문이다.

이러한 문제의식을 우리 현장에서 탁월하게 보여 주는 책 하나가 있는데, 김상봉 교수의 『도덕교육의 파시즘』(2005)이 바로 그것이다. 이 책은 단순한 이론서가 아니라 현장에서 직면하게 된 문제와 씨름하는 과정에서 나온 결과물이다. 김상봉은 제도권 밖 청소년들의 철학공부를 위한 교육공간 '문예아카데미 청소년 철학교실'에서 일하던 2003년 어느 날, 현장 문제에 대한 해법을 찾아 그곳까지 찾아온 한 도덕 교사를 만나게 된다. 여기서 "공식적으로 주어진 도덕 교과서와 공식적으로 규정된 교과과정에 따라서는 교사들 자신조차 자라나는 학생들에게 도대체 어떻게 도덕성을 길러 주어야 할지 알 수 없을 정도로 현행 도덕교과가 혼돈과 부조리 속에 있다."라는 사실을 접하게 되었고, 이를 계기로 현 실태를 극복하기 위해 교사들과 함께하는 정기적 연구 모임을 가지게 되었다(김상봉, 2005: 8).

김상봉이 도덕 교사들과의 대화 및 토론을 통해서 도덕교과서의 문제점으로 알게 된 것은, 첫째, 해당 교과는 기본 구조상 생활공간의 확장에 따라 그에 맞는 도덕규범을 설명하고 주입하는 방식으로 되어 있으되, 가정생활 예절, 민족 · 국가 · 인류공동체 · 환경에 관한 규범과 통일 문제 등 주요 부분들은 가정교과나 사회교과에서 이미 다루고 있는 것이어서, 개인의 양심과 개성에 관한 추상적 서술 부분을 제외하면 도덕교과는 독자적으로 존립해야 할 이유가 없다는 것이었다. 둘째, 객관적 사실에 기반을 두고 행위규범을 끌어내려는 가정교과나 사회교과와는 달리 도덕교과는 처음부터 당위를 가르치는 구조로 되어 있어서 실제 문제에 대해서는 치밀하거나 체계적이지 못하고 또한 사실에 대한 이해나 성찰도 결여된 상태에서 학생들을 타율적으로 주입하게끔 되어 있다는 것이었다. 더 심각한 문제는 그런 규범들이 국민윤리 교육 잔재로 인해 수구적이고 심지어 반도덕적이기까지 한 데 있었다. 이에 교사들은 부득불 나름대로 수업 구조를 새롭게 짜서 가르칠 수밖에 없게 되었는데, 문제는 교과서를 따라 가르치도록 되어 있는 교육과정의 구조상 기존 교재를 무시할 수도 없어서 이 사이에서 끊임없이 갈등을 겪을 수밖에 없게 되었다(김상봉, 2005: 8-9).

내용뿐 아니라 형식도 문제가 많았다. 당시 도덕교과의 내용과 체제는 1980년대 초 신군부 정권이 만들어 낸 작품으로, 체제 유지를 위해 1981년 서울대학교에 국민윤리교육과를 설립한 것을 기점으로 해당 과를 전국 각 대학으로 확대하고, 이들 학과에 도덕교과 운영에 관한 모든 권한을 독점적으로 부여하였다. 그때로부터 현재까지 어떤 정부가 들어서든 '같은 사람 같은 집단'이 권한을 행사하는 구조가 출현하게 되었다(김상봉, 2005: 11-12). 이 실상에 접하여 김상봉은 이것은 한마디로 "참된 자유인을 위한 것이 아니라 노예를 위한 도덕교육", 즉 "남이 불러 주는 대로 하도록 강요하는 도덕이요, 그 남이란 바로 국가를 뜻하는 것이 아닌가."(김상봉, 2005: 13, 316)라고 일갈하고 있다. 이는 마치 서양에서 교회가 해 오던 역할을 학교가 도맡아서 하게 된 형국으로, 신앙교육을 세상의 변화와는 동떨어진 채 옛 십계명을 준수하도록 교화하는 정도로 밖에는 생각하지 못하는 교회와 같이 그렇게, 이데올로기적으로 편향된 몇몇 개인과 집단들이 폐쇄적으로 만들어 낸 수구적 가치관에 매이게 하는 것이 바로 도덕교과교육이라 단언하고 있다(김상봉, 2005: 8-14).

> 정치적 영역에서 독재자들이 물러난 지금까지도 우리의 의식 속에 뿌리내린 노예 도덕의 뿌리는 전혀 근절되지 않고 있다는 것을 확인할 수 있다. 그리하여 우리나라 도덕교과서의 이데올로기를 한마디로 요약하라면 우리는 그것을 주저 없이 노예 도덕과 파시즘이라고 표현할 수 있다(김상봉, 2005: 13-14).

그가 일련의 공동연구 모임을 통해서 내놓은 해법은 이러하였다. 즉, 교과서 집필권에 대한 독점권은 인정할 수 없으며 모두에게 개방되어야 하고, 내용 역시 다양해야 한다. 교과서는 기본적으로 자유롭게 출판되도록 해야 하고, 국가는 "최소한의 준칙에 따라 승인할 수 없는 경우를 제외하고는 출판에 관여하지 말아야 한다. 요컨대 교과서 출판권이 국가주의적 틀에 매이지 않도록 해야 한다. 이것이 최선의 요구요, 만일 이 요구가 무위에 그친다면 도덕교과 폐지운동을 하는 것이 차라리 나으며 그것이 오히려 양심에 부합하는 일이라는 것이다(김상봉, 2005: 317-318).

앞에서 김상봉으로 하여금 도덕교육 교과서 문제에 몰두하게 한 계기는 한 도덕교사와의 만남이라 했는데, 그 교사는 그 이전부터 이 문제를 중심으로 씨름해 온 '전국도덕교사모임'(이하 '전도모')[8]의 회장이었다. 이를 계기로, 전도모 교사들은 2001년부터 본격적으로 도덕교육의 개혁이라는 목표하에 도덕과목에 철학적 내용을 담아야 할 필요성에 관한 논의를 시작하였다. 그들은 도덕과 교육의 필요성 여부, '바람직한 한국인 양성'이라는 교과교육 목표의 타당성 여부부터 점검했다. 이후로 여러 해 동안 도덕과 교육의 정체성에 관한 논의가 이어졌다. 이와 함께 기존 도덕교과서에 대한 분석과 비판 작업도 이루어졌는데, 여기서 내용상 숱한 왜곡과 오류를 찾아냈다. 대표적으로는 새마을운동을 도덕적 위기 극복의 우수 사례로 제시한 것이나 스페인 같은 나라의 근대사를 "물질문명

8) 전국교직원노동조합 산하의 도덕교사 연구모임

의 타락 속에서 방종과 나태, 사치와 낭비를 일삼은 끝에 후진국으로 전락했다."라고 기술한 부분, 아울러 노동자 파업에 대해 편향적으로 기술한 부분, 국가주의 의식을 과도하게 고취한 부분 등이 그런 것이다(이광연, 2005a: 8).

2003년 8월, '전도모 여름연수' 자리에서는 연수 참가자들을 대상으로 한 도덕교과에 대한 설문 조사가 이루어졌다. 설문을 통해, 도덕교사들에게 도덕교육은 '인성교육'이라는 인식이 폭넓게 공유되고 있으며, 철학교육은 '삶과 사회를 성찰하는 능력을 기르는 교육'으로 긍정적으로 받아들여지고 있음이 확인되었다. 그리고 많은 교사가 도덕교과의 목표로서 '바람직한 인격 형성'과 '스스로 생각하고 성찰하는 사고 능력의 제고'에 답한 것으로 보아 '도덕과 철학의 양립'을 지향하고 있음을 알게 되었다(이광연, 2005b: 61).

2005년 1월에 열린 '참교육실천 보고대회(전국교직원노동조합 조합원들을 중심으로 매년 겨울에 개최되는 교원연수회)'는 그동안의 도덕교과 정체성 토의를 결산하는 성격을 가진 모임으로서, 여기서 도달한 합의 사항은 다음과 같았다. ① 현행 교과서는 스스로 생각하는 능력보다는 타율적이고 맹목적 도덕성으로 이끌 우려가 많다. ② 이 문제점은 7차 교육과정의 성격 및 방향에서 비롯된 것이므로 새로운 방향 설정이 요구된다. ③ 이를 위해 도덕교과는 철학적 능력을 함양할 수 있는 내용을 담아내야 한다. ④ 철학함을 담은 도덕수업은 윤리적 주제를 중심으로 접근한다. 이를 토대로 전도모 교사들은 "도덕교과 교육과정 개편으로 도덕과 교육을 바로세우자"라는 제목의 제안서를 발표하기도 하였다(이광연, 2005b:

64-67). 이러한 제안은 2007년에 들어서면서 일부나마 교육 당국에 의해 받아들여져 통일문제를 다룬 단원이 삭제되는 성과를 거두었으나, 도덕교과와 사회교과와의 중첩 문제나 철학을 모학문으로 하고자 하는 중요한 제안은 기존 체제에 부딪혀 한 걸음도 앞으로 나아가지 못했다고 진단하고 있다.

이러한 한계 속에서도 전도모 교사들은 끊임없이, '생각함의 능력을 키워 주는 대안적 교과서'를 만들기 위한 시안과 실천 사례들을 축적해 갔다. 하지만 대안적 교과서가 학교 현장에 널리 도입되기 어려운 현실과 우리 교육에서 검인정 교과서가 가지는 영향력 등을 감안하여 그들은 2015년 국가 교육과정 개정 국면에서 도덕교과서 집필에 참여하게 된다. 이후 2년간의 노력 끝에 전도모가 만든 검정교과서(해냄에듀 출판사)는 2017년 교육부 검인정 교과서 중 하나로 채택되어 현재 많은 학교에서 사용되고 있다.

이처럼 도덕교과서를 둘러싼 문제의 발달과 전개 그리고 결과를 놓고 볼 때, 교과서 개편을 위한 주장의 정당성 여부에 대해서는 교육철학적 · 정치적 관점과 입장에 따라 평가가 다를 수 있다. 다만 진보적 시각에서 볼 때, 하나의 변화를 이끌어 내기 위해 투신한 현장 교사들의 끈질긴 문제의식과 실천적 노력은 높이 평가받아 마땅하다 하겠다. 이들은 주어진 상황에서 한 걸음 앞으로 나가기 위해 헌신했고 남은 과제들은 후학들이 물려받도록 했다.[9] 도덕교과서 개편 문제는 여전히 뜨거운 논쟁거리가 많이 남아 있고

9) 문제와 상황 전개과정에 대한 서술은 이광연(2005a; 2005b)의 주요 논지에 의거한 것임을 밝혀 둔다. 자료를 제공해 주신 선생님께 감사드린다.

갈 길이 먼 영역으로 보인다.

2) 교과서 오류와 결부된 교과서 오용

교과서 오류와 연관 지어 발생할 수 있는 교과서 오용 문제에 대해서 생각해 보자.

앞에서 소개했던 독일 김나지움의 물리교사 마르틴 바겐샤인은 일련의 사례를 통해, 실제 경험에 기반을 둔 사물과의 교류 그리고 거기서 솟아나는 학습자의 살아 있는 물음에 비해서, 과다한 지식으로 가득 차 있으며 기능적 구실 외에는 의미 없는 공식 습득을 위주로 한 물리교과서와 오로지 그렇게 하는 것 말고는 다른 유효한 접근법에는 차단되어 있음으로 해서 학습자를 지루하기 짝이 없게 만들어 버리는 수업 체제를 인상 깊게 대비시켜 보여 주었다. '까마귀의 울음소리'라는 일상의 일화를 단서로 한 그의 논지를 살펴보자.

> 베어 부인은 오십 년 전 다섯 살 때 작은 도시 외곽에서 까마귀를 보고 얼마나 놀라워했는지 기억한다.
>
> 까마귀는 멀리 떨어진 울타리에 앉아 "까악까악" 울고 있었는데, 그때마다 매번 몸을 굽혔다. 아니, 그때마다 오히려 울기 조금 전에 몸을 숙였다. 그 까마귀는 공기를 마시는 것인가, 혹은 그의 소리는 '단순히 있는' 것이 아니라 공처럼 공기를 통해 날아오는 것인가? 이 점을 알아내기 위해 그녀는 특별한 행동을 취했다. 까마귀로부터 더 멀리 떨어지는

것이다. 그렇게 하니까 시간이 좀 더 오래 걸렸다. 몸을 숙이는 것과 그것에 뒤따르는 "까악" 하는 소리 사이의 시간 말이다. 그녀는 더 많이 떨어져 보았다. 당시 그녀의 여덟 살 난 놀이 친구는 (지금은 대령이 되었지만) 이때 일을 아직도 기억한다. 그녀는 그에게 냇물을 쳐서 쏟아 붓는 장치를 만들도록 부추겼다. 이번에도 마찬가지였다. 그녀는 먼저 물이 쏟아지는 것을 보았고, 그런 다음에 소리를 들었다. 그녀가 멀리 떨어질수록 물소리를 듣기까지는 시간이 점점 더 오래 걸렸다. 이제 그녀는 안심이 되었다. 어둡건 밝건 간에 까마귀 소리는 물소리처럼, 혹은 공처럼 공기를 통해 날아온다는 사실을 알게 되었다.

다섯 살이라는 이 어린 나이에도 이 발견은 엄청난 업적처럼 보인다. 그러나 우리는 이 소녀가 '소리의 속도(음속) 측정'이나 혹은 음향학의 학습과정에 쉽게 열광했다고는 생각하지 않는다. 어쨌거나 나중에 체계적인 물리학이 '가르쳐져야 했을' 때 그녀는 끝없이 지루해했다(Filtner & Scheuerl, 1991/2000: 159-160).

이 특유한 사유능력이 아동의 존재 방식을 결정짓는 핵심이라는 사실은 새삼 강조할 필요가 없을 것이다. 생각하는 힘은 적절한 교육적 도움을 받을 때 그 진면목이 드러난다. '생각하는 힘을 길러주는 것'이야말로 교육의 최대 과제요 교육의 성패를 가늠하는 잣대라는 것이다. 다시 바겐샤인의 이야기를 들어 보자.

2백 년 전, 페스탈로치는(당시 그는 36세였다) 어떤 편지에서 이렇게 썼다. "학교는 사람이 사물을 보고 알기 전에 판단을 먼저 머릿속에

집어넣는다." …… 여기서 쉽게 생각할 수 있는 것은 사물(최초의 현상적인 현실)과 우리가 그것에 관해 '생각하고', 또 그것에 '관해' 생각하는 것, 다시 말해서 물리학적 사고 체계 사이의 오래된 갈등이 학생들에게 원천적인 부담을 준다는 것이다. 둘 사이의 긴장은 이미 일찍부터, 물리학이 최초로 생겨났을 때부터, 다시 말해서 2,400년 전 원자를 생각해낸 데모크리트(Demokrit)에게서 나타났다. 그것은 그에 의해 내면의 대화로, 다시 말해서 '그의 가슴 속의 두 개의 영혼' 사이의 대화로 넘어갔다.

내가 처음으로 아이들과 함께 화면 가까이에서 마이크로 영사기의 어두운 영역에서 작은 금홍석 결정체의 '브라운 운동'을 본 후로, 나는 비틀거리는 천구(天球)의 광경을 '모든' 학생에게 고요히 안정된 상태에서 열어 보이는 것이 중요함을 말하고 싶었다.

우리는 이 점을 알아야만 한다! 학교가 모든 아이에게 성급하게 원자와 전자에 대해 이야기하는 대신, 이처럼 근본적인 현상을 보여 주지 않는 것은 이해할 수 없다. 사람들은 그들을 화면 앞에 앉히고 가능하면 아무 말도 하지 않는다. 그들은 여기서 뭔가 실제적인 것을 본다.

…… <중략> ……

이 비틀거리는 광점들은 우리가 일상적으로 대할 수 있는 물질의 가장 내면의 소우주에서부터 끄집어낼 수 있는 마지막 시각적인 반사이다.

지난 50년간 이루어진 놀라운 통찰에 따르면, 더욱 깊이 파 들어가서 볼 수 있는, 아주 사소한 영역에서 진행되는 과정에서 구체성의 문제는 근본적으로 잘못 사용되고 있다.

…… <중략> ……

> 탁월한 물리학자인 취리히의 하이틀러(W. Heitler)가 (그는 교육학적 질문들을 매우 진지하게 여겼다) 그것에 관해 "어린아이들이 이해할 수 없는 것을 그들에게 가르치려 하거나 그것을 이해시키기 위해 잘못 표현하는 것은 어린아이들에 대한 범죄행위이다."라는 말에 동의하게 된다. "나는 중학교 과정에서 원자 물리나 전자에 대해 많이 말하는 것은 좋지 않다고 생각한다. 이 현상들에 관한 모든 구체적이고 공간적인 표상은 완전히 잘못되었다." …… 학교는 더 이상 현상이라는 기초 위에 서 있지 않는 것이다.
>
> 결론적으로…… 학생들이나 문외한들과의 조용한 대화를 통해 시도한 지난 수년간의 경험으로 나는 다음과 같은 사실을 알게 되었다. 즉, 양적으로 가르치는 도구의 영역으로 지나치게 빠르고 성급하게 들어가는 것, 흉내 낸 전문 용어와 단지 기능적으로 이용되기만 한 공식들, 명백하게 오해된 모형 이해, 그 같은 강의는 많은 아이로 하여금 저학년에서부터 이미 돌이킬 수 없을 정도로 자연현상과의 관계를 부숴 버린다. 그것은 인지를 증가시키는 대신 방해한다. 그것은 현상들과 언어에 대한 감수성을 똑같이 감소시킨다.
>
> 그래서 많은 사람이 학교 물리학을 즐겨 기억하지 않고, 그들의 지식은 금세 무너져 버린다(Flitner & Scheuerl, 1991/2000: 160-164).

바겐샤인의 논지는 지식을 위한 지식과 그것도 과다한 양의 지식 습득을 강요하는 구조로 되어 있는 교과서가 내용과 방법에 있어서 어떠한 오류를 범하고 있는지 잘 보여 주는 것이다. 기본적으로 학문적 성실성이 존재한다면 내용상 오류는 피할 수 있을 것이다. 그렇다고 해서 학문적 무오류가 곧 교육학적 무오류를 담보하는 것은 아니다. 내용이 제 아무리 과학적으로 튼실한 것이라 할지라도, 교수-학습 과정이라는 점에서 학습자의 인식 능력과 수준을 정당하게 촉진하지 않는 구조로 되어 있지 않다면, 그것은 과정상 비교육학적으로 구성된 내용을 의미하며 따라서 내용은 오류에 빠져 있는 것이라고 할 수 있다. 그러한 오류가 교과서 오용의 상황으로 이어지게 됨은 두말할 나위가 없다.

아동이 사물을 바라볼 때 가지는 물음과 통찰력은 신선하다. 그들이 신선할 수 있는 이유는 일상적 경험에 의거 현상과 직접 접촉하고 있기 때문이다. 이 살아 있는 인식은 적절한 교육적 도움을 통해서 더욱 생산적으로 촉진·심화될 수 있다. 유감스럽게도, 기존의 학교 교과서 수업은 그러지 못했을 뿐 아니라 오히려 정반대 방향에서 그러한 힘을 저해하였다. 따라서 그런 식의 교과서에만 의존하지 않고 실제 현장 경험에 의거하며, 아동의 물음과 문제의식을 반영하는 교수-학습 구조를 찾아내는 것, 이것이 바로 바겐샤인이 역설하고자 했던 것이다. 이후 독일 학교 교육이 교수-학습 구조에서 상당 부분 변화를 보이게 된 것은 그의 이런 방향의 문제의식을 반영한 결과이기도 하다.

교과서가 지식 전달에 그칠 뿐 학습자의 경험과 삶에 접촉점을 가지고 최종적으로는 그 인격의 중심에 가닿지 않을 경우, 그것은 단지 지식 전달을 위한 매개체일 뿐 헛것에 불과하다. 우리 학교교육은 장기간에 걸쳐 이 고질적 병폐를 안고 왔으며, 여전히 도처에서 속 시원한 해결책에 이르지 못한 형국이다.

최근 이민철이 서울시연구정보원장직(서울시교육청 산하)을 물러나면서 행한 퇴임사 중 한 대목은 이 난점을 여실하게 밝혀 주고 있다. 그가 보기에, 새롭게 대두된 문제를 해결하기 위해서 교과서 내용을 바꾸는 게 교육계에서는 다반사가 되어 있지만 정작 기대한 결과에는 이르지 못한다는 것이었다. 이 한계를 극복하기 위해서는 가르치고자 하는 내용을 학습자 스스로 삶에서 체험할 수 있는 방식으로 제시해야 한다는 것이었다. 이 평가는 장기간의 현장 경험을 토대로 한 성찰에서 나온 것이기에 충분히 경청할 만한 가치가 있다.

우리나라 육해공 3군 사관학교 교육과정에 철학과목이 있습니다. 철학과목이 사관학교 과목에 들어가게 된 배경은 아이러니하게도 월남전이었다고 합니다. 미국이 월남전에서 저지른 민간인 살상이 심각한 인권 문제로 대두되면서, 인류 보편의 가치에 심각히 위배될 때에는 아무리 상관의 명령이라도 이를 거부할 수 있는 주체적 영혼을 잃지 말아야 한다는 자기반성과 성찰이 미군 장교 교육에 철학과목을 도입하는 계기가 되었고, 우리나라 3군 사관학교도 이 사례를 따라 철학을 교육과정에 포함시켰다고 합니다. 그러나 우리 현대사에서 군 장교들이 개입한 정치적 사건들을 보면 철학을 제대로 배웠는지 의문이 들기도 합니다. 협력, 공공성, 사회 정의, 평등, 인권 같은 보편적 가치는 '교과서'에 싣는다고 해서 학생들이 제대로 배운다고 보기는 어렵고, 학생들로 하여금 학교생활을 통해 하나의 삶의 방식으로 체험할 수 있도록 해야 한다고 생각합니다. 이런 가치들이 학생들의 삶에서 진화하여 사회의 보편적 풍토로 자리 잡을 때 우리 사회는 질적으로 발전할 수 있지 않을까 하는 기대와 상상을 해 봅니다. 사회의 발전이 교육의 전유물은 아니겠지만 이를 위해 교육이 기여할 수 있는 일이 있다면 놓치지 말고 실천해야 한다고 생각합니다."(이민철, 2017).

학교교육에서 기본적으로 중시되는 되는 것이 교과서이긴 하나 교과서 수업을 통해서 학생들이 그 내용을 얼마만큼이나 제대로 이해하고 있는지 이해한다 해도 그것을 얼마나 심도 있게 자기 삶의 문제로 만들어 내는지는 의문이며, 이를 해결하기 위해서는 지식 습득의 형태가 아니라 삶의 체화에 초점을 맞춘 형태의 교육이 되어야 하고, 이를 위해서는 교과서보다는 새로운 교육과정의 구성과 운영이라는 보다 더 큰 틀이 더 절실하리라는 것이 바로 이민철의 관점이다. 이는 교과서와 학습자의 경험세계가 적절한 균형을 이룬 형태에서 가능할 것이다. 교과서 만능주의는 그 균형의 상실을 의미한다. 학습자의 경험적 삶에 접촉하지 못하여 그 핵심을 불러일으키지 못하는 이러한 부실성에 대한 지적은 역시 앞에서 언급한 바겐샤인의 관점에 상응하는 것이라 할 수 있다. 바겐샤인은 학습자의 경험에서 우러나오는 질문을 민감하게 관찰하면서 교수학적으로 의미 있는 경로를 통해 응답하고자 했던 것이다.

3) 그릇 형성된 지식과 태도 바로잡기와 교과서 없이 수업하기

성인이 되어 가며 형성된 지식이나 태도 중 태반은 학교교육의 중추를 이루는 교과서의 오류나 오용에서 비롯된 것일 수 있다. 이것을 바로잡기는 쉽지 않다. 시간이 오래 경과하지 않아 발견된 오류는 그래도 바로 수정이 가능하나, 시간이 오래 경과하였을 뿐 아니라 인식도 하지 못한 상태일 경우 이것을 수정하기는 매우 어렵고 또 많은 심적 고통을 수반하기까지 한다. 이는 특정한 환경 속에서 어릴 적부터 혹은 오랜 기간에 걸쳐 습관화되고 몸에 배어버려, 자명하지 않은 것은 자명한 것으로 부자연스러운 것은 자연스러운 것으로 받아들여진 끝에 결국 '또 하나의 나'로 자리 잡게 되었기 때문이다. 내 생각이 그러하고, 행동거지가 그러하고, 내 전문 영역이나 직업이라고 하는 것이 그러하고, 내 삶의 양태가 그러하다. 내가 실상 그러한 존재가 아님에도 말이다. 그 드리워진 막(幕)을 제대로 인식하여 걷어 내는 것, 그래서 자신에게 투명해지는 작업은 학습자에게 독립적으로 사유하고 행동할 수 있는 자유나 생활공간이 주어지고 나아가서 비판적 사고가 활발해졌을 때 의미 있게 일어날 수 있다.

철학자 김영민은 청장년기에서 장년기에 이르는 기간, 즉 30~50세 안팎의 만학도들에게 인문학을 가르친 자신의 경험을 소개하면서 그러한 수정 작업이 가지는 성격을 '지우면서 배우기'라는 말로 표현해 내고자 했다.

내가 만학도들에게 철학과 인문학을 강의하면서 부딪치곤 했던 그 철옹성 같은 벽은 관념의 조수간만으로는 끄떡도 하지 않는 나이와 경험의 타성이자 몸과 생활의 무게였을 것이다.…… 그 벽은 실로 닻이면서 덫일 수밖에 없는데, 몸과 버릇 속에 각인된 과거를 고집하는 순간 그것은 단단한 닻이 되고, 공부라는 미래를 향해 몸을 돌리는 순간 그것은 그만 끈끈한 덫이 되어 버린다. 공부를 관념이나 섞는 재주로나 글자들을 이어 붙이는 재주로만 보아서는 큰 코 다친다. 그 재주의 바깥을 제대로 챙기지 않고선 그 재주의 성격이나 의미조차 이해할 수 없는 법이기 때문이다. …… 글쓰기나 지역감정은 단순히 글과 감정의 문제로 환원되지 않는다. 그 '바깥'에서는 버릇과 생활양식이라는 몸의 문제가 닻처럼, 혹은 덫처럼 엄연하고 악착같이 자신의 지분을 요구하기 때문이다. …… 공부는 내 몸의 역사와 생활 탓에 생긴 덫을 제어하고 몰아내는 끈질긴 노력에 바탕을 둔다. 나는 이것을 오래전부터 '지우면서 배우기(learning by way of unlearning)'라고 불러 왔다. 앙드레 지드의 『지상의 양식』(1897)에는 내가 지금도 외울 수 있는 이런 대목이 있다. "배운 것을 떨쳐 버리는 작업은 실로 느리고 어려웠지만, 진실로 그것은 교육의 시초였다. 물론 전통이나 선입견으로부터 완벽하게 해방된 마음자리가 없을 것은 당연하다. 그것은 과욕일 뿐이다. 그러나 비우지 않고는 담지 못하며, 지우지 않고는 배우지 못한다. 그래서 공부란 진지한 것이며, 반드시 비용이 드는 것이며, 나와 주변을 바꾸는 것이다. '배운 것을 잊어버리기에 열중하겠다. 나의 내부에 침잠된 문화, 신념 따위에 망각을 부여함으로써 발생하는 예측 불가능의 수정 상황에 흔쾌히 몸을 맡기겠다."(롤랑 바르트)(김영민, 2010: 65-67).

여기서 중요한 점은 김영민이 공부의 오류를 비단 인식의 차원에서뿐 아니라 몸을 바로잡는 일과 연관 지으면서 이는 오로지 끈질긴 노력을 통해서만 가능하다는 사실에 주의를 환기시키고 있다는 점이다. 김영민은 끈질긴 노력에 대해서 말하고 있는데, 실상 그 구체적 길은 어디에 있는가? 그 유력한 길 중 하나는 철학 공부일 것이다. 철학은 근본적으로 또한 비판적으로 사유하는 법을 가르쳐 주기 때문이다. 하지만 이는 소위 강단철학이 아니라 실제 삶에 기초하여 이를 단서로 사유하고 또한 대화를 중심에 놓은 철학이어야 할 것이다. 이 경우, 아마도 삶의 배경이 전혀 다른 새로운 사람들과 함께 대화를 나누는 경험이나 다른 지역 문화권과의 교류나 만남도—반드시 해외여행일 필요는 없다. 국내라 할지라도 다른 지역 여행을 통해서 촉발되는 자극이 있다—많은 도움이 될 수 있을 것이다.

학창 시절에 그러한 공부의 기회가 주어진다면 양상은 아주 다른 색채를 띨 것이다. 이를테면 그 길은 교과서 없이 스스로 하는 학습활동을 통해서 모색해 볼 수도 있으므로, 이 대목에서 일찍이 셀레스탱 프레네(Célestin Freinet, 1896~1966: 20세기 세계대안교육운동사에서 독창적 길을 개척한 프랑스의 교육자)가 학급에서 시도한 '교과서 없이 하는 수업구조'를 한번 곱씹어 볼 필요가 있다. 그것은 당시 교과서를 중추로 하던 프랑스 학교교육의 통념에 반하는 것으로서 매우 이례적인 시도였으며, 이전보다 진보적 가치가 좀 더 목소리를 얻게 된 현재에 있어서도 여전히 도발적인 시도로 보인다.

프레네는 기본적으로 "이미 주어진 교재의 지식을 통한 교시(教示)가 아니라, 현실에 대한 자신의 비판적인 연구를 통해서 학생들의 사고를 진작시켜야" 하고 "학생들은 그들 자신의 학습과정을 주도하고 조직할 수 있어야 한다."는 입장에 서 있었다. 그리하여 학생들로 하여금 "완결된 결과를 받아들이도록 하지 말고, 스스로 실험하게 하고 더듬어 가서 자기 힘으로 찾아내도록" 하는 것에 교육의 결정적 무게를 두었다(Dietrich, 1995: 26-27).

이 구상은 그의 교육론 전반을 꿰뚫는 핵심이라 할 수 있는 '자유 글쓰기' 방법에서 대표적으로 제시되었다. 그는 학생들로 하여금 주어진 책에 의존하는 대신 (책은 기성 가치 체계에 따라 움직이게 하고 자유로운 비판정신을 억누르기 때문에), 스스로 생각하고 작업한 것을 내용이나 형식에 구애받지 않고 '입으로' '글로' '예술'로 자유롭게 표현할 수 있도록 했다. 프레네는 이를 아동이 자연으로부터 물려받은 당연한 권리로 보았다.

그 출발점은 학교에서 설정한 선의 정반대로부터 시작한다. "읽기에서 출발한 후 쓰기를 거쳐 사유의 문자적인 표현에 도달하는 방식"이 아니라, 자기 생각을 "우선 말로 표현하고, 그림 그리기를 거쳐 비로소 문자로 표현한다. 읽기 학습, 단어와 문장들의 인식 그리고 내용 이해에 이르는 것은 그 다음 단계이다." 이는 다음과 같은 이유 때문이다. "다소간 차이가 있겠지만, 어느 정도 논리적인 구상을 표현하기 위해 사용되는 단어들은 우리 개인적 체험의 결과나 연장으로서만, 즉 우리 삶 속에서 의미를 가질 때에만 도움이 된다."(Baillet, 1995/2002: 61-62).

그 과정을 좀 더 자세히 살펴보자. 학생들은 먼저 실생활에서 끌어낼 수 있는 단서들, 이를테면 호주머니 속에 있는 물건들을 꺼내서 그에 관해 이야기하거나, 혹은 간간히 꾸었던 꿈 이야기 등을 자기 말로 풀어낸다. 다음에는 이 이야기를 자기 말로 공책에 옮겨 쓰도록 한다. 여기에 교사의 역할이 주어지는데, 맞춤법과 문법을 교정해 주는 것이다. 이를 통해서 학습자는 비로소 글쓰기의 기본 원칙을 배우게 된다. 교정 작업이 끝나면 학생들은 종이에 깨끗이 옮겨 적고, 이어서 모둠에서 각자 돌아가며 발표를 하고 또 토론도 해본다. 여기서 상호 간 경청이 중시된다. 이 과정이 끝난 후 인쇄할 이야기들을 뽑아낸다. 이때 이야기와 함께 그림도 들어간다. 이렇게 학생들이 자필로 쓰고 그린 작품들은 인쇄 과정을 거치게 되는데, 인쇄 활판 작업도 학생들 스스로 하게 한다. 프레네는 이 인쇄 활동을 위해 학생들이 작업할 수 있는 구조를 마련했다. 이런 식의 수공활동을 통해서 학생들은 자연스레 몸으로 일하는 교육, 즉 노작교육과정에 참여하게 된다. 이 전통적 활판 인쇄 작업은 요즈음에는 컴퓨터 작업으로 대치되기도 한다. 인쇄한 종이들을 한데 묶어 편집한 후 신문이나 책으로 만들었고 이 결과물은 학급에 비치하여 학생들이 즐겨 읽을 수 있도록 했다. 나아가서 이 작품들은 다른 학교 학생들이나 학급과의 정기적인 교류를 위한 자료로 쓰이기도 한다. 따라서 이런 글쓰기 작업은 다만 지적 가치를 지니는 데 그치지 않고, 사회적 가치를 지닌다고 할 수 있다. 이런 식으로 학생들은 스스로 공부하는 법이나 교재를 만들어 쓰는 법을 체득하게 됨으로 교과서를 필요로 하지 않는다(Baillet, 1995/2002: 61-89의 요지).

프레네는 다양한 학급 활동을 위해 필수적으로 공동협의와 결정과정을 도입했다. 여기서 교사가 가지는 특권이란 없다. 다만 한 표만을 행사할 뿐이다. 공동 협의과정을 위한 학급위원회는 영국의 서머힐 스쿨을 전형 삼아 만들어진 것으로, 오늘날 정치교육을 위해 훌륭하게 자리 잡은 '어린이 공화국'의 형식으로 지속해서 발전하고 있다. 이런 시도를 통해서 프레네는 학생들 역시 민주주의를 배우고 정치 현실도 비판적으로 볼 수 있도록 했다. 여기서 정치교육을 위한 교과서 수업은 의미가 없으며, 실제 경험적 활동의 결과물로서의 교재만이 존재할 뿐이다(Baillet, 1995/2002: 377-378).[10]

4) 4차 산업혁명의 도래와 교과서 수업의 미래

우리는 현재 1970년대 개발된 아날로그 전자기계 기술에서 시작하여 디지털 기술로 이행하고, 현재 진행 중인 3차 산업혁명기와 인공지능, 로봇, 사물인터넷, 빅데이터와 클라우딩, 3D 컴퓨터와 퀀텀 컴퓨팅, 나노, 바이오 기술 등 첨단 정보통신기술의 융합을 통해서 이루어지는 4차 산업혁명기의 초기 단계에 살고 있다. 지금 자라나는 세대는 4차 산업혁명기의 전성기를 구가할 것으로 예측된다. 이 혁명의 파급효과는 산업 전반에 각 영역에 미칠 것이며, 그로 인해 우리 삶의 방식 전반 또한 거대한 변혁을 마주할 것으로 예상된다.

---

10) 프레네 교육학 전반에 대한 안내서로 정훈(2009)의 『자발성과 협력의 프레네 교육학』이 있다.

우리는 이러한 첨단과학기술문명을 더욱 의미 있게 창조할 수 있기 위하여, 또한 그러한 문명과 함께 의미 있게 살아갈 수 있기 위하여, 우리의 교육구조도 새롭게 바꾸어 내지 않으면 안 된다. 이 점에서 세계경제포럼(WEF)이 2016년 1월 발표한 「일자리의 미래(The Future of Jobs)」 보고서에서 제시한, 새로운 시대에 요구되는 역량 열 가지는 숙고할 만한 가치가 있다.

① 복합문제 해결능력(complex problem solving)
② 비판적 사고능력(critical thinking)
③ 창의력(creativity)
④ 인적자원 관리능력(peolple management)
⑤ 협업능력(coordination with others)
⑥ 감성능력(emotional intelligence)
⑦ 판단과 의사결정 능력(judgement and decision making)
⑧ 서비스 지향성(service orientation)
⑨ 협상능력(negotiation)
⑩ 인지적 유연력(cognitive flexibility)

이 맥락에서 안종배(2017)는 미래를 위해 갖추어야 할 역량 네 가지를 제시했다.

① 창의적 인지 역량: 창의성, 문제해결 사고력, 미래 도전력, 인문학적 소양

② 인성을 갖춘 정서 역량: 인성, 윤리의식, 문화예술 소양, 자아 긍정관리, 협업 리더십

③ 협력하는 사회 역량: 소통 · 협력 능력, 사회적 자본 이해, 글로벌 시민 의식, 스포츠 · 체력

④ 생애 주기 학습 역량: 자기주도학습 능력, 과학기술 변화이해, New ICT 활용능력, 평생학습능력

김병호와 이창길은 이를 사람들이 더욱 긴밀히 연결되고 비판적 사고와 창의력으로 복합 문제를 해결해 나가는 '사람 지배적' 사회로 이해하면서, 기술과 과학, 인문학이 한데 어우러지는 융합 · 복합의 시대가 4차 산업혁명의 핵심이며 그에 상응하는 새로운 교육이 필요함을 역설했다. 이렇게 볼 때 학습자란 '가르침을 따라 배우는 자'라는 이해는 더 이상 적합하지 않고, "학습자 스스로가 주체가 되어 자기에게 필요한 지식과 정보를 스스로 찾거나 또는 직접 만들고 활용하며 동시에 타인과 공유해 나가는 자기주도교육(heutagogy)의 필요성"이 더욱 강해지리라고 예상하였다. 그리고 이에 따라 기존의 학교 체제는 점점 더 개방적 구조로 변모해 갈 것이며, 기존의 시공간적 조건이나 연령에 따른 학습 구조에 구애받지 않고 가르치고 배우게 되는, 또한 정답을 찾아가는 식이 아니라 자기주도적으로 또한 개별적으로 학습하거나 문제를 만들고 해결해 나가는 식으로의 이행을 예상하였다(김병호, 이창길, 2018: 180-183).[11)]

---

11) 4차 산업혁명에 관한 기술 전체는 (안종배의 관점을 포함하여) 김병호와 이창길의 논지에 의거하였음을 밝혀 둔다.

이렇게 볼 때, 기존의 교과서 수업 체제에도 그에 상응하는 변화가 올 것임은 충분히 예상할 수 있다. 여기서 말하는 '스스로 찾아가는 학습'이 앞에서 다룬 프레네식의 '스스로 만들어 가는 방식'의 수업 및 교재 구성 방식과 그 기본 의도에서 일맥상통함은 어렵지 않게 알 수 있다.

4. 교사가 만들어 내는 교과서 수업 사례 - 김교신의 수업 방식을 통해서 보기

교과서를 주제로, 개념과 역사, 철학과 방법, 교과서의 한계와 그 비판적 극복을 위한 다양한 시도, 교육과 관련지어 생각해 본 '지우면서 배우기'라는 문제, 4차 산업혁명에서 교과서가 가지게 될 위상과 의미에 관한 물음을 중심으로 생각해 보았다. 교과서는 문화 전승이라는 뜻에서 학교교육에서 중심적 위치에 서 있다. 하지만 국가 공교육의 도구라는 점에서 그 속성상 가지는 한계도 있다. 내용상 오류나 방법상 오용의 문제도 간과할 수 없다. 또 학습자의 삶이 요구하는 다차원적 양상들을 고려해 볼 때 교과서만으로는 더 이상 어찌해 볼 수 없는 점도 부인하기 어렵다. 따라서 교과서는 수업에서 교사가 그것을 어떻게 사용하느냐에 따라 그 의미가 달라질 수밖에 없다.

이 점에서 마지막으로(결론을 대신하여), 시대적으로는 멀리 떨어져 있지만 지금도 여전히 의미심장한 일제하 전설적인 교사 김교신의 수업 사례를 간략히 돌아보고 싶다. 종교인이자 교사로서 그의 걸출함과 비범성은 한 시대를 풍미하는 것이었음에도 오랫동안 아는 이들만 아는 정도로 묻혀 있다가 1970년대 들어 김정환에 의해 점차 세간에 알려지기 시작했고(김정환, 1980/1994), 이제는 후학자들의 열렬한 탐구의 대상이 되었다. 수업에서 그가 구사한 방법은 그 독자성과 특이성에 있어서 파격적이라 할 만큼 의미심장한 것으로 최근 연구의 특별한 관심사이기도 하다. 근현대기, 아직 모든 점에서 불모지였던 학교교육 상황을 생각해 보면 그것은 놀라움을 주기에 충분한 것이었다.

김교신은 당시 지배적으로 통용되었던 교과서와 교사중심의 주입식 방법을 벗어나 자기 나름의 독자적 철학과 방법론에 따라 교육과 수업에 임하였다. 김교신이 기본 지침으로 삼았던 것은 학생들에게 체계를 세워 원리원칙을 제시하되, 흥미를 갖도록 하고 스스로 탐구하고 정리하여 소화시켜 나가도록 하는 것이었다(노평구 편, 2001: 157). 그가 수업에서 즐겨 썼던 방법은 과제의 "대의를 파악한 다음 세부적인 사항을 조사하도록" 하거나, "요점만을 가르치는 식"의 "요점주의 학습이었다"(노평구 편, 2001: 179). 정곡을 찌르며 간결하게 말하는 방식에서 그는 매우 탁월했다(노평구 편, 2001: 204). 정곡을 찌른다 함은 요점만을 단숨에 드러낸다는 뜻이다. 이는 김교신이 '요체화(要諦化)' 방법에 정통해 있었음을 말해 준다. 흥미를 갖게 한다 함은 단순히 객관적 자료로서의 교재로부터 출발하는 방식은 가능한 한 배제하고, 개성적 내적 활동에 끌리도록 만들어 제시했음을 말하며, 스스로 탐구하고 정리 소화한다는 것은 학습은 '자가생산활동'을 주축으로 해야 한다는 것을 뜻한다. 이 방법에 의거하여 그는 학생들에게도 지식 습득의 엄밀성을 요구했다. "대충 알아서는 안 되고 정확해야 하고 자신이 있어야 한다."는 것이었다(노평구 편, 2001: 164, 193).

수업의 기본 틀은 다음과 같았다. 수업을 시작할 때 출석을 부른 후, 바로 교과 수업으로 들어가지 않고 생활에 유익한 덕담이나 시사적인 이야기 혹은 종교에 관한 훈화를 해 주고는 했다. 이야기가 시작이 되면 십여 분이 가기도 하고 어떤 때는 수업시간 전체의 3분의 2가 그렇게 지나가기도 했다(노평구 편, 2001: 179). 이는 일종의 '예비시간' 같은 것이었다. "세상에서 가장 존경하는 인물이 누구인가?"라는 질문을 학생 하나하나에게 던져 이야기를 풀어 가는 식이다. 흥미롭게도 학생들은 선생님이 교과로 바로 들어가기보다는 이런 이야기를 해 주기를 은근히 기다렸다(노평구 편, 2001: 174-175, 179). 김교신은 어떤 지식을 공부하든지 또 그의 개성이 어떠하든 상관없이 모든 공부의 바탕을 만들어 내는 게 결정적으로 중요하다고 보았는데, 그 바탕이란 바로 종교적 · 윤리적 차원의 인간성을 뜻하는 것이었다. 그가 예비시간을 둔 것은 그러한 문제를 다루기 위한 기회를 별도로 확보하기 위해서였던 것으로 생각된다. 이렇게 하면 자연스레 교과 내용을 충분히 다룰 시간이 없어지게 될 것이다. 하지만 그런 건 별로 문제시하지 않았다. 공부란 사실 학생 스스로가 하는 것이고 앞에서 말한 대로 체계를 세워 요점주의 식으로 공부하도록 가르치면 될 것이라는 게 김교신의 생각이었고, 일일이 가르칠 필요가 없으면 시간은 늘 충분했을 것이다. 이 방법의 효과는 그에게서 배운 학생들이 전해 주는 일화를 통해서 잘 알 수 있는데, 학생들은 공부에 스스로 전념하여 전 학년에서 특기할 만한 성과를 낼 수 있었다. 김교신은 과거의 교육적 유산에 정통했을 뿐 아니라, 그 한계를 직시하고 이를 넘어서기 위한 자기만의 방법을 개발하여, 교과서 위주의 수업구조가 정해 놓은 범위와 한계에 구애받지 않고 자유로운 수업 형태를 개발하여 활용했다(송순재, 2020: 389-391).

김교신은 시대를 일찌감치 멀리 내다 본 탁월한 교사였다. 그의 수업 방식이 그 당시뿐 아니라 현 시점에서도 여전히 시사적이며 유효하다는 것이 놀랍다. 만일 그가 정부 수립 이후와 군사정부하에 강요되었던 척박하기 그지없던 학교교육의 상황을 살아갔다면, 그리고 1990년대 이후 무한경쟁교육의 구호 아래 경제적 가치에 지향된 지식교육 체제를 목도하고, 나아가서 디지털화와 '4차 산업혁명 시대'라는 이름으로 특히 각인되어 나타나는 미래 교육적 상황을 바라보게 되었다면 어떤 생각을 하였을 것인지 몹시 궁금해진다.

참고문헌

고려대학교 민족문화연구소 편(2009). 역주와 해설 聖學十圖. 서울: 예문서원.

김병호, 이창길(2018). (사람중심으로 달라져야 할) 4차 산업혁명 교육. 서울: 책과나무.

김상봉(2005). 도덕교육의 파시즘. 서울: 길.

김세영(2018). 수업을 통해 교육과정을 연구한다는 것의 의미. 학습자중심교과연구, 18(20), 1347-1370.

김영민(2010). 김영민의 공부론. 서울: 샘터.

김정환(1994, 초판 1980). 김교신. 그 삶과 믿음과 소망. 서울: 한국신학연구소.

김현주(2020). 교사의 교과서: 교육철학적 시론. 한국교육철학학회 춘계학술대회 자료집: 교과서 · 교사 · 교육철학, 47-65.

노평구 편(2001). 김교신 전집 별권. 서울: 부키.

박재순(2012). 함석헌의 철학과 사상. 서울: 한울.

비고츠키교육학실천연구모임(2013). 비고츠키, 생각과 말 쉽게 읽기. 서울: 살림터.

송순재(1996). 쉬프랑어 교육학에서 각성의 개념. 고려대학교 교육사 · 철학연구회 편. 인간주의 교육사상. 서울: 내일을 여는 책.

송순재(2020). 인간교육을 위한 철학과 방법. 한국교육철학학회 편. 일제강점기, 저항과 계몽의 교육사상가들. 서울: 박영스토리.

서울대학교 교육연구소 편(1994). 교육학용어사전. 서울: 삼성출판사.

성열관(2020). 교과서: 중계로서의 언어와 매개로서의 언어. 학국교육철학회 춘계학술대회 자료집: 교과서 · 교사 · 교육철학, 19-44.

안종배(2017). 4차 산업혁명시대 대한민국 미래교육의 목적과 방향. 국제미래학회· 한국교육학술정보원 편. 4차 산업혁명시대 대한민국미래교육보고서. 서울: 광문각.

이광연(2005a). 도덕과 교육의 정체성 찾기 과정. 제4회 참교육실천보고대회

도덕교육분과 자료집, 8-15.
이광연(2005b). 도덕과 정체성 논쟁의 한 매듭을 지으며 - 도덕과 교육의 정체성 찾기과정-. 도덕교육 42, 58-67.
이민철(2017. 8. 30). 서울교육연구정보원장 퇴임사.
이이(李珥)(1577). 擊蒙要訣. 이민수 역(2003). 서울: 을유문화사.
임이균(2017). 한국 교과서 제도의 역사적 변천과정과 미래 방향에 관한 연구. 한경대학교 공공정책대학원 석사학위논문.
정훈(2009). 자발성과 협력의 프레네 교육학. 서울: 내일을 여는 책.

Baillet, D. (1995). *Freinet-praktisch: Beispiele und Berichte aus Grundschule und Sekundarstufe*. 송순재, 권순주 역(2002). 프레네 교육학에 기초한 학교 만들기. 서울: 내일을 여는 책.
Becker, G., Kunze, A., Riegel, E., & Hajo, W. (1997). *Die Helene Lange Schule Wiesbaden. Das Andere Lernen*. 이승은 역(2006). 만들고 행동하고 표현하라. 서울: 알마.
Comenius, J. A. (1658). *Orbis Sensualium Pictus*. 정일웅 역(2021). 요한 아모스 코메니우스의 세계도해. 서울: 범지출판사.
Dietrich, I. (1995). Freinet-Pädagogik heute. I. Dietrich (Hrsg.). *Handbuch Freinet- Pädagogik*. Weinheim/Basel: Beltz.
Flitner, A., & Scheuerl, H. (1991). *Einführung in Pädagogisches Sehen und Denken*. 송순재 역(2000). 사유하는 교사. 서울: 내일을 여는 책.
Riegel, E. (2005). *Schule kann gelingen*. 송순재 역(2012). 꿈의 학교 헬레네 랑에. 서울: 착한 책 가게.

https://terms.naver.com/entry.naver?docId=794425&cid=46615&categoryId=46615
https://www.gov.kr/portal/service/serviceInfo/PTR000051103

제2장

존 듀이 교육론으로 보는 교사의 교과서 만들기

정정철

* * *

1. 들어가며

오늘날 학교교육에서 사용되고 있는 근대적 형태의 교과서는 대략 130년 전 우리나라에 처음 등장하였다(이종국, 2005). 근대적 교과서는 당시 사서오경(四書五經) 등과 같은 전통적인 유학 교재들을 대신하여 신교육에 활용되기 시작했다. 이종국(2005)에 따르면, 근대식 교과서는 우리 사회의 근대화에 적지 않은 기여를 했다. 현재에 있어서 그 의미가 약해지고 있기는 하지만, 교과서는 여전히 그 자체로서 지식과 정보의 보고로 간주되고 있으며, 분과되고 전문화된 교과서는 우리나라의 산업 발전에 직결되었다. 뿐만 아니라 한국어의 바른 사용에 대한 기준을 교과서에서 찾는 풍습이 생길 정도로 교과서는 우리나라 사람들의 언어와 문자 생활에도 많은 영향을 끼쳤다. 현대 교육에 있어 교과서는 과거 교육에서 만큼의 '절대적인' 위치는 아니지만, 여전히 학교교육의 주요한 매체로서의 기능을 담당하고 있다.

교과서의 일반적인 형태는 인쇄된 책인 서책교과서이다. 최근 정보통신기술의 발달로 인해 '디지털교과서(digital textbook)'가 개발되고 있으나, 아직 여러 가지 이유로 학교교육에서 적극적으로 활용되고 있지는 못한 실정이다(주형미 외, 2013). 디지털교과서는 서책교과서와 구분되는 고유한 특징들을 가지는데, 컴퓨터를 비롯한 여러 정보화기기를 통해 구현되는 다양한 소리나 영상 자료 등이 그것이다. 다음에 언급하겠지만, 디지털교과서의 장점은 이 장의 논의 주제인 '교사의 교과서 만들기'와 관련하여 실천적인 부분에서 연구해 볼 가치가 있다. 교과서는 단적으로 말해 교과 지식의 전달을 위해 만들어진 매체이다. 따라서 교과서는 소설이나 전문적 지식을 기록한 여타의 다른 책들과는 구별되는 특징을 갖는다(박진용, 2012: 33-36). 교과서는 교육목표를 구현할 수 있어야 하며, 학습해야 할 내용을 담고 있어야 한다. 뿐만 아니라 학습 내용이 학생들의 학습에 적합하도록 조직되어 있어야 하며, 효과적인 교수-학습에 유용해야 한다. 공부한 내용을 확인할 수 있는 평가요소를 갖추어야 하며, 학생들의 수준과 흥미에 맞는 활자나 언어로 표현되어야 한다. 이러한 특징들이 잘 갖추어져 있는 교과서를 우리는 질 높은 교과서로 분류한다.

최근 학교 현장에서는 교육과정의 개편과 혁신교육의 영향으로 '교육과정 재구성'이라는 말이 자주 회자된다. 교육과정 재구성이란 말 그대로 '이미 주어진 교육과정을 새로운 형태로 다시 구성한다'는 의미이다. 국가교육과정의 영향력이 강한 우리나라의 경우, 현행 2015 개정 교육과정과 국정, 검인정 교과서는 이미 주어진 교육과정으로서의 의미가 강하다. 따라서 교육과정 재구성은 일반적으로 2015 개정 교육과정의 성취기준을 중심으로 교과서의 내용을 새롭게 배열하는 것을 말한다. 물론 경우에 따라서는 성취기준을 근거로 교과서 이외의 내용을 삽입하거나 기존 내용을 삭제하는 것도 가능하다. 이러한 취지에서, "교과서를 가르치지 말고, 교육과정을 가르쳐라."라는 말도 생겨난 것으로 보인다. 즉, 교과서에 너무 의존하지 말고 성취기준에 근거해서 가르치라는 말이다. 물론, 교사가 교육과정에서 요구하는 성취기준에 대해 충분히 숙지하고 있고 그에 따른 교육내용에 대해 잘 알고 있다면, 학교교육에서의 이러한 움직임은 일면 바람직할 수 있다. 그러나 이는 자칫 학교교육에서 교과서를 경시하는 문제로 이어질 가능성이 있다. 실제 학교 현장에서는 교과서 없이 가르치는 교사가 실력 있는 교사, 훌륭한 교사로 인식되기도 한다. 이 장에서는 이러한 현상이 과연 바람직한 것인가에 대해 의문을 제기하며, 학교교육에서 교과서의 문제, 나아가 교사와 학생에게 있어 교과서의 의미는 어떠한 것인가에 대해 존 듀이(J. Dewey)의 이론에 근거하여 논의를 전개하고자 한다.

듀이는 교육적인 과정을 형성하는 근본적인 요소들로 두 가지를 언급한다(MW2: 273)[1]. 하나는 미성숙하고 발달이 아직 덜 이루어진 존재이고, 다른 하나는 성인의 성숙한 경험 속에 구현되어 있

1) 이 연구에서 참조하는 듀이의 저작은 *The Collected works of John Dewey*, 1882-1953, edited by Jo Ann Boydstone(Carbondale and Edwardsville: Southern Illinois University Press, 1969-1991)이며, 그 약칭은 다음과 같다.
EW: *The Early Works of John Dewey*, 1882-1898, *5 volumes.*
MW: *The Middle Works of John Dewey*, 1899-1924, *15 volumes.*
LW: *The Later Works of John Dewey*, 1925-1953, *17 volumes.*
본문 내용에 대한 참고문헌의 표시 (MW2: 273)은 듀이의 글 'The Child and The Curriculum'이 실린 *The Middle Works, vol. 2.*의 273쪽을 나타낸다. 이후 듀이의 글에 대한 참고문헌은 이와 같은 방법으로 표시한다.

는 특정한 사회적 목적이나 가치 등이 그것이다. 교육의 과정이란 이 두 가지 요소가 적절하게 상호작용하는 과정이며, 이러한 상호작용이 가장 완벽하고 자유롭게 일어나도록 이들을 개념화하는 것이 교육이론의 본질적인 내용이라고 듀이는 말한다. 우리의 교육적 상황을 놓고 보자면, 전자는 '학생', 후자는 '교과'로 개념화할 수 있다. 듀이의 교육론에서 보자면, 교육의 과정은 학생의 조야한 현재 경험에서 출발하여 우리가 교과목이라 부르는 조직화된 진리의 체계가 반영하는 경험의 체계를 향하여 나아가는 계속적인 재구성의 과정이다. 이러한 듀이의 교육론에서 볼 때, 학교교육에서 교과의 중요성은 달리 강조할 필요가 없어 보인다.

교과는 학교교육에 있어 핵심적인 위치를 점하고 있다. 교과는 흔히, 국어, 영어, 수학 등의 교과목을 칭할 때 쓰이는 말이지만, 듀이에 따르면 교과는 그것 자체가 경험에 해당한다. 교과를 경험이라 칭할 때의 경험은 개인적 차원의 경험이 아니라 인류 전체의 경험에 대한 것이다(MW2: 278). 다시 말해, 교과는 세대를 거듭한 인류의 노력과 투쟁, 성공의 결과가 '축적된 산물'이라는 것이다. '축적된 산물'로서의 교과는 경험의 단순한 누적 혹은 단편적인 경험들의 집합이 아니다. 그것은 체계적이고 조직적인 방법으로 형성된 경험의 체계를 의미한다. 이러한 교과의 내용을 학생들의 수준과 흥미 등을 고려하여 만들어 낸 것이 바로 '교과서'이다. 이 장에서는 교사가 만드는 교과서의 의미와 한계에 대해 논의한다. 세부적인 논의 주제는 다음과 같다. 첫째, 듀이의 교과관에 대한 논의이다. 둘째, 학교교육에서 인식되어야 할 교과의 의미이다. 셋째, 교사가 만드는 교과서의 의미와 한계에 대한 논의이다. 이러한 논의를 통해 교과서의 본질적인 의미와 목적이 드러나며, 우리 교육의 변화를 위한 실질적인 시사점이 도출될 수 있기를 희망한다.

2. 듀이의 교과관

1) 교과의 형성

듀이는 넓은 의미에서 교육을 삶의 과정 자체와 동일시한다(MW9: 9). 하지만 일상적인 생활 속에서 자연스럽게 이루어지는 교육과 의도적인 교육 사이에는 분명한 차이가 존재한다(MW9: 9-10). 전자의 경우 그 중요성이 떨어지는 것은 아니지만, 교육은 부수적으로 일어난다. 예를 들어, 아동이 소속된 집단 속에서 삶을 영위하는 데 필요한 것을 배우는 일은 매우 자연스러운 것이지만, 이 경우의 학습은 어떤 특정한 목적, 즉 가르치고 배우는 것만을 위한 것은 아니다. 따라서 듀이는 후자의 경우를 형식적인 교육, 다시 말해 직접적인 교수나 학교교육(schooling)으로 분리하여 전자의 개념에서 구분한다. 듀이에 따르면, 이러한 구분은 문명의 진보와 함께 자연스럽게 생겨난 사회적인 산물이다. 사실 발전되지 않은 사회 집단에서는 학교교육과 같은 형식적인 교육이나 훈련은 거의 찾아볼 수 없다. 만약 있다고 한다면 그것은 특정한 방식으로 이루어지는 성인식 정도일 것이다. 그러나 문명이 진보한 사회에서는 학교교육과 같은 형식적인 교육이 반드시 요구된다. 왜냐하면 문명이 진보할수록 아동이 가진 능력과 성인이 살아가는 삶의 형태 사이의 거리는 점점 더 넓어지기 때문이다(MW9: 11). 학교와 같은 의도적인 교육기관은 이 거리를 효과적으로 좁히기 위해 생겨난 것이며, 이에 따라 학생을 가르치는 일을 전담하는 특별한 집단인 교사 집단이 나타난 것이다.

듀이는 무의식적인 교육이든 제도화된 교육이든지 간에, '교육'이라는 개념 속에는 개인으로 하여금 인류 전체의 삶의 결과로서 형성된 지적 · 도덕적 자원을 점차적으로 공유하게 하는 것이라는 의미가 내포되어 있음을 시사한다(EW5: 84). 다시 말해, 교육을 통해 '문명'이라는 인류 전체의 유산이 후대에게 전달된다는 것이다. 문명은 우리 삶을 윤택하게 해 주는 문명의 이기(利器)를 사용할 수 있는 능력을 의미하며(MW9: 42-43), 그런 측면에서 문명은 '지식의 전달'과 깊은 관련을 맺는다. 척박한 환경에서 생계의 수단을 획득하는 일이나, 환경의 위협으로부터 스스로를 보호할 수 있는 방안을 강구하는 데에는 많은 시간이 걸리지만, 문명의 전달로 인해 그 시간은 짧아질 수 있다. 이와 같이 인간의 더 나은 삶을 위해 지식은 전달되며, 이를 통해 생겨난 문명의 이기는 실제적인 생활의 변화와 함께 과거 인간의 지력을 헛되게 낭비하게 했던 미신이나 신화, 그리고 자연에 대한 헛된 상상 등이 재발하는 것을 막아 주는 역할을 한다(MW9: 42-43). 결국, 문명과 관련하여 우리가 주목해야 할 점은 문명으로 인해 생겨난 유용한 이기들이 아니라 문명이 인간 경험의 결과로 누적된 지식의 형태를 가진다는 사실이다.

그렇다면 이와 같은 지식은 어떻게 후대에게 전달되는가? 이러한 문제에 대해 듀이는 언어를 주목한다(MW9: 42-43). 교육이 문명이라는 인류 전체의 유산을 후대에게 전달하는 것이라면, 이는 언어를 매개로 하여 일어나게 된다는 것이다. 그런데 듀이는 언어를 문명을 전달하는 도구임과 동시에 가장 중요한 문명 그 자체로 본다. 언어는 물리적인 조건(physical conditions)이 사회생활에 유용한 방식으로 최대한 변형된 형태를 취하기 때문에,[2] 다른 모든 문명의 이기들보다 중요한 위치를 차지한다. 이러한 이유로 교육에서 언어가 차지하는 비중은 매우 높으며, '글을 모른다는 것'과 '교육을 받지 않았다는 것'이 거의 동의어로 쓰이고 있는 것이다.

언어를 통해 우리는 과거 인간의 다양한 경험을 공유할 수 있고, 이렇게 공유된 경험을 토대로 현재의 경험을 더욱 폭넓고 풍부하게 가질 수 있게 된다. 언어를 통해 우리는 사회 활동의 결과를 기록할 수 있고 이를 후대에 전달할 수 있으며, 이러한 기록을 토대로 장래 사회의 모습도 어느 정도 예측해 볼 수 있다. 교육이 문명이라는 인류 전체의 유산을 전달하는 것이라고 했을 때, 교육의 내용은 다름 아닌 바로 인류 전체의 유산 그 자체가 된다. 그리고 이

2) 듀이가 말하는 언어의 의미는 사물이 사회 활동의 목적에 쓰이는 방식을 지칭한다고 볼 수 있다. 예를 들어, '의자'는 나무로 만들어진 물체이지만, 그것을 '의자'라는 언어로 명명할 때에는 그것의 '의자'로서의 쓰임을 뜻하는 것이 주가 되고, 그것을 이루고 있는 나무라는 본래의 성질은 부차적인 것이 되고 만다는 것이다(Dewey, 1916/2007: 88의 33문단 주석 참조). 듀이는 언어의 이와 같은 성질 때문에 물리적인 사물(physical things)은 사회생활의 도구가 됨으로써 그 본래의 성질을 잃어버린다고 설명한다.

유산은 언어를 매개로 하여 전달되는데, 이렇게 언어화된 유산을 형식적 교육의 특성에 맞게 구성한 것이 바로 '교과'인 것이다. 듀이가 교과를 인류 전체의 경험에 대한 것이라고 규정하고 있는 것도 바로 이러한 이유에서이다(MW2: 278).

2) 교과의 특성

교과란 문명의 발달과 함께 복잡해지고 양적으로 팽창된 지식과 정보를 후대 사람들에게 효과적으로 전달하기 위해 만들어진 것이다. 교과가 주로 형식적인 교육기관인 학교에서 사용되는 것임을 감안할 때, 교과의 특성도 이러한 배경하에서 유추가 가능하다. 듀이에 따르면, 학교교육의 가장 중요한 특징은 교육을 위한 특별한 환경을 조성해 주는 것이다(MW9: 22-23). 듀이에게 있어 교육이란 물건을 주고받는 것과 같이 직접적으로 이루어지는 것이 아니라 환경의 통제를 통하여 이루어지는 간접적인 것이다. 따라서 성숙한 사람이 미성숙한 사람을 교육하는 단 하나의 방법은 미성숙한 사람이 상호작용할 수 있는 환경을 통제하여 그들로 하여금 스스로 생각하고 느낄 수 있도록 하는 것뿐이다. 이렇게 환경을 통제함으로써 교육하는 것은 우연적인 환경에 교육을 맡겨 버리는 것과는 다르다. 환경을 통제한다는 것은 분명한 교육적 목적을 가지고 의도적으로 환경을 조절한다는 의미를 가진 것이기 때문에 우연적인 환경에 맡기는 것과는 교육적으로 커다란 차이가 있다. 이렇게 보자면, 학교교육이란 학생들이 특별한 교육목적을 달성할 수 있도록 환경을 의도적으로 통제하는 것을 의미한다. 그리고 그 교육목적이란 다름 아닌 지적 · 도덕적 측면에서의 성장이다(MW9: 43). 교과는 이와 같은 학교교육의 실질적인 교육내용을 담고 있다.

듀이는 학교가 출현한 시기가 대체적으로 사회적 전통이 복잡해짐에 따라 그 사회가 가지고 있는 지식의 상당 부분이 글을 통하여 보존되고, 문자를 통해 전달되어야 하는 시기와 중첩된다고 보고 있다(MW9: 23). 그런데 문자는 말보다 더 인위적이고 관례적인 성격을 가지기 때문에, 우연한 상호 교섭만으로는 배우기 어렵다. 또한 문자화된 내용에는 일상생활과는 비교적 거리가 먼 내용이나 과거의 업적들이 상당 부분 포함된다. 따라서 문자화된 인류의 유산을 후대 사람들에게 전달하고, 그들이 활용할 수 있도록 하기 위해서는 이를 위한 특별한 교육기관이 요구되었다. 그 대표적인 기관이 바로 학교인데, 이러한 이유로 학교에서 이루어지는 교섭 방식은 여타의 기관과는 다른 형태의 방식을 취한다. 학교의 교섭 방식을 일상적인 교섭 방식과 비교해 보면, 다음과 같은 세 가지의 구체적인 특성이 드러난다(MW9: 24-25).

첫째, '단순화된' 환경이다. 학생들에게 전달되어야 할 인류 전체의 유산으로서의 문명은 그 범위와 깊이에 있어 너무 방대하다. 따라서 학교에서는 이 내용을 단순화시키고, 적절한 분량을 조금씩 나누어 전달할 수밖에 없다. 듀이는 학교에서 제공해야 할 단순화된 환경을 선정하는 기준으로 두 가지를 언급한다. 하나는 인간 삶에 있어 매우 근본적인(fairly fundamental) 가치를 가진 것이고

(MW9: 199)[3], 다른 하나는 학생들의 반응을 이끌어 낼 수 있는, 즉 학생들과 의미 있는 상호작용이 가능한 것이 그것이다(LW13: 25). 학교는 이러한 기준 아래 선정된 내용들을 토대로 점진적인 학습의 순서를 구축하여, 먼저 학습된 요소를 기반으로 점점 더 복잡한 내용에 이를 수 있도록 학습의 내용을 구성해야 한다. 이러한 학습 내용의 선정과 구성은 교과가 가져야 할 전형적인 특징이다.

둘째, '정화된 매개체'의 제공이다. 어느 사회에든지 후대에 전달할 만한 가치 있는 것이 존재함과 동시에 그것과는 반대로 전달할 가치가 없는 것, 또는 해로운 것 등을 가지고 있기 마련이다. 듀이는 학교의 임무가 바로 이와 같은 해로운 것들을 제거하고, 바람직한 경험을 촉진할 수 있는 특성을 가진 환경을 학생들에게 제공해야 하는 것이라고 이야기한다. 사회가 발전함에 따라 학교는 기존의 업적 전체를 보존하고 전달하는 역할을 하는 것이 아니라, 그것들 중 장차 더 좋은 사회를 만들 수 있는 데 기여할 수 있는 특질을 지닌 것들만을 선별하여 전달하는 역할을 해야 한다. 학교의 이러한 특성은 교과의 또 다른 특성으로 이어진다. 그것은 바로 '정화된 환경'으로서의 교과이다. 지적 · 도덕적인 면에서 학생의 성장에 도움이 되는 내용, 장차 더 좋은 사회를 만드는 데 기여할 수 있는 바람직한 내용, 교과는 바로 이러한 정화된 내용으로 구성되어야 하는 것이다.

3) '근본적인 것'이란 '부차적인 것'과는 상대적인 의미로 사회의 여러 집단이 가장 널리 공유하고 있는 경험과 관련된 내용을 가리킨다. 반면, '부차적인 것(secondary)'이란 전문적인 집단과 기술적인 추구의 필요를 반영하는 내용을 가리킨다.

셋째, '균형 잡힌 시각의 형성'과 '보다 넓은 환경과의 접촉'을 위한 환경의 제공이다. 듀이에 따르면, 학교는 학생들로 하여금 사회를 이루는 다양한 요소를 균형 잡힌 시각으로 볼 수 있도록 교육해야 하며, 자신이 속한 집단의 울타리를 벗어나 보다 넓은 세상과 생생한 접촉이 가능할 수 있도록 교육 환경을 조성할 수 있어야 한다. 현대 사회는 매우 다양한 집단이 서로 연결되어 존재한다(MW9: 24-25). 하나의 가정은 이웃과 어우러져 하나의 사회를 이루고 있고, 마을이나 길거리에서 흔히 볼 수 있는 놀이 집단들도 하나의 작은 사회라 할 수 있으며, 회사나 클럽 등도 마찬가지이다. 현대의 도시는 명목상으로는 정치적인 단일성을 나타내고 있지만, 그 안에는 아마 과거 전 대륙에 있었던 것보다 더 많은 수의 지역사회가 존재할 수 있고, 더 다양한 풍속과 전통, 정치와 통치의 형태 등이 공존할 수 있다. 실제 우리나라를 포함하여 대부분의 나라들에는 다양한 문화와 인종 집단이 섞여 있는 것이 현실이다. 또한 다른 나라의 경제나 군사적인 문제가 우리나라에 직접적인 영향을 미치기까지 한다. 따라서 교과는 학생들로 하여금 자신이 속한 사회에 대한 올바른 이해와 더불어 보다 넓은 세계와의 폭넓은 접촉에 유용할 수 있도록 제작될 필요가 있다.

듀이는 학교 교과들을 서로 관련짓는 진정한 구심점은 과학이나 문학이 아니요, 역사나 지리도 아니라고 말한다(EW5: 89). 교과들을 서로 관련짓게 하는 진정한 구심점은 바로 학생 자신의 사회적 활동이다. 따라서 학생의 사회적 활동을 떠나 국어, 수학, 지리 등의 세분화된 교과를 학생에게 제시하는 것은 학생의 천성에 역행하는 것이라고까지 말한다(EW5: 89). 그러면서 듀이는 교과의 내용이 사회적 삶의 원초적이고 무의식적인 통합성(unity)에서 시작하여 점차적으로 분화된 형태를 띠어야 한다고 주장한다. 이와 같이 듀이는 교육을 경험의 계속적인 재구성으로 바라보면서, 학교교육이나 교과 또한 인간의 사회적 삶에서 출발하여 개개인의 성장에 기여하는, 다시 말해 더 나은 인간의 모습으로서의 삶을 영위하는 데 기여해야 하는 것으로 보고 있다. 듀이의 교육관을 '도구주의(instrumentalism)'로 파악하는 것도 바로 이러한 맥락에서 해석될 수 있을 것이다.

3. 학교교육에서의 교과

1) 교과 지식 발달의 3단계

듀이는 진정한 교육이 예외 없이 경험을 통해 이루어지는 것이기는 하지만 모든 경험이 교육적인 것은 아니라고 말한다(LW13: 11). 다시 말해 교육적인 경험과 비교육적인 혹은 반교육적인 경험이 존재한다는 것이다. 이러한 듀이의 관점은 교과의 문제에도 적용된다. 학교교육을 통해 전달되어야 할 내용의 체계적인 조직체로서의 교과도 그것이 어떻게 조절되느냐에 따라 교육적인 경험을 촉진할 수도 있고, 그렇지 못할 수도 있는 것이다. '교과의 가치'와 '교육의 가치'에 대한 구분도 이러한 배경에서 이해될 수 있다.[4] 학교교육에서의 교과는 교과의 가치에 앞서 교육의 가치를 지닌 것이 되어야 한다. 교과에 대한 논의를 교육의 가치 측면에서 전개하기 위해 우선 학생의 경험 속에서 교과의 지식이 어떤 형태로 발전해 나가는지에 대해 살펴볼 필요가 있다. 듀이는 그 전형적인 발달 모습을 크게 다음의 세 단계로 구분한다(MW9: 192-199).

첫째, '무엇인가를 할 줄 아는 것'으로서의 지식이다(MW9: 192-193). 사람이 가지게 되는 최초의 지식은 무엇인가를 할 줄 아는 것을 의미하는데, 걷기, 말하기, 읽기, 스케이트 타기 등이 그 예시가 될 수 있다. 이때의 지식을 다른 말로 표현하면, '목적을 이루기 위한 수단으로서의 행위를 지적으로 통제하는 것'을 뜻한다. 듀이에 따르면, 이와 같은 최초의 지식은 학문주의 지식관의 영향으로 인해 그 중요성이 올바르게 존중되지 못했다. 최초의 지식으로 이루어지는 교과의 시작 단계는 몸을 움직여 사물을 만지고 다루어 보는 것으로 존재하는데, 이러한 지식이 체계적이지 않다는 이유로 그간 교육계에서 중요시되지 않았다는 것이다(MW9: 193). 이러한 배경에서는 추상적이고, 체계적인 지식만이 중요하다는 인식을 가지게 된다. 그러나 이런 경우 교과는 학습을 시작하는 학습자의 필요나 목적에서 유리된 상태로 주어지게 되며, 학생에게 교과는 오

---

4) '교과의 가치'라는 말은 교과가 학습자의 현재 역량과는 무관하게, 또는 그러한 것을 고려할 필요가 없이, 그 자체로서 본래적인 가치를 지닌다는 것을 의미하고, '교육의 가치'는 그것이 학생의 지적 · 도덕적인 부분에서의 성장에 기여할 수 있는, 다시 말해 학습자와 유의미하게 상호작용할 수 있는 그런 내용일 경우에 부여되는 가치를 의미한다(Dewey, 1938/2001: 63의 주석 15 참조).

직 암기해야 할 것, 또는 교사의 요구에 따라 의미 없이 재생해야 할 것이 되고 만다. 따라서 듀이는 올바른 교육의 모습, 특히 초기 단계의 교육에서는 '행함을 통한 배움(learning by doing)'을 강조하고 있는 것이다.

둘째, '정보'로서의 지식이다(MW9: 194). 첫 단계에서의 지식이 행함을 통해 습득된 것이라면, 두 번째 단계에서의 지식은 다른 사람들과의 의사소통을 통해 형성된다. 사회적 의사소통을 통해 우리는 다른 사람에게 우리의 경험을 말하고, 다른 사람의 경험을 듣는다. 만약 이러한 의사소통에 관심을 가지고 참여한다면, 그 속에서 공유된 경험은 우리 자신의 것이 된다. 인류 전체의 유산으로서의 교과는 학생들의 폭넓은 의사소통을 위한 중요한 매체가 된다. 학생들은 교과를 통해 자신에게 필요한 많은 정보를 얻을 수 있다. 다시 말해, 교과는 학생들과의 유의미한 상호작용을 위한 정보의 보고인 것이다. 물론 학교교육에서의 교과의 가치는 교과 자체에 내재된 것이라기보다는, 교육의 가치, 즉 학생이 현재 관심을 가지고 있는 질문과 잘 연결되고, 이를 통해 학생의 현재 지식을 얼마나 더 깊고, 더 넓게 해 주는가에 의해 헤아려질 수 있다. 정보로서의 교과와 관련한 듀이의 관심은 교과가 얼마나 많은 양의 정보를 제공하는가에 있지 않다. 중요한 것은 학생이 그 정보를 필요로 하는가의 문제, 그리고 당면한 문제 사태에 적용할 수 있는가의 문제인 것이다. 만약 이러한 필요에 부합하는 정보라면, 그러한 정보는 많을수록 좋다는 것이 듀이의 견해이다.

셋째, '과학적' 또는 '합리적' 지식이다(MW9: 196-199). 학생들의 지식은 최종적으로 지식의 전형적인 형태인 과학적 지식에 이른다. 과학적 지식으로서의 교과는 학문의 성격이나 분야에 따라 내용의 체계성이나 조직에 있어 정도의 차이는 있지만, 학습의 완성된 결과 또는 완결(consummation)을 나타낸다. 물론 듀이가 말하는 과학적 지식에서의 완성 또는 완결이라는 의미가 이원론적 사고에서 가정하는 고정된 의미에서의 진리를 말하는 것은 아니다. 여기에서의 완성 또는 완결의 의미는 탐구와 검증이라는 과학적 절차에 따라 도출된 근거를 가진 것이라는 특성을 의미한다(권정선, 김회용, 2016: 16-18). 이러한 관점에서 과학적 지식은 그 자체적인 기준 내에서는 불완전하거나 불확실한 요소가 제거된 상태, 즉 확실한 지식이라는 특성을 갖는다. 그런데 듀이는 과학적 지식의 확실성과 인간의 정서적 측면에서 보이는 확실성은 구별되어야 한다고 이야기한다. 인간은 본성상 지식의 진위를 검증하는 데 있어 매우 성급한데(MW9: 196-197), 특별히 도야되지 않은 마음(undisciplined mind)은 불분명한 일에 있어 판단을 유보하는 것을 꺼려 하고, 성급하게 믿고 결단을 내리며, 무엇인가를 주장하기를 좋아한다는 것이다. 그런데 과학은 인간이 가지고 있는 이러한 경향성과 거기서 파생되는 문제들에 대한 보호 장치가 될 수 있다. 왜냐하면 과학은 사고의 절차와 결과를 검증할 수 있는 그러한 조건에서 사고하기 위하여 인류가 오랜 기간에 걸쳐 발전시켜 온 특별한 장치와 방법으로 이루어졌기 때문이다(MW9: 196-197).[5] 따

5) 듀이는 과학이 자생적인 것이 아닌 인위적인 것이고, 생득적인 것이 아닌 학습되는 것이기 때문에 교육에서 과학의 위치는 매우 독특하면서도 중요한 것이라고 말한다.

라서 듀이는 과학을 올바로 사용하기 위해서는 교육적인 노력이 필요하며, 만약 과학적 절차와 방법을 따르지 않는다면 결코 지식의 완전한 의미를 이해할 수도 없다고까지 말한다. 과학적 절차를 통해 도출된 지식은 그 확실성이 보장된다(MW9: 198-199). 과학적 확실성이란 논리적 근거에 의하여 보장되는 확실성이다. 개념과 전제는 서로 영향을 주며, 서로를 지지하는 관계에 놓인다. 하나에서 다음으로 연결되고, 뒤의 것이 앞의 것을 확인해 주는 이러한 이중적인 관계가 논리적이라는 말의 의미인 것이다.

지금까지 학생의 경험 속에서 발전해 가는 교과 지식의 세 단계에 대해 살펴보았다. 학생의 경험 속에서 교과의 지식은 무엇인가를 할 줄 아는 것으로서의 최초 지식에서, 정보로서의 단계를 거쳐, 최종적인 모습인 과학적 · 합리적 지식의 단계로 발전해 간다. 이러한 발달단계는 학습자의 성장 관점에서, 그리고 교육적 가치 측면에서 교과의 내용이 어떻게 구성되어야 하는가에 대한 시사점을 준다.

첫째, 교육의 시작 단계에 적합한 교과는 행함을 통해 배울 수 있는 내용이 주를 이루어야 한다. 둘째, 두 번째 단계에 해당하는 경우 교과는 학생들의 필요와 관심에 부합하는 풍부한 자료를 담고 있는 것이 되어야 한다. 셋째, 마지막 단계의 경우 교과는 그 분야의 전문가라 할 수 있는 사람들에 의해 형성된 지식 체계로 학생들을 이끌 수 있는 그러한 것이라야 한다. 학교급, 과목, 학생의 특성 등 구체적인 교육 환경에 따라 교과의 형태와 내용은 달라질 수 있다. 그러나 학생의 경험 속에서 이루어지는 교과 지식의 발달에 관한 듀이의 논의는 학교교육의 핵심 매체인 교과의 내용 선정과 조직에 있어 분명 중요한 메시지를 전달해 준다.

2) 교사와 학생에게 있어 교과의 의미

학생들의 교육적 경험이 조성되는 주요한 공간은 학교이다. 교육적 경험이란 학생의 지적 · 도덕적 측면에서의 지속적인 성장에 기여하는 경험을 말한다(LW13: 19). 교육적 경험은 학생들의 내부적 요소와 학교에서 제공되는 객관적인 환경 사이의 상호작용에서 비롯되는 것이기 때문에, 교육적 경험의 성취에 있어 객관적 환경을 조절하는 교사의 역할은 매우 중요하다. 교사가 조절해야 할 객관적 환경들 중 가장 큰 비중을 차지하는 것은 교과이다. 인류 전체의 유산으로서의 교과는 학교교육의 핵심적 소재이며, 학생들이 상호작용해야 하는 가장 중요하고 직접적인 환경이다. 따라서 교사는 학생들에게 교육적 경험이 일어날 수 있도록 교과의 내용을 조절할 수 있어야 한다. 이러한 측면에서 듀이는 교과의 의미를 교사의 입장과 학생의 입장에서 각각 다르게 파악한다(MW9: 189). 먼저, 교사의 입장에서 교과의 의미를 살펴보자.

교육적 경험의 조성 측면에서 교과는 교사에게 있어 두 가지 의미를 가진다. 첫째, 교과는 교사가 학교교육을 통해 지도해야 할 내용과 방향을 제시해 준다. 교과에는 후대에 전달되어야 할 가치 있는 내용들이 체계적으로 정리되어 있다. 이를 통해 교사는 학생들이 배워야 할 본질적이고 중요한 내용이 무엇인지 쉽게 파악할 수 있다. 뿐만 아니라, 과학적 · 합리적 지식으로서의 교과는 교육적 경험을 통해 학생들이 도달해야 할 분명한 방향을 제시한다(MW2: 278). 따라서 교사는 교육적 경험을 조성하는 사람으로서 교과의 내용을 명확하고, 충분하게 숙지할 필요가 있다. 둘째, 교과는 교육적 경험의 지표로서 활용된다. 학생들이 학교생활 속에서 당면하게 되는 특정한 사태는 어떤 학생에게는 교육적인 경험일 수 있으나, 다른 학생에게는 비교육적인 혹은 반교육적인 경험일 수 있다. 따라서 교사는 학생들이 현재 직면하고 있는 경험의 특질이 교육적인 방향으로 작용하고 있는가를 평가하여 이를 바르게 조절해 주어야 한다(MW9: 190). 교과는 이와 같은 교사의 책무가 바르게 이행될 수 있도록 돕는 지표의 역할을 한다. 이는 갓난아이를 건강하게 기르기 위해 부모가 과거로부터 축적되어 온 지식이나 해당 분야의 전문가에게 조언을 구하는 것과 비슷한 경우라 볼 수 있다(LW13: 24).

다음으로, 교과가 학생에게 주는 의미를 살펴보자. 학생의 교육적 경험을 위해 교과가 주는 의미를 파악하기 위해서는 우선 논의의 범위를 '교육적 가치를 지닌 교과'로 좁힐 필요가 있다. 왜냐하면 교과의 가치와 교육의 가치는 구분될 필요가 있으며, 교육적 가치를 지니지 못한 교과는 교육적 경험을 조성하지 못하기 때문이다. 교육적 가치를 지닌 교과란 학생의 지속적인 성장에 기여할 수 있는 내용, 다시 말해 학습자와 유의미한 상호작용을 통해 교육적 경험을 촉진할 수 있는 내용을 담고 있는 교과를 의미한다. 듀이는 교육적 가치를 설명하기 위해 갓난아이에게는 비프스테이크를 먹이지 않는 경우를 그 예로 든다(LW13: 27). 갓난아이에게 비프스테이크를 먹이지 않는 이유는 비프스테이크에 영양소가 충분하지 않아서가 아니라 아이가 소화를 할 수 없기 때문이다. 같은 맥락에서 교과는 그 자체만 놓고서는 그것이 교육적이라거나 학생의 성장에 도움이 된다거나 하는 평가를 내릴 수 없다. 교과의 교육적 가치는 그것과 상호작용하는 학생의 욕구나 흥미 등이 고려된 매우 구체적인 상황에서 결정되어야 하는 것이다. 교육적 경험의 제공자로서의 교사는 이 부분에 주목하여 그 책무를 이행할 필요가 있다.

교육적 가치를 지닌 교과는 학생들에게 있어 교육적 경험의 성취를 위한 '가시적 목표(end-in-view)'로서의 의미가 있다(LW13: 43). 가시적인 목표는 활동 당사자가 수행하려는 일의 결과를 예측해 보고 거기에서 도출되는 의미를 바탕으로 설정하는 잠정적인 목표를 의미한다. 따라서 가시적인 목표는 외부에서 부과되는 확정적인 목표의 개념과는 구분되며, 일의 진행 상태에 따라 변화되거나 교정될 수 있는 특징을 지닌다. 가시적인 목표, 특히 듀이의 견해에 따라 학생 당사자가 목표의 설정 과정에 참여하는 경우, 가시적 목표는 학생들의 교육적 경험의 실현에 결정적인 역할을 한다. 듀이가 말하는 '하나의 경험(an experience)'이라는 개념을 통해 이에 대해 더 자세히 살펴보자. 하나의 경험이란 어떤 일이 외부로부터의 장애나 내면으로부터의 무기력 등으로 인해 정지되거나 무산되어 버리지 않고, 순차적으로 그 완성에 다다르게 되는 경험을 말한다(LW10: 42-43). 하나의 경험은 바람직한 경험의 이상적인 특질을 갖춘 경험의 전형으로 볼 수 있는데, 교육적 경험 역시 하나의 경험으로 볼 수 있다. 듀이는 하나의 경험이 성립되기 위해 필요한 두 가지 중요한 요소로서 사고의 작용과 정서적 측면에서의 내재적 만족감을 언급한다(LW13: 53; LW10: 23, 47). 난해한 연구를 진행하는 과학자를 생각해 보자. 과학자가 연구를 완결로 이끌기 위해서는 높은 수준의 지적인 사고력과 더불어 연구과정에서 발생할 수 있는 수많은 어려움을 끝까지 감내할 수 있는 인내심과 만족감 같은 정서적 측면에서의 요인들이 반드시 필요하다. 만약 이 두 가지 요소들 중 한 가지가 결핍된다면 과학자는 그 연구를 완결로 이끌 수 없을 것이다. 같은 관점에서 학생들로 하여금 교육적 경험을 성취할 수 있도록 하기 위해서는 교육내용을 학생의 수준과 필요에 적합하게, 즉 학생의 사고를 촉발시키고 경험의 완결을 위해 필요한 정서적 측면에서의 동인이 적극적으로 발휘될 수 있도록 조절할 필요가 있다. 가시적 목표라는 아이디어는 이러한 교육적 활동을 내포하고 있다. 교육적으로 잘 조절된 교과는 학생들의 사고를 불러일으키며, 당면한 학습 과제를 완수하고자 하는 의욕을 불러일으키는 가시적 목표로서의 의미를 가진다. 따라서 중요한 것은 교과를 학생들의 가시적 목표가 되도록 조절하는 것이다. 이 일이 선행되지 않는다면, 학교교육을 통한 학생들의 교육적 경험의 성취는 요원한 일이 되어 버릴 수도 있다.

4. 교사의 교과서 만들기

1) 교사와 교과서

교사는 학교교육의 주체로서 학생들의 교육적 경험을 조성하는 일을 그 일차적인 책무로 한다. 교과서는 인류 전체의 유산인 교과내용을 학생들의 학습에 유용한 형태로 제작한 것을 말하는데, 보통은 서책의 형태로 되어 있다. 학교교육에서의 학습이 주로 교과내용을 토대로 일어나는 것임을 생각할 때, 교과서의 중요성은 여타의 교재들에 비해 월등하다고 할 수 있다. 그러나 앞에서 논의한 대로, 교과서가 그것 자체로서 교육적 가치를 지닌다고 보기는 어렵다. 지식의 발달과정에서 가장 높은 수준인 과학적 또는 합리적 지식의 단계에 가까울수록 교과의 가치는 높다고도 볼 수 있으나, 학습자와의 관계가 고려되지 않는다면, 그것의 교육적 가치는 논의될 수 없다. 교육적 가치는 학습자와의 유의미한 상호작용을 통해 평가될 수 있는 것이기 때문이다. 학교교육에서 교과서는 교과의 가치 이전에 교육의 가치 측면에서 그 가치가 평가되어야 한다. 듀이는 교과가 교육적 가치를 지닌 것이 되도록 하기 위해 '교과의 진보적 조직 또는 발달'이라는 아이디어를 제시한다(LW13: 48).

교과의 진보적 발달이란 학생들의 경험을 보다 포괄적이고 풍부하며, 조직된 형태가 되도록 발달시키는 것을 목적으로 교과의 내용을 조절하는 것을 말한다. 이는 구체적으로 학생들의 경험이 교과 발달의 최종 단계인 합리적 지식 체계에 점차적으로 근접해 갈 수 있도록 학생들과의 상호작용이 가능한 형태로 교과의 내용을 조직하는 것을 의미한다. 듀이는 어떤 교과이든지 그 시작은 될 수 있는 대로 '비학문적'으로 해야 한다고 말한다(MW9: 160-161). 교과를 가르치는 과정은 학생들의 사고를 불러일으키는 과정이어야 하는데, 사고는 확실성이 보장된 사태 속에서 촉발되는 것이 아니라, 아직 진행 중인 현재적 사태에서 태동하기 때문이다(MW9: 153-154). 뿐만 아니라 사고의 작용은 교육의 목적인 성장을 위해서도 필수적인 요소이다(LW13: 52-53). 따라서 교과가 교육적인 가치를 지닌 것이 되기 위해서는 그것이 어떤 단계에 있는 것이든지 간에 학습자에게 교육적 성장을 위한 사고를 불러일으킬 수 있는 특질을 지닌 것이 되어야만 한다.

이렇게 볼 때, 교과는 경험의 두 가지 원리인 '계속성의 원리'와 '상호작용의 원리'에 빗대어 그 교육적인 역할이 설명될 수 있다(LW13: 25). 계속성의 측면에서 경험이 교육적인 특질을 지닌 것이 되기 위해서는 그것이 경험 당사자의 지속적인 성장에 도움이 되어야 한다. 다시 말해, 학습자의 교육적인 성장을 촉진하는 방향으로 경험이 이루어져야 한다는 것이다. 교과의 진보적 조직이라는 아이디어 속에서 볼 수 있는 것처럼 합리적·과학적으로 조직된 교과는 학생들이 현재의 경험에서 출발하여 나아가야 할 목표이다. 따라서 교과는 교육적 경험의 종적인 측면을 형성함에 있어서 성장의 방향을 제시하는 기능을 한다고 볼 수 있다. 상호작용의 원리는 경험의 횡적인 측면과 관련된다. 경험 당사자와 그를 둘러싼 객관적인 환경은 상호 간에 영향을 주고받기 마련인데, 이러한 상호작용의 원리는 교육적 환경의 조성과 관련하여 시사하는 바가 크다. 상호작용의 원리 측면에서 교육적 경험이 조성되기 위해서는 학습자의 내부적 요인과 학습자를 둘러싼 객관적인 환경 모두를 동등하게 주목할 필요가 있다. 따라서 교과는 가장 주요한 객관적인 환경으로서 학생의 성장 단계에 맞게 조절될 필요가 있는 것이다.

그렇다면 교사는 어떠한 방식으로 교과의 진보적 조직을 실현할 수 있을 것인가? 앞에서 언급한 가시적 목표와 관련하여 한 가지 예를 들어 보자. 곤충에 관심이 많은 초등학생이 있다. 이 학생은 어려서부터 주변의 다양한 곤충에 흥미가 있었으며, 과학 시간을 통해 곤충에 대해 더 배우고 싶어 한다. 이런 경우 교사는 과학 교과의 성취기준과 학생의 필요를 고려하여 학생과 함께 교육의 목표를 설정하고 교육내용을 재구성한다. 필요에 따라서는 다른 과목 혹은 상위 학년에서 다루는 내용도 재구성에 포함할 수 있다. 이러한 공부가 학생의 성장에 도움이 된다는 교사의 전문적인 판단이 내려진다면, 학생은 학년이 바뀐다 하더라도 그 공부를 지속할 수 있으며, 곤충에 대한 학생의 지식과 이해는 넓어지고 점차 체계를 갖춘 전문가의 수준으로 발전해 간다. 우리는 이 예시에서 교과의 진보적 조직이 실현된 교육의 일면을 볼 수 있다. 뿐만 아니라 학생과 함께 교육의 목표를 설정하는 모습, 다시 말해 가시적 목표를 설정하는 장면도 목격할 수 있다. 목표 설정의 과정에서부터 학생 당사자가 참여하고 있기 때문에, 공부를 진행하는 동안 학생은 적극적인 사고와 내재적인 만족감을 느끼며 학습 경험을 성공적으로 마무리할 가능성이 높다. 우리는 이 경우 학생 당사자가 교육적 경험을 성취했다고 평가할 수 있다.

교과는 학생들이 가시적인 목표를 세우는 데 중요한 자료의 역할을 할 뿐 아니라, 상황에 따라 가시적인 목표 그 자체도 될 수 있다. 잘 조절된 교과는 현재 학생들의 조야한 경험 세계와 유의미한 상호작용을 할 수 있는 상태에서 출발하여 전문가의 교과라 할 수 있는 합리적 · 과학적 지식 체계로 발전해 간다. 이러한 교과의 발달 모습은 학생들이 현재 경험하는 내용이 장차 어떻게 발전되어 가는지를 예측할 수 있게 해 주어 학생들의 가시적 목표 설정에 도움을 준다. 뿐만 아니라 교과 내용을 단계적으로 공부하려는 학생의 경우, 예를 들어 수학과 같이 공부해야 하는 순서가 어느 정도 명확하게 정해져 있는 교과의 경우에는 그 자체가 가시적 목표로서의 기능도 한다. 듀이가 교과 발달의 최종 단계라 할 수 있는 과학적 지식 체계로서의 교과를 학생들이 점차적으로 발전해 가야 할 목표라고 말하는 것도 이러한 측면인 것이다(MW2: 278).

가시적 목표는 교육적 경험을 이루는 데 필수적인 한 가지 요소이며, 교과는 그 가시적 목표 설정에 있어 핵심 자원이 된다. 그런데 듀이는 가시적 목표 설정 과정에 학생 당사자를 직접 참여시킬 것을 강조한다(LW13: 43). 왜냐하면 우선 가시적인 목표를 설정하는 과정에는 객관적인 사태에 대한 관찰과 판단, 그리고 그것에 대한 의미 분석 등이 기본적으로 수반된다. 이러한 과정은 그 자체가 교육적 경험의 핵심 요소인 사고의 작용을 유발하는 특징을 가진다. 뿐만 아니라, 가시적 목표 설정 과정에 학생 당사자가 참여하게 되면 자신의 필요와 흥미가 목표 설정에 반영되기 때문에 교육적 경험의 완결에 필요한 만족과 끈기 등의 내부적 요소를 충족시키는 동인이 된다. 교육적 경험의 조성에서 가시적 목표의 설정이 중요한 이유가 바로 여기에 있다. 이런 관점에서 교사의 중요한 책무는 가시적 목표 설정 과정에 학생들을 적극적으로 참여시키는 것이 된다. 이 절에서 논의하고 있는 '교사의 교과서 만들기'가 바로 이 책무와 관련된다. 교과의 진보적 조직이라는 아이디어 속에서 학생들의 가시적 목표 설정과 관련하여 개별화된 교과서를 만들어 가는 일, 다시 말해 교육적 경험의 적극적인 성취를 위해 교과의 내용과 학생의 필요에 동등한 비중을 두고 개별 학생에게 적합한 교과서를 학생 당사자와 함께 만들어 가는 것, 바로 이 교육적 활동이 '교사의 교과서 만들기'인 것이다.

2) 의미와 한계

교사가 교과서를 만드는 단적인 이유는 학생들의 교육적 경험 성취에 도움이 되기 때문이다. 현행 학교교육에서 사용되는 교과서는 일반적으로 해당 교과 내용 관련 전문가들과 현장 교사들의 협력에 의해 만들어진다. 집필진 구성에서 있어 교사가 차지하는 비율이 점차적으로 확대되고 있는데, 이는 학교 현장의 다양한 목소리가 교과서의 내용과 체계에 반영될 필요가 있기 때문이다(박미란, 박현숙, 2013). 학생들의 흥미와 관심에 맞는 내용의 선정, 학생 수준에서 이해 가능한 단어의 선택과 개념 설명의 방식, 학교의 학사 일정과 수업 시수를 고려한 적정한 분량의 내용 구성 등이 교사 집필자가 교과서 제작에 있어 주로 담당해야 하는 역할들이다(박미란, 박현숙: 64-70). 이와 같이 큰 틀에서 교사의 교과서 만들기는 학교교육에서 활용되는 국정 및 검인정 교과서의 제작에 참여함으로써 이루어진다. 그러나 이와는 별개로 교사는 좀 더 구체적인 수준, 즉 현장 교사 각자의 위치에서 교과서 만들기를 시도해야 한다. 왜냐하면 학교에서 활용되는 단일한 교과서가 모든 개별 학생들과 유의미한 상호작용을 일으킨다고 보기는 어렵기 때문이다. 개별 학생들의 교육적 경험의 성취를 돕는 것이 교사의 마땅한 책무라면, 교사의 교과서 만들기의 당위성은 그러한 책무에서 찾을 수 있을 것이다.

먼저, 교사의 교과서 만들기의 교육적 의미는 크게 두 가지로 정리해 볼 수 있다.

첫째, 교육적 가치에 충실한 교육의 구현이다. 듀이는 그의 저서 『경험과 교육』에서 성인 중심의 전통적인 교육과 아동 중심의 진보적인 교육 모두를 비판한다(LW13: 6-9). 전통적인 교육에서는 학습자인 아동에 대한 고려가 부족했고, 진보적인 교육에서는 인류 전체의 유산인 교과의 가치를 가볍게 여겼다는 것이 그 비판의 요지이다. 학생 개개인의 흥미와 특성을 고려하면서, 교과의 가치를 교육의 가치로 연결시키는 교사의 교과서 만들기는 이러한 듀이의 비판에서 자유로울 수 있다. 뿐만 아니라, 교사의 교과서 만들기는 학생 개개인의 좋은 삶을 위한 개별화 교육의 실현 측면에서도 그 의미가 높다고 할 수 있다. 교육이 학생 개개인의 좋은 삶에 기여하는 것은 매우 타당하지만(White, 2011/2014), 현행 교육에서 개별화 교육을 실현하는 것은 그리 쉬운 일이 아니다. 학생 개개인의 흥미와 특성, 목표에 따라 교육의 내용과 방법, 평가의 기준 등이 달라져야 가능한 일이기 때문이다. 단번에 모든 것을 바꾸기는 어렵다. 하지만 가능한 부분에서부터 개별화 교육을 위한 시도가 이루어진다면, 적어도 그 범위 내에서의 교육적 효과는 분명할 것이다. 학생의 필요에서 시작되는 교사의 교과서 만들기는 이러한 개별화 교육의 중요한 출발점이 될 수 있을 것이다.

둘째, 교사의 역량 제고 측면이다. 교사는 교육적 경험을 위한 환경의 제공자이다. 학생들이 올바른 방향으로 성장하도록 돕기 위해 교사는 많은 것을 갖추어야 한다. 그중 가장 중요한 두 가지를 생각해 보자. 먼저, 성장 방향에 대한 인지이다. 교사는 학생의 성장이 일어나야 할 방향에 대해 알고 있어야 한다. 주지하였듯이, 교과는 인류 전체의 유산 중 후대에게 전달되어야 할 내용들, 특히 사회적 가치 기준에 따라 선별된 것들로 구성된다(MW9: 199). 사회적 가치가 반영된 교과의 내용은 학생들의 바람직한 성장의 방향을 알려 준다. 따라서 교사는 교과로부터 학생들의 성장 방향에 대한 정보를 얻을 수 있으며, 교육적 가치를 지닌 교과서를 만들기 위한 교사의 노력은 이러한 부분에 있어 교사의 역량을 강화하는 기제로 작용한다. 다음으로, 교육적 경험에 대한 판단이다. 경험의 계속성의 원리에 따라 현재의 경험을 통해 획득된 긍정적인 태도는 학생들의 경험을 더 깊고 폭넓은 형태로 나아가도록 할 수도 있지만, 만약 그것이 부정적인 경우라면 학생들의 경험을 낮은 단계에 그대로 머물게 할 수도 있다(LW13: 20). 따라서 교사는 학생들의 교육적 경험의 성취를 위해 학생 당사자들의 경험의 질을 유심히 살펴 이를 조절해 주어야 한다. 그러기 위해서는 교육적 경험을 판단하기 위한 구체적인 준거가 필요한데, 교과는 교사로 하여금 이에 대한 명확한 지침을 제공할 수 있다(MW9: 189). 뿐만 아니라 교과에 담긴 풍부한 자료는 학생들의 현재 상태를 파악하는 데 도움을 주는 다양한 정보를 제공한다(MW9: 190). 학생 개개인에 초점을 맞춘 교사의 교과서 만들기는 개별 학생들의 교육적 경험을 판단해야 하는 교사의 전문적인 능력의 향상에 적극적으로 기여할 수 있을 것이다.

다음으로, 교사의 교과서 만들기의 한계에 대한 논의이다. 교사의 교과서 만들기가 가지는 교육적 의미는 분명하지만, 이를 교육현장에 적용한다고 했을 때에는 그 실천상의 한계가 분명히 예측된다.

첫째, 구조적인 한계이다. 현행 우리나라 학교교육의 구조를 감안해 보았을 때, 교육적 의미가 충분히 반영된 교사의 교과서 만들기는 거의 불가능하다. 교육과정은 각기 분절된 교과목으로 구성되어 있으며, 교사 1인이 담당해야 할 학생들의 숫자도 적지 않다. 이런 환경에서 교사들이 개별 학생의 필요에 맞는 과목별 교과서를 제작한다는 것은 거의 불가능에 가깝다. 이러한 한계는 듀이가 제안한 교과의 진보적 조직이라는 아이디어의 실현이 현실적으로 얼마나 어려운 것인가를 짐작하게 한다. 그러나 다른 각도에서 접근해 보면, 이와 같은 한계는 문자 그대로의 한계라기보다는 바람직한 교육의 지향점으로 이해할 수도 있다. 사실 교육과정을 비롯한 현행 학교교육의 방식을 어느 정도 변화시키는 것이 가능하다면, 교사의 교과서 만들기를 실행하는 일이 아주 불가능한 것만은 아니다. 분절된 교과목의 경계를 낮추고, 개별 학생의 내부적 필요에 적극적으로 반응하며, 교육과정에서 요구하는 교과의 시수나 단위를 개별화 교육의 관점에서 유연하게 조절할 수 있다면, 교사의 교과서 만들기는 그 교육적 의미에 걸맞게 부분적으로나마 실현될 수도 있을 것이다. 교육과정을 학생 개개인의 좋은 삶이라는 목적에 종속시키면서, 현행 학교교육에서의 교과목을 필수와 선택으로 나눌 것을 제안하는 영국의 교육철학자 존 화이트(J. White)의 의견은 실천적인 맥락에서 적극적으로 검토해 볼 가치가 있어 보인다(Reiss & White, 2013/2017).

둘째, 직무상의 한계이다. 교사의 업무는 일반적으로 교과서의 내용을 선정하고, 집필하는 활동과는 직접적인 관련이 없다. 오히려 주어진 교과 내용을 효과적으로 전달하거나 교과 내용을 바탕으로 학생들이 교육적 경험을 성취할 수 있도록 도와주는 일과 보다 밀접하게 관련된다. 점차적으로 교과서의 제작 과정에 현장 교사들의 참여 정도가 증가하고 있긴 하지만, 그 역할이 주로 교과 전문성 측면에서 교수 집필자를 보완하는 일, 현장의 필요를 대변해 주는 일에 한정되는 것도 같은 맥락에서 이해될 수 있다(박미란, 박현숙, 2013). 사실, 기본적인 교과 내용의 선정과 구성은 실천가로서의 교사보다는 전문적인 연구자 집단에게 맡기는 것이 효율적 · 안정적일 수 있다. 교과서는 학교교육에서 활용되는 가장 기본적이고 주요한 학습 교재이기 때문에, 교육 자료로서의 충분한 신뢰성과 효율성을 갖추고 있어야 하기 때문이다. 물론 교사가 제작했다고 하여 교과서에 대한 신뢰성이나 효율성에 특별히 문제가 생기는 것은 아니다. 다만 교사의 주요한 업무를 감안해 보았을 때, 교과서 제작에 있어 교사의 역할이 전문적인 연구자들에 비해 제한적일 수밖에 없다는 것이다. 하지만 이러한 한계에 대한 지각은 교사의 교과서 만들기의 범위를 한정하는 데에는 도움이 된다. 교사는 주어진 교과서 내용을 토대로 학생들의 개인적 필요가 반영된 형태로 편집된 교과서 만들기를 시도할 수 있을 것이다.

지금까지 교사의 교과서 만들기에 내재된 교육적 의미와 실천적 한계에 대해 논의해 보았다. 교사의 교과서 만들기는 교육적 가치의 실현과 교사의 역량 제고의 측면에서 그 의미를 찾을 수 있었다. 그러나 교사 1인이 다수의 학생을 책임져야 하는 구조적인 한계, 주요한 업무 측면에서 제기되는 직무상의 한계가 실천적인 관점에서 제기될 수 있었다. 교사의 교과서 만들기는 실제 학생들을 가르치고 있는 현장 교사들에게 있어 결코 쉽지 않은 제안이다. 그러나 이를 통한 교육적 가치의 실현은 결코 양보할 수 없는 학교교육의 핵심 가치이다. 따라서 만약 학생 개개인의 성장에 초점을 맞춘 다양한 정책적 변화와 현장 교사들의 노력이 더해질 수 있다면, 교사의 교과서 만들기를 통한 교육적 가치의 실현은 이론적 논의에 머물지만은 않을 것이다.

5. 마치며

지금까지 '교사의 교과서 만들기'에 담긴 교육적 의미와 한계를 밝히기 위해 존 듀이의 교육론에 근거하여 논의를 전개하였다. 논의는 크게 세 부분으로 진행되었다.

첫째, 듀이의 교과관에 대한 고찰이다. 교과는 인류 전체의 유산들 중 후대에 전달할 만한 가치가 있는 것들로 구성되며, 주로 언어를 매개로 하여 전달된다. 교과는 단순화된 내용으로 구성되며, 학생들의 지적 · 도덕적 성장에 기여할 수 있는 내용을 담고 있어야 한다. 뿐만 아니라 보다 넓은 환경과의 접촉을 유도하면서 세상에 대한 학생들의 균형 잡힌 시각의 형성에도 기여할 수 있어야 한다.

둘째, 학교교육에서 교과는 어떤 의미를 가지는가에 대한 논의다. 교과를 통한 학생들의 지식은 세 단계로 발전해 간다. 무엇인가를 할 줄 아는 것으로서의 최초의 지식에서, 정보로서의 단계를 거쳐, 과학적 · 합리적 지식으로서의 최종 단계로 발전해 간다. 학교에서의 교과는 이러한 학생들의 지식 발달단계에 적합한 형태로 제공되어야 한다. 학교교육의 두 주체인 교사와 학생에게 있어 교과는 각각 다른 의미를 가진다. 교사에게 있어 교과는 가르쳐야 할 내용과 방향에 대해 알려 주며, 학생들의 교육적 경험을 분별하는데 필요한 지표로서의 역할을 한다. 학생에게 있어 교과는 교육적 경험의 성취에 필요한 사고의 작용과 정서적 요인을 이끌어 낼 수 있는 가시적 목표의 형성을 위한 자료, 또는 가시적 목표 그 자체로서의 의미가 있다.

셋째, 교사의 교과서 만들기에 대한 논의이다. 교사의 교과서 만들기는 듀이의 용어로 교과의 진보적 조직이라는 아이디어 속에서 학생들의 가시적 목표 설정과 관련하여 개별화 교과서를 만드는 것을 의미한다. 이러한 교사의 교과서 만들기는 교육적 가치를 실현하는 교육의 구현과 교사의 역량 제고 측면에서 그 의미를 찾을 수 있다. 반면, 학교 현실에서 마주한 구조적인 한계, 그리고 교사의 주요한 업무 측면에서 제기되는 직무상의 한계 등이 실천적인 측면에서 제기될 수 있다.

지금까지 교사의 교과서 만들기의 의미, 그리고 그것에 담긴 교육적 의미와 실천적 한계에 대해 논의해 보았다. 이제 이 장의 논의가 우리 교육의 현실과 관련하여 어떤 시사점을 줄 수 있는가에 대해 몇 가지 논의해 보겠다.

첫째, 성취기준의 해석과 관련된 교과서 활용에 대한 논의이다. 서론에서 잠시 언급했던 것과 같이 현행 학교교육에서는 교과서의 중요성이 크게 부각되고 있지는 못하다. 그러나 교과와 학생을 모두 중요시하는 듀이의 교육론에서 볼 때, 이러한 경향성은 교육적 가치의 실현 측면에서 문제가 될 수 있다. "교과서를 가르치지 말고, 교육과정을 가르쳐라."라는 말의 의미, 즉 교육과정의 성취기준에 의거해서 가르치라는 말은 매우 의미가 있다. 그러나 이 말을 제대로 실현하기 위해서는 교과서, 적어도 교과서의 내용에 대한 연구가 반드시 필요하다. 다음의 성취기준을 한번 보자.

① 글을 읽고 주요 내용을 확인한다.
② 문단과 글의 중심 생각을 파악한다.
③ 글을 읽고 글쓴이가 말하고자 하는 주장이나 주제를 파악한다.

이러한 성취기준들은 큰 틀에서 글을 읽고 글의 요지를 파악할 것을 요구한다. 그러나 이 성취기준들만으로는 교육의 대상과 교육내용의 수준을 파악하기가 쉽지 않다. 앞서 제시한 성취기준들은 실제 초등학교 1~2학년(①), 3학년(②), 5~6학년(③) 국어과 '읽기' 영역의 성취기준이다(교육부, 2017; 2018; 2019). 성취기준 ①과 관련된 초등학교 1학년 2학기 7단원 내용을 보면 1~2쪽의 짧고, 친숙한 이야기가 그 내용이다(교육부, 2017: 260-268). 성취기준 ②와 관련된 3학년 1학기 2단원의 내용은 그림이 적고, 글자 수가 많은 1~2쪽의 설명하는 글이다(교육부, 2018: 138-145). 성취기준 ③과 관련된 5학년 2학기 6단원 내용은 그림 대신 그래프가 있으며, 글의 내용 역시 어느 정도 난이도가 있는 주장하는 글이다(교육부, 2019: 276-279). 만약 교과서 내용에 대한 정확한 확인과 분석이 선행되지 않는다면, 해당 성취기준이 정확히 어떤 것을 의미하는지 알기 어렵다. 뿐만 아니라, 교사 개인이 가르쳐야 할 모든 내용을 성취기준에 맞게 충분히 숙지하고 있는 것도 현실적으로 쉽지 않은 일이다. 따라서 "교과서를 가르치지 말고"라는 말은 그 사용에 있어 신중을 기해야 할 필요가 있다.

둘째, 초등학교 고학년 공동 담임제에 대한 논의이다. 듀이의 교육론에서 보면, 좋은 교육은 교과와 학생 모두에게 동등한 비중을 두고 진행된다. 만약 한편으로 치우치거나 한편을 소홀하게 된다면 이는 교육적 가치의 실현을 방해한다. 현행 초등학교 교육의 경우 담임교사는 저학년을 제외한다면 9~10과목과 더불어 창의적 체험활동까지 가르친다. 물론 대부분의 학교에 교과전담 교사가 배정되어 있어 1~2과목은 제외될 수 있지만, 그렇다고 하여 많은 교과목에 대한 부담이 줄어드는 것은 아니다. 이러한 구조적인 현실은 교과의 측면에서 좋은 교육이 성립될 수 없도록 만드는 요인으로 작용할 수 있다. 물론 한 명의 담임교사가 거의 대부분의 교과목을 가르치게 되면, 학생의 특성이나 흥미 등 학생 개개인을 이해하는 측면에서는 분명한 장점을 지닐 수 있다. 하지만 각 교과목에 대한 연구와 매 차시 수업 준비를 병행하는 일은 결코 쉬운 일이 아니다. 게다가 음악, 미술, 체육 등 예술적 감각이나 전문적인 기능을 필요로 하는 과목의 경우 그 정도가 더욱 심하다. 따라서 학생을 이해하는 측면에서의 장점을 유지하면서도 교사의 교과 전문성을 키울 수 있는 방법이 요구된다. 연구자는 '공동 담임제'가 그 현실적인 대안이 될 수 있다고 생각한다. 다양한 의미로 해석될 수 있지만, 여기에서 제안하는 공동 담임제는 동학년 교사들이 교과목을 나누어서 가르치는 형태를 의미한다. '교환 수업' 등의 이름으로 학교에 따라서는 이미 공동 담임제 형태의 수업이 진행되는 경우도 더러 있다. 이러한 시도는 분명 좋은 교육을 위한 교사의 교과 전문성 신장 측면에서 긍정적으로 작용한다. 따라서 이러한 사례들을 잘 참고하여 적어도 초등학교 고학년의 경우에는 공동 담임제를 제도화할 필요가 있다. 물론 보다 실효성 있는 제안이 되기 위해서는 이에 대한 실증적인 연구가 더 필요하겠지만, 듀이의 논의가 틀린 것이 아니라면, 좋은 교육의 실현을 위해 적어도 초등 교사의 교과 전문성을 보다 향상시킬 수 있는 구조적인 대안에 대한 탐구를 적극적으로 해 나갈 필요가 있다.

셋째, 디지털교과서 활용에 대한 논의이다. 현재 디지털교과서는 초등학교 3학년에서 중학교 3학년까지 사회, 과학, 영어 등 3과목, 그리고 고등학교에서는 영어 과목이 제공되고 있다. 디지털교과서는 서책교과서와는 다르게 정보통신기기를 기반으로 활용되며, 다양한 멀티미디어 자료들이 연동되어 있다. 그러나 인터넷 환경의 조성, 정보통신기기들의 구비 등 여러 문제들로 인해 현행 학교교육에서는 그리 활발하게 이용되고 있지는 못한 실정이다. 그런데 디지털교과서의 내용과 기본적인 편집 형식들은 교사의 교과서 만들기에 도움이 될 수 있다. 물론 학교 시설이 정보화를 기반으로 보완되어야 하고, 저작권을 비롯한 다양한 문제가 선결되어야 하는 어려움이 있지만, 디지털교과서가 갖는 특성은 개별화 교육을 위해 효과적으로 활용될 수 있다. 교육적 경험의 성취는 궁극적으로 학생의 개인적 차원에서 이루어진다. 따라서 학교교육 역시 학생 개개인의 성장을 늘 염두에 두고 이루어질 필요가 있다. 디지털교과서의 포맷(format)과 편집의 편리성 등은 이와 같은 개별화 교육을 위한 교사의 교과서 만들기에 상당한 효율성을 부여할 수 있다. 교사의 교과서 만들기를 통한 개별화 교육이 모든 학교급에서 동시에 시작될 수 있을지에 대해서는 보다 많은 고민이 필요하겠지만, 적어도 현행 고등학교 학생들을 대상으로 한다면 충분히 시도해 볼 가치가 있을 것이다.

지금까지 교사의 교과서 만들기가 무엇을 의미하는지, 그리고 그 과업에 담긴 교육적 의미와 실천적인 한계가 무엇인지에 대해 논의해 보았다. 그리고 이러한 논의가 우리 교육의 실제에 어떤 시사점을 줄 수 있는가에 대해서도 논의해 보았다. 아무리 잘 만들어진 교과서라 하더라도 하나의 교과서가 모든 학생의 교육적 필요를 만족시킬 수는 없다. 교과서의 제작 과정에 학생 개개인의 필요가 반영될 수는 없기 때문이다. 교과와 학생의 필요는 좋은 교육을 이루는 두 가지 핵심 요소이다. 현행 교과서는 전자의 측면에서 강점을 지닌다. 교사의 교과서 만들기는 좋은 교육의 다른 요소인 학생의 필요를 반영하는 측면에서 현행 교과서를 보완한다. 듀이는 교과서를 비롯한 객관적인 환경과 개인의 내적 조건이 서로에게 적절한 것이 되도록 조절하는 노력의 부족으로 인해 가르치고 배우는 일은 우연히 일어나는 과정이 되고 말았다고 한탄했다(LW13: 26-27). 학교에서 제공된 환경이 그에게 적합한 사람은 그럭저럭 배울 수 있었지만, 그렇지 않은 사람들의 경우에는 노력은 하지만 유의미한 배움은 일어나지 않는다는 것이다. 교사의 교과서 만들기는 이 '우연'을 '필연'으로 바꾸려는 시도이다. 다수의 학생이 함께 공부해야 하는 현행 학교교육의 상황에서 교사의 교과서 만들기가 얼마나 실효성을 가질 수 있을 것인가에 대해서는 장담할 수 없지만, 이 아이디어의 배경에 자리한 개별화 교육에 대한 지향성은 분명히 되짚어 볼 만한 가치가 있다. "우연에서 필연으로", 이

문구는 교육에 관계된 모든 이들이 진지하게 고민해 보아야 할 중요한 논제가 되어야 한다.

참고문헌

교육부(2017). 초등학교 국어 1-2 교사용 지도서. 서울: ㈜미래엔.

교육부(2018). 초등학교 국어 3-1 교사용 지도서. 서울: ㈜미래엔.

교육부(2019). 초등학교 국어 5-2 교사용 지도서. 서울: ㈜미래엔.

권정선, 김회용(2016). 듀이 지식론의 재고찰: '실용주의', '헤겔 철학과의 연관성'을 중심으로. 교육철학연구, 38(2), 1-27.

박미란, 박현숙(2013). 중학교 역사교과서 교사 집필자의 역할 구현에 대한 질적 연구. 교육과정평가연구, 16(1), 55-79.

박진용(2012). 학생이 원하는 국어 교과서 체제 연구. 교육과정평가연구, 15(3), 29-48.

이종국(2005). 근대 교과서 110주년-교과서가 끼친 의의에의 되살핌. 교과서연구, 46, 52-57.

정정철(2010). 존 듀이의 교육적 경험에 있어서 교과의 의미 고찰. 한국교원대학교 석사학위논문.

주형미, 안종욱, 가은아, 남창우(2013). 디지털교과서 검·인정 심사 절차 개발. 교육과정평가연구, 16(2), 31-58.

Reiss, M. J., & White, J. (2013). *An Aims-based Curriculum*. 이지헌 역(2017). 청소년의 행복을 위한 교육. 서울: 공감플러스.

Dewey, J. (1897). *My Pedagogic Creed. John Dewey: The Early Works. Vol. 5*. Carbondale and Edwardsville: Southern Illinois University Press.

Dewey, J. (1902). *The Child and The Curriculum. John Dewey: The*

Middle Works. Vol. 2. Carbondale and Edwardsville: Southern Illinois University Press.

Dewey, J. (1916). *Democracy and Education. John Dewey: The Middle Works. Vol. 9*. Carbondale and Edwardsville: Southern Illinois University Press.

Dewey, J. (1916). *Democracy and Education*. 이홍우 역(2007). 민주주의와 교육. 경기: 교육과학사.

Dewey, J. (1934). *Art as Experience. John Dewey: The Later Works. Vol. 10*. Carbondale and Edwardsville: Southern Illinois University Press.

Dewey, J. (1938). *Experience and Education. John Dewey: The Later Works. Vol. 13*. Carbondale and Edwardsville: Southern Illinois University Press.

Dewey, J. (1938). *Experience and Education*. 엄태동 역(2001). 존 듀이의 경험과 교육. 서울: 원미사.

White, J. (2011). *Exploring well-being in Schools*. 이지헌, 김희봉 역(2014). 잘삶의 탐색. 경기: 교육과학사.

제3장

발도르프 교육론에 근거한 교과서 중심 교육관의 탐색

임현정

* * *

1. 들어가며

교실 속 수업 장면을 떠올려 본다면 대부분 책상 위에 교과서를 펴고 공부하는 학생들과 교사의 모습을 머릿속에 그릴 것이다. 가끔 활동 위주의 수업이나 프로젝트 수업 중 일부는 교과서 없이 진행하기도 하지만, 그러한 수업 역시 교과서를 꺼내지 않았을 뿐 교과서에 기반한 수업이 대부분이다. 일상적으로 교과서는 교육과정을 구성하고 있는 교육목표, 평가 또는 교육과 관련된 다른 수단과는 다르게, 교실의 일상적인 생활과 직접적인 관련성을 가지고 구체적으로 교사와 학생들에게 매 차시, 매주에 걸쳐 무엇을 해야 할 것인가를 제공하고 있는 중요한 수단으로서 그 역할을 담당해 오고 있다(손지원, 최진영, 2008: 155).

특히 무엇을 어떻게 가르쳐야 하는지에 대한 표준을 제공해 주는 국가 중심 교육과정을 따르고 있는 우리나라의 경우 수업 중 교사의 교과서 의존도는 상당히 높은 것으로 나타난다(양미경, 2003). 남수경(2010)의 교과서에 대한 활용도 연구를 살펴보면, 학년에 따라 혹은 과목에 따라 교과서의 활용도가 차이나기는 하지만 평균적으로 88.4% 정도로 높은 교과서 활용도를 보여 주고 있다. 교과서는 교사와 학생들에게 언제, 어떻게 무엇을 가르치고, 배우게 될 것인지에 대한 정보를 제공함으로써 실제 수업의 핵심적인 안내 역할을 해 오고 있다.

7차 교육과정 이후 교사의 자율권 확대와 전문성을 강조하며 수업의 변화를 이끌기 위해 전통적인 교과서 중심의 수업으로부터 변화가 시도되고 있다. '교과서 중심 교육'에서 벗어나 '교육과정 중심 교육'을 지향하며 단위학교별로 '만들어 가는 교육과정'을 제안하였다. 2015 개정 교육과정에 이르러서는 교육과정 재구성을 통한 주제 중심 프로젝트 수업을 적극적으로 장려하고, 경기도 교육청에서는 '교사별 교육과정'[1)]까지 시도하고 있다. 전통적인 교과서 중심의 수업에서 벗어나 교사의 전문성을 발휘하여 다양하고 풍부한 수업을 할 수 있도록 교육정책적인 시도가 시 · 도 교육청을 통해 교사들에게 적극적으로 권장되고 있다. 이러한 교육적 변화 시도들은 국가 수준의 교육과정이 안고 있는 문제점들을 보완하고, 학생들이나 교사들의 참여를 유도할 수 있다는 긍정적인 의미를 지니고 있다. 하지만 정영근(2010)은 현실적으로 교육과정과 교과서가 완전히 분리될 수 없고 교육과정 구성 및 운영 시 교사의 자율성이 내용보다는 방법적인 측면에서 강조되고 있다는 문제점을 지적한다. 즉, 이러한 변화 시도들은 여전히 교과서라는 틀 안에 머무는 방법적인 변화 시도로 여겨진다.

1) 교사별 교육과정은 경기도 교육청에서 추진하고 있는 교육정책 중 하나로 '학생의 삶을 중심으로 국가 · 지역 · 학교 수준 교육과정을 공동체성에 기반하여 교사가 적극적으로 해석하고 학생의 성장 · 발달을 촉진하도록 편성 · 운영하는 교육과정'을 의미한다(경기교육 발전계획 2017-2022, 2018).

교과서 중심의 교육에서 벗어나고자 하는 노력에도 불구하고 여전히 교과서에 대한 교사의 의존도가 높은 이유는 무엇일까? 이 장에서 교과서 중심의 수업에서 쉽게 벗어나지 못하는 이유가 무엇인지 교사들과의 면담을 통해 일상적으로 교사에게 교과서가 어떤 의미인지 밝혀 보고자 한다. 교과서에 대한 세 명의 교사들의 내러티브를 통해 교과서의 의미를 밝히는 것은 개인의 개별적인 경험에 근거를 두고 있어 일반화하여 적용될 수 없다는 한계가 있다. 그럼에도 불구하고 교사들의 일상적인 목소리는 교과서에 대한 교사들의 인식과 실제를 생생하게 이해하는 데 도움을 줄 수 있으리라 여겨진다.

교과서에 관한 선행연구는 대부분 교과서 내용이나 구성의 적절성 문제를 다루거나 교과서 관련 정부의 재정지원제도에 관한 연구들이 주를 이루고 있다. 최근 들어 교과서 사용에 대한 교사들의 인식과 활용에 대한 논의(예: 김경희, 2004; 손지원, 최진영, 2008; 유승아, 2015 등)가 점차 늘고 있다. 교과서에 관한 교사의 인식 연구 주제는 크게 교사가 특정 교과서를 인식할 때 어떠한 변인들에 의해 영향을 받는지에 대한 연구(예: 김경희, 2004; 손지원, 최진영, 2008)와 교사들이 교과서를 어떻게 인식하고 있는지 밝혀 현행 교과서 제도의 문제점을 지적하는 연구(예: 남수경, 2010; 백선영, 2019)로 나눌 수 있다. 또 남수경(2010)은 교과서에 대한 교사들의 만족도와 활용도를 양적 · 질적으로 조사하여 교과서 중심의 교육 현실을 비판적으로 고찰하였고, 백선영(2019)은 초등 사회 교과서와 수업에 대한 교사들의 생각을 내러티브 탐구방법을 통해 분석하고 향후 교과서 개발 시 시사점을 제안하였다. 이러한 연구들은 수업 주체인 교사들로부터 전통적인 교과서관이 갖는 문제점을 비판적으로 다루고 있지만, 결국 교과서 중심의 전통적인 교육관 안에서 시사점을 밝히고 있다. 즉, 교과서 중심에서 벗어나 새로운 대안을 밝혀 주기엔 부족하다.

교육철학 분야에서 교과서에 대한 논의는 주로 특정 교과서에 나타난 이념이나 개념의 교육철학적 고찰 연구(예: 김대용, 2017; 전일균, 2017)나 교육사의 흐름 속에서 특정 교육정책이나 교육과정에 대한 교육학적 탐색 연구(예: 김대용, 2018), 교육과정에서 교육철학 적용에 관한 연구(예: 심승환, 2013)가 있었으나 교과서에 대한 교사의 인식을 교육철학적으로 탐구하고자 하는 연구는 많지 않다. 학문적 성격이 강한 교육철학적 논의에서 교육 실제인 교과서에 대한 교사의 인식과 활용에 대한 연구가 이루어지는 것은 쉽지 않은 일이다. 그러나 교육 실천의 토대가 될 교육철학 분야에서 근본적으로 교과서를 어떻게 이해하고 실천할 수 있는지에 대한 적극적인 관심과 연구가 절실해 보인다.

이에 필자는 교사에게 교과서의 일상적인 의미와 교과서 중심 교육의 문제점을 살펴보고, 교과서 중심 교육의 대안으로 교사가 만들어 가는 교육과정에 의해 교육이 이루어지고 있는 발도르프 교육의 방법론에 대한 교육적 의미와 한계점을 논하고자 한다.

발도르프 학교는 슈타이너(R. Steiner)의 인지학을 바탕으로 정형화된 교과서에서 벗어나 그들만의 교육방법론으로 교육을 실천해 오고 있다. 교과서 중심의 교육과는 다른 방식의 교육 활동을 이어

오고 있는 발도르프 교육은 우리 교육과 출발점은 다르지만 우리 교육에 교과서에 관한 비전과 상상력을 제시하기에 충분하다.

우리나라에서 슈타이너의 교육론에 관련한 연구는 크게 인지학에 기초한 슈타이너 교육론의 의미(예: 강상희, 2003; 정영근, 2010; 정윤경, 2009; 최종인, 2004)를 밝히는 연구, 발도르프 학교에서 교사의 역할(예: 강상희, 2011; 전은주, 양은주, 2018; 정윤경, 2002)과 발도르프 학교의 교육과정과 교육 실천 원리들을 밝히는 연구(예: 김성숙, 2001; 김정임, 2009; 정윤경, 2013)가 주를 이룬다. 정윤경(2010)은 우리나라 발도르프 학교의 실제 수업 모습과 발도르프 학교 교사에 대한 질적 연구를 통해 발도르프 교육의 실천적인 특징들을 밝혀냈다. 필자는 발도르프 교육의 실제적인 교육방법론을 탐구함으로써 교과서를 벗어난 교육의 실천 가능성을 탐색해 보고자 한다.

연구방법으로는 내러티브를 통한 질적 연구를 채택하였다. 교과서에 관한 교사들의 인식 전반을 탐구하는 것은 성격상 통계적 조사·분석보다는 교과서를 활용해 수업을 실천하고 있는 교사들의 이야기를 통해 최대한 그들의 관점에서 읽고 해석하는 접근을 요청한다. 따라서 필자는 초등교사의 내러티브를 통해 교과서에 대한 그들의 교육 경험에 관한 의미를 포착하여 교사가 바라본 교과서에 대한 깊이 있는 이해를 시도하고자 하였다. 내러티브가 당사자적 성격을 지니고 있어 자신에 의해 심리화되고 경험화되고 해석된 내면화된 이야기라는 주관적인 측면을 지니고 있지만, 내러티브 속 의미화된 이해는 단순한 사실들의 연속이나 사고와 행위와 사건의 연대기를 넘어 삶을 이루는 다양한 사물과 사건과 사실에 관한 특정한 의미를 지닌 것으로 이해된다(이승은, 2017: 400). 이에 필자는 다년간 교과서를 활용한 수업 경험을 지니고 있는 초등교사들의 내러티브를 통해 그들에게 특정하게 이해된 교과서의 의미를 밝히고자 하였다.

연구의 참여자들은 필자가 접할 수 있는 광주광역시와 전라남도에서 근무하며 교육경력이 15년 이상으로 교육과정을 적극적으로 계획 · 운영하고 있는 3명의 초등교사로 선정하였다. 편의 추출법(convenience sampling)과 유의 추출법(purposive sampling)을 혼합하였다.

면담은 반구조화된 면담(semi-structued interview) 형식으로 이루어졌다. 면담은 사전에 준비한 질문을 중심으로 이루어졌으나 면담이 진행되는 과정에서 연구 참여자의 반응과 논의 맥락에 따라 면담 질문의 내용은 수정 · 보완되었으며, 면담 참여자인 교사들이 질문에 따라 자신의 교육 경험과 생각을 자유롭게 말하는 방식으로 이루어졌다.

면담은 2020년 5~6월 그리고 12월에 걸쳐 연구 참여자 1인당 3~4회 이루어졌으며, 한 회기당 면담은 약 1시간 정도씩 이루어졌다. 연구자가 사전에 준비해 간 인터뷰 질문의 목록은 연구의 주제를 보다 구체적으로 탐색하기 위한 것으로 이루어졌다. 구체적인 인터뷰 질문은 크게 다음과 같다.

- 일상적으로 교과서를 어떻게 이해하고 있는가?
- 실제 수업 중 교과서를 얼마나 활용하는가?

- 교과서 중심 수업을 하게 되는 요인은 무엇인가?
- 교과서 혹은 교과서 중심의 수업의 문제점은 무엇인가?
- 그러한 문제점을 인지한 후 어떻게 수업을 하고 있는가?
- 각 교사에게 의미 있는 혹은 좋은 수업의 경험은 무엇인가?

일상적인 교사의 수업 경험과 교과서에 대한 이해를 묻는 질문들을 중심으로 교과서에 대한 교사의 인식, 그리고 교사들이 바라는 교과서 혹은 교육관을 파악하고자 하였다.

연구의 목적과 내용을 교사에게 미리 설명하고 동의를 얻은 후, 교사와의 심층 면담 내용을 녹음하고 그 내용을 전사하여 분석 자료로 삼았다. 자료 분석은 전사한 면담 내용을 읽어 가면서 교과서에 관한 교사들의 이해와 수업 패턴들의 특징들을 추출하여 분류하였다. 교과서에 관한 일상적인 인식과 실제 수업 양상 특징들에 초점을 맞추어 연구 관심을 좁혀 나가며 교사들이 생각하는 일상적인 교과서의 의미와 교사들이 바라는 교육관을 범주화할 수 있었다. 이 과정에서 필자의 분석과 해석이 적절한지 면담의 분석 결과를 연구 참여자들에게 공유하고, 의견을 주고받으며 신뢰도와 타당도를 확보하고자 노력하였다. 이러한 연구 자료를 제공해 준 면담자의 인적 사항은 〈표 3-1〉과 같다.

〈표 3-1〉 주요 면담자의 인적 사항

교사	성별	나이 (교육경력)	담당 학년	주요 특징
A	여	42세 (17년)	1학년	- 전라남도에서 근무하며 고학년 10년, 중학년 5년, 저학년 2년의 담임 경력을 지님 - 3년 정도 고학년 담임을 하는 동안 교육과정 재구성의 경험을 지니고 있음 - 6년 전부터는 수학교과연구회에 참여하며 초등수학교육의 이론과 교수방법론을 탐구하고 실제 수업에 적용 · 활용함
B	남	40세 (15년)	5학년	- 제대 이후 광주에 발령받아 현재까지 근무하며, 2년의 체육부장 경력을 지님 - 현재 소규모 학교에서 2년째 5학년 담임을 맡고 있음 - 현재 5학년 단일 학급의 담임으로 다른 학교의 5학년 담임들과 적극적으로 교류하며 교육과정 재구성에 대한 정보를 수집 · 교환하며, 자신의 학급에 적합하게 교육과정을 재구성하여 운영함
C	여	40세 (15년)	5학년	- 광주에서 근무하고 있으며, 저학년 4년, 중학년 5년, 고학년 6년 경력을 지니고 있음 - 5년 전부터 교육과정 재구성을 통한 주제중심 프로젝트 학습을 적극적으로 추진함 - 2년 전부터 광주 혁신학교에서 근무하며, 동학년 교사들 그리고 학생들과 함께 교육과정 재구성, '온작품읽기' 등 다양한 교육 활동을 시도함

2. 세 초등교사의 교과서 이야기

교사들에게 교과서는 어떻게 이해되고 있을까? 교사들을 인터뷰한 내용을 분석한 결과 교사들이 생각하는 일상적인 교과서의 의미를 다음과 같이 특징지을 수 있었다.

1) 벗어날 수 없는 교과서

교사들은 교과서를 강제적으로 따라야 하는 절대적인 것으로 여기기보다는 교수-학습 자료 중 하나로 활용되어야 한다고 이해하고 있었다. 그러나 실제 수업에서 교사들은 교과서에 충실한, 교과서에 의존하는 수업을 하고 있다는 것을 확인할 수 있었다. 평상시 자신들이 교과서를 어떻게 인식하는지, 그리고 이를 얼마나 활용하고 있는지에 대해 고찰해 볼 기회가 많지 않은 교사들은 자신들의 교과서에 대한 인식과 실제의 차이를 확인하고서는 적잖이 놀란 모습을 보였다.

연구자: 선생님은 평상시 교과서를 어떻게 이해하고 있는지요? 또 실제 수업 중 교과서 활용 정도는 어느 정도나 되나요?

C 교사: 교대에 다닐 때, 교과서는 절대적인 교육 자료는 아니라고 배웠어요. 그리고 저도 교과서는 아이들의 수업목표 도달을 위한 학습자료 중 하나라고 생각해요. 그런데 실제 수업에

서는, 특히 주지 교과 수업에서는 교과서를 거의 80% 이상 활용하고, 예체능 교과서는 많이 활용하지 않고 있는 것 같아요. 예체능 수업 중 이론 수업을 할 때에만 교과서를 활용하지 활동 위주의 수업을 할 때에는 거의 활용하지 않아요.

B 교사: 수업 자료로 교과서만이 능사가 아닌 걸 알지만, 왜 TV에서 수능 만점자나 공부 잘하는 친구들 인터뷰들을 보면 "교과서로 공부했어요!"라고 말하잖아요. 학습지나 동영상, 책을 비롯한 다른 수업 자료도 있긴 하지만, 실제 교실에서 수업의 주 자료는 교과서를 활용하고 있는 것 같아요. 평상시 저의 수업 준비 패턴을 보면 우선은 교과서나 지도서를 살펴보고 나서 다른 학습자료를 찾고 있거든요.

A 교사: 교과서는 수업을 위한 하나의 수업 자료라고 생각돼요. 수업을 위해서는 교과서 이외에 다양한 것을 쓸 수 있으니까요. 그런데 그중에서도 교과서는 잘 정선된 수업 자료라고 생각해요. 그래서인지 저는 교과서에 거의 의존해서 수업을 하고 있는 것 같아요. (잠시 생각해 보다가 놀라며) 진짜로 저는 교과서를 생각보다 많이 활용하고 있는 것 같아요.

교과서에 대한 인식과 실제 차이는 주지 교과에서 더 극명하게 나타나며, 이러한 차이는 김수진(2014)의 국어 교과서에 대한 교사 인식과 활용에 관한 연구에서도 확인할 수 있다. 국어 교과서를 어떻게 활용하는지 조사에 참여한 전체 응답자의 9.7%만이 교과서를 절대적인 수업 자료로 여긴다고 응답하였으나, 60%의 교사가 실제 수업에서 교과서를 적극적으로 사용하고 있었고, 27.8%의 교사는 교과서를 주로 활용하면서 다른 자료를 보충한다고 밝혔다. 그렇다면 교과서에 대한 인식과 실제의 차이는 어디에서 비롯되는 것일까?

연구자: 선생님은 교과서를 절대적인 교육 자료라고 여기지 않지만 실제 수업에서 교과서 활용도가 높은 이유가 무엇 때문이라고 생각하시나요?

B 교사: 주지 교과인 국어, 수학, 사회, 과학, 영어는 교과서 중심으로 수업을 할 수밖에 없는 것 같아요. 경력 2년차 초임 때 6학년 담임을 하고 있었는데, 국어 교과의 단원 중 1, 2학기에 걸쳐 중복되는 내용의 단원과 적절치 않다고 여겨지는 교과서 지문을 건너뛴 적이 있었어요. 나중에 그 단원의 단원평가를 보자 아이들은 배우지 않은 지문이 나왔다고 이야기했어요. 당황스러웠죠. 제가 가르쳐야 할 것을 빠뜨린 것 같았어요. 제가 가르치고 있는 내용이 곧 평가와 연결되고, 그 평가자료는 대부분 교과서를 기반으로 해서 구성되고 있다는 것을 깨달았어요. 그 이후로 교과서의 내용을 제 임의대로 건너뛰거나 축소하기가 조심스러워졌어요.

A 교사: 간혹 수업을 하다가 교과서의 어느 부분을 건너뛰거나 축소하면, 아이들이 "왜 여기는 안 해요?" "거기 안 배웠어요!" 라고 말해요. 또 가끔 학습에 열의가 높은 학부모들과 아이들은 주지 교과의 진도를 다른 반과 비교해요. "수학 교과

> 진도가 옆 반보다 느려요." 혹은 "국어 진도는 빠른 편이네요."라는 이야기를 해요. 즉, 학부모들과 아이들이 교과서를 통해 교육과정 수행 정도를 판단하고 있다는 것을 확인할 수 있어요. 그래서 저는 교과서의 내용을 빠짐없이, 그리고 다른 반과 진도를 맞춰 가르치려고 해요.

교사들은 교과서로부터 벗어날 수 없는 결정적인 이유로 교육 주체인 학생과 학부모의 요구를 꼽았다. 교육 주체인 학생과 학부모는 평가로부터 자유로울 수 없으며, 그로 인해 교과서를 중심으로 수업을 하고, 평가를 하고, 진도를 체크하는 것이 당연하다고 여기는 경직된 교과서관을 고수하게 된다. 평가 내용이 평가 기준에 적합하다면 교과서의 자료만으로 이루어지는 것이 아니라는 것을 학생도 학부모도 잘 알고 있지만, 새로운 지문을 제시한다거나 교과서의 지문을 활용하여 수업하지 않으면 대부분의 학생은 배우지 않은 것으로 인식한다는 것이다. 이에 교사들은 교과서를 교육목표 달성을 위한 교수-학습의 다양한 자료 중 하나로 이해하고 있지만, 교육 주체인 학생과 학부모의 요구로 인해 교과서로부터 벗어날 수 없다고 자신들이 처한 교육 상황을 이야기한다.

박진은(2002: 30)은 학교체제와 교과서의 견고한 결합, 그리고 교과서와 교육 평가체제와의 관련성이 교과서의 권위를 강화한다고 말한다. 또한 교사들은 교과서로부터 벗어날 수 없는 요인으로 교사 자신을 꼽았다.

C 교사: 사실 교과서는 교육 전문가들이 집필한 거잖아요. 각 교과별 교수들과 교과 전문 선생님들이 아이들의 발달 수준에 맞게 정선해서 잘 만들었으리라는 믿음이 있어요. 교사를 교육과정 전문가라고 하지만, 사실 저는 제가 가르치고 있는 그해의 학년 내용만 겨우 알고 있거든요. 제 스스로가 교사로서 교과서 집필진들만큼의 전문성을 갖추었다는 확신이 없어요. 그래서인지 수업을 하다가 과감하게 교과서의 지문을 바꾸거나 새로운 시도를 해 볼까 하다가도 그냥 주저하게 돼요. 또 교과서는 교육 전문가들이 심사숙고 끝에 아이들의 발달단계에 맞게 구성되었을 텐데, 제가 함부로 그러한 위계를 무시하고 수업을 하는 게 위험하게 느껴져요.

연구자: 그렇다면 교과서 혹은 교육과정 전문가로서 스스로를 생각하지 않는다는 건가요?

C 교사: 교사로서 매년 맡게 된 학급의 교육과정을 구성하지만 기본적인 교육과정의 틀과 교과서는 교과서 집필진들이 구성하기 때문에 제 스스로 교육과정 전문가라고 자신 있게 말하기 힘든 것 같아요.

A 교사: 학기 초마다 구체적인 우리 학급의 교육과정은 학교와 학급 실정에 맞게 교과 시수와 내용을 조정하지만 교과 교육과정의 큰 틀은 교과서나 지도서의 흐름을 따르고 있어요. 제 스스로 교육과정 전문가라고 말하기가 쑥스럽네요.

면담에 참여한 교사들은 15년 이상의 경력 동안 학년 및 학급 수준에 맞게 학년(급) 교육과정을 계획하여 실행해 오고 있다. 그러나 교사들은 교육과정 혹은 교과서 집필진들에 의해 구성된 교육과정 및 교과서의 내용에 기반하여 교육과정을 구성하여 실행하기 때문에 교사 스스로 교과서 혹은 교육과정 전문가라고 여기지 못한다. 대신 교사들은 교육과정 전문가라고 여기는 교과서 및 교육과정 집필진에 대한 믿음을 바탕으로 교과서를 검증된 자료 그리고 표준화된 자료로 이해하고, 교과서를 활용하여 수업하는 것이 최소한의 교육의 질을 보장할 것이라고 생각한다. 결국 교사들은 교과서를 대체 불가능한 것으로 여기며, 교과서 중심의 수업을 하게 된다.

> B 교사: 누군가가 저에게 "지금 1년 동안 아이들에게 무엇을 가르친 것이냐?"라고 묻는다면, 교과서를 펼치면서 "이런 것들을 가르쳤어요."라고 수업했던 것들에 대해 설명할 수 있을 것 같아요. 하지만 교과서가 없다면 명확하게 답하기 어려울 것 같아요. 교사로서 저에게 교과서가 절대적인 것은 아니지만 교과서를 대체할 만한 다른 대안을 이야기하라고 하면 딱히 떠오르지 않아요.

면담 과정에서 교사들 역시 학생이나 학부모들과 마찬가지로 교과서의 권위에 사로잡혀 있음을 확인할 수 있다. 교과서라는 권위로부터 벗어날 수 없는 교사들은 교육과정 운영 과정에서 교과서 내용의 전달로 자신들의 역할을 한정 짓게 된다. 교사들은 교육과정의 주체로서 적극적으로 교육과정을 구성하여 수업하기보다는 주어진 교과서와 교육과정의 전달자로 소극적인 입장을 취하게 된다.

연구자: 평상시 교과 수업을 구상할 때 어떤 점에 가장 주안점을 두고 준비하나요?

A 교사: 만약 오늘 2교시 수학 시간에 두 자리 수의 덧셈을 수업해야 한다고 하면, 그 시간은 아이들이 두 자리 수의 덧셈을 문제없이 해내는 데 목표를 두고 수업을 구상하죠.

C 교사: 실제 수업을 구상할 때 가장 많이 고민하는 질문은 "단위 수업의 교과 내용을 어떻게 효과적으로 가르칠까?"인 것 같아요. 수업을 할 때 교육과정에서 추구하는 인간상과 같은 초등교육의 목적을 염두에 둔다면 좋겠지만, 현실적으로는 단위 수업의 목표 도달을 일차적으로 고민해요. 한 차시 수업을 통해 단위 수업목표 도달도 빠듯해요. 5학년 1학기 수학에 약수와 배수, 약분과 통분이 나오는데, 40분 동안 열심히 가르쳐도 반에 6~7명은 약수랑 배수를 이해하지 못해 약분과 통분을 하지 못해요. 약수와 배수를 혼동하는 친구들을 위해 "배수는 배가 자꾸 나와서 커지는 특징이 있고, 약수는 약해서 자기 자신을 빼고는 작다."라고 설명해 줬어요.

교과 수업 시간에 교사들은 가르치고 있는 내용이 학생들의 삶에 어떤 의미가 있는지, 그러한 배움을 통해 학생들이 어떠한 사람으로 성장해 나갈 것인지 그 관계성을 고려한 수업을 하지 못한다. 교사들은 배움을 총체적으로 엮어 낸 능동적인 수업을 하기보다는 관습적으로 교과서 속 차시별 단위 수업의 교과 목표 도달에 집중하고 있으며, 교과서의 내용을 성실하게 효과적으로 전달하는 데 에너지를 쏟는 수동적인 교육내용 전달자로서 역할을 하고 있다. 학생들 역시 자신의 삶을 위해 배움을 적극적으로 엮어 내기보다는 수업 중 교과서 내용을 무비판적으로 수용하는 피동적인 존재가 된다. 교과서의 권위에 사로잡혀 교과서로부터 벗어나지 못하는 수업 속 교사와 학생들은 그들의 자율성을 적극적으로 발휘하기 어렵다.

최근 많은 학교에서 교과서에서 벗어난 교육과정 중심 교육의 한 방법으로 프로젝트 수업을 적극적으로 시도하고 있다. C 교사는 2년째 혁신학교에 근무하며 프로젝트 수업을 활발히 추진해 오고 있음에도 불구하고, 프로젝트 수업의 한계점을 다음과 같이 지적한다.

> C 교사: 교육과정 재구성을 통한 프로젝트 수업이 갖는 긍정적인 의미들이 있어요. 그런데 일반적으로 프로젝트 수업을 위한 교육과정 재구성은 여러 교과의 교과서 내용을 주제별로 통합해서 구성하고 있어요. 올해 '세계로 간다'라는 주제로 프로젝트를 준비하고 있는데, 보시면 아시겠지만, '국어 4단원의 매체를 활용한 발표, …… 음악 4단원 음악과 늘 함께해

> 요' 등 여러 교과의 관련 단원을 주제 중심으로 통합해서 운영계획을 짜서 실행해요. 결국 프로젝트 수업은 주제에 맞게 교육과정 내용을 재배열하는 거죠.

교사와 학생들은 프로젝트 수업을 통해 그들의 자율성을 발휘하고 있다. 교사와 학생이 함께 프로젝트 수업의 주제를 정하고, 교과별로 주제에 맞는 교육 내용들을 유목화한 뒤 주제에 맞는 교육활동들을 정하고 실행한다. 그러나 C 교사는 이러한 프로젝트 수업 역시 결국은 주제별로 교과서 내용을 재배열하는 교과서 중심 수업의 또 다른 모습이라고 말한다. 즉, 교과서 중심에서 벗어나 교육과정 중심으로 학생들의 교육적 경험을 풍부하게 하고 교사의 전문성을 발휘하여 수업의 다양성을 추구하고자 한 프로젝트 수업 역시 교과서 안에서 교사와 학생의 자율성을 제한적으로 발휘한 방법적인 변화 시도로 여겨진다.

요컨대, 교육 주체를 포함한 우리 사회는 교과서를 표준화된 교육과정으로 인식하고 교과서 중심의 수업을 당연한 것 혹은 바람직한 것으로 여기는 경직된 교과서관에 머물고 있다. 그 결과, 교사들은 교육이 추구해야 하는 본질이나 방향성에 따라 교육과정을 자율적으로 구성하여 학생들을 이끌기보다는 학생들에게 주어진 교과서의 내용을 빠짐없이 성실하게 전달하는 것을 교사로서의 책무라 여기며 교과서에 의존한 수동적인 존재로서 그 역할을 하고 있다.

2) 벗어나고 싶은 교과서

우리 사회의 교육 상황에서 교과서는 교육 주체인 교사와 학생, 학부모에게 하나의 권위로 쉽사리 벗어날 수 없는 교육적 영향력을 지니고 있음을 살펴보았다. 필자는 면담 과정에서 교사들이 수업 실천 과정에서 표준화된 교과서가 갖는 문제점들을 자연스럽게 인지하고 있으며, 그러한 문제점들에 대해 무기력하게 방관자적인 입장만 취하고 있는 것은 아님을 확인할 수 있었다. 교과서나 교육과정이라는 틀 안에서 제한적이기는 하나 교사들은 각자의 교육적 경험 혹은 동료 교사들과의 협력을 통해 교과서의 문제점을 넘어 능동적으로 수업을 구상하고 실행해 나가고 있었다. 그렇다면 교사들은 교육 실천가로서 교과서의 문제점을 어떻게 이해하고 있을까?

B 교사: 교과서 중심의 수업을 하고 있지만, 가끔 교과서로 수업을 하다 보면 무엇을 위한 수업인지 의심스러울 때가 있어요. 교사 경력 15년이 넘다 보니, 교육정책에 따라 교과서의 구성이나 내용이 수시로 바뀌고 있음을 체감해요. 2015 개정 교육과정에서는 아이들의 창의성을 신장하기 위해 질문 만들기가 강조되고 있어요. 그래서 작년 5 · 6학년 국어 교과서에 질문 만들기가 지문 뒤, 곳곳에 들어와 있었죠. 질문 만들기의 의도를 이해 못하는 것은 아니지만 단원별 특성을 고려하지 않고 거의 모든 단원의 지문 뒤에 자리를 차지하

고 있는 질문 만들기를 보면서 난감했어요. 보여 주기식 교육정책이라는 생각이 들었어요.

C 교사: 교과서로 수업을 하면서도 교과서나 지도서에 100% 공감이 되지 않는 경우가 종종 있어요. 그래서 교과서를 만든 집필진들이 무슨 의도로 이러한 내용을 구성했는지 지도서를 확인해요. 교사로서 교과서에 대한 이해가 온전하지 않은데, 아이들에게 온전하게 가르친다는 것이 불가능하잖아요.

얼마 전 국어 수업을 준비하다가 동학년 선생님들과 한참 협의했던 기억이 있어요. 5단원 '글쓴이의 주장'이라는 단원은 지도서에 총 10차시 구성으로 되어 있어요, 그런데 동형어와 다의어를 이해하고 구분하는 차시가 4차시, 글쓴이의 주장 파악하기 2차시, 근거의 적절성을 파악하며 글 읽기 2차시, 주장에 대한 찬반 의견 나누기 2차시로 구성되어 있어요. 글쓴이의 주장을 파악하기 위해 단어 사용이 정확하게 이루어져야 한다는 것을 이해하지만, …… 교사에게도 쉽지 않은 동형어과 다의어 구분이 총 10차시 구성 중 4차시로 이루어졌다는 것은 쉽사리 납득이 되질 않더라고요. '교과서 집필진은 무슨 생각으로 이런 구성을 했을까?' '누구를 위한 교과서인가?'라는 생각했어요.

교사들은 표준화된 교과서의 교육내용이나 방법이 교육에 관한 본질적인 탐구에 의해서가 아니라 교육정책 혹은 집필진의 의도에 따라 쉽게 변하고 있다는 것에 불편함을 느끼고 있었다. 교사들은 단원의 특성을 고려하지 않고 질문 만들기가 기계적으로 제시되어 있는 교과서, 그리고 교사들조차 쉽게 이해할 수 없는 단원의 구성 혹은 내용들로 조직된 교과서로부터 과연 교과서가 학생과 교사들을 위해 구성되어 있다고 말할 수 있는지 의문을 제기한다. 교사들은 '과연 교과서가 누구를 위한 것인가?'와 같은 교육에 대한 근본적인 질문을 하며, 교과서의 문제점을 덧붙여 이야기한다.

A 교사: 저는 저학년 담임을 맡고 있어요. 최근 몇 년 전부터 친절하게 교과서 활동자료들이 부록으로 교과서 뒤에 덧붙여 있어요. 맨 처음엔 이런 활동자료들이 들어온다기에 신선하고 좋았어요. 그런데 막상 사용해 보니 오히려 불편하고 불필요할 때가 많더라고요. 활동자료들이 보통 스티커나 점선을 따라 떼어서 사용하는 자료들이 많은데, 저학년의 경우 부록에서 자료를 떼어 내는 것부터가 일이 되더라고요. 물론 그것도 교육이라고 할 수 있지만, 아이들이 활동자료를 떼어 내고 붙이는 사이에 수업 몰입도가 훅 떨어지고, 활동자료 자체도 결국은 정형화된 거라서 아이들의 다양한 생각을 표현하기에는 부족할 때가 있더라고요. 지금은 꼭 필요한 경우에만 활동자료 부록을 이용하고 그 외에는 제가 직접 만들거나 다른 선생님들이 공유해 준 더 적절한 자료를 사용해요.

B 교사: 4학년 체육에 농구가 나와요. 사실 농구공은 크고, 무겁고, 딱딱해서 초등학교 4학년 아이들이 다루기에 쉽지 않은 공

이에요. 4년 전에 체육 교과 전담을 할 때 4학년 농구 수업을 하는데 한 반에 한 명 정도의 아이들이 손가락 인대가 늘어나거나 다치는 거예요. 미리 아이들한테 안전하게 공을 다뤄야 함을 안내했는데도 다치더라고요. '4학년 때 꼭 농구 수업을 해야 하나? 농구 수업을 하기에는 신체적으로 5 · 6학년 때가 훨씬 적합할 것 같다.'는 생각을 했어요. 그래도 교육과정에 나와 있으니 해야 했고, 다음 해 체육 교과 전담으로 수업할 때는 저학년용 농구공과 PVC 재질로 된 농구공까지 구비해 놓고 아이들 기량에 따라 공을 달리 사용했어요.

C 교사: 교육과정이 개편될 때마다 교과서의 학습 내용을 줄였다고 하지만, 실제 수업을 하는 교사로서 학습량이 적어졌다고 크게 느끼지 못해요. 교사마다 개인차가 있겠지만, 고학년 국어과, 사회과 수업의 경우에는 한 차시 분량의 수업을 40분 안에 끝마치기가 쉽지 않아요. 사회에서 역사 수업을 할 때는 교사들이 전쟁 아닌 전쟁을 해요. 한 차시 분량 동안 갑신정변에 대해서 가르쳐야 하는데, 교과서에서는 3~4쪽에 걸쳐 단순하게 역사적 사건의 과정과 의의 정도만 다루고 있어요. 아이들 대부분은 단순한 사실 기술 위주의 교과 내용만으로 온전히 역사적 사건들을 이해하지 못하거든요. 그래서 관련 드라마, 영상, 사진들을 찾아서 PPT 작업을 거쳐 수업을 해요. 아이들이 좀 더 잘 이해하길 바라면서요.

교사들은 교과서에 '학년 수준에 맞지 않는 교육내용과 활동이 담겨 있는 경우, 수업의 몰입을 방해하거나 적절치 않은 교육 자료가 실린 경우, 방대한 학습량이 나열식으로 제시되어 있는 경우' 등 수업 중 자신들이 경험한 교과서의 문제점들을 생생하게 전한다. 교사들은 학생들의 배움이나 수업에 적절치 않다고 판단되는 교과서의 내용이나 방법에 대한 불편함을 토로함과 동시에 그러한 문제점을 극복할 수 있는 방안들을 고안해 수업을 하고 있었다. 교사들은 자신의 교육적 경험에 의한 수업 재량권을 발휘함과 동시에 교과 연구회나 교사 커뮤니티, 동학년 교사들과 소통하고 탐색하며 적극적으로 수업을 구성해 나가고 있다.

A 교사: 저는 교사로서 수업할 때 고민거리가 생기면 혼자서 안고 있기보다는 다른 선생님들과 고민을 공유하는 편이에요. 5년 전 정도부터 수학 교과 연구회 활동을 하고 있는데, 교사로서 성장하는 걸 느껴요. 예컨대, 덧셈과 뺄셈을 단순히 기계적인 연산 과정으로 접근하지 않고, 먼저 교사들이 덧셈과 뺄셈이 갖는 의미를 철학적으로 이해하고, 아이들이 어떻게 하면 덧셈과 뺄셈의 개념을 올바르게 이해할 수 있을지 방법적으로 연구해요. 제가 이 수학 교과 연구회 활동을 하지 않았다면 전 아마도 여전히 수학 연산 학습지를 아이들에게 부지런히 나눠 주며 '교사로서 성실히 제 할 일을 다했다.'고 생각했을 거예요.

B 교사: 저는 현재 소규모 학교로 학년별로 단일 학급이라 동학년이

없어요. 수업할 때 어떻게 가르쳐야 할지 가닥이 잡히지 않을 때에는 주로 교사들끼리 소통하는 온라인 커뮤니티 사이트를 활용하거나 다른 학교에 있는 동학년 선생님들과 이야기를 나누며, 어떻게 가르쳐야 좋을지 고민하고 구상해요. 선생님들과 고민을 공유하고 이야기를 나누다 보면 어떻게 해야 할지 가닥이 잡히고 혼자 고민할 때보다 훨씬 질적으로 나은 수업을 하게 되더라고요.

C 교사: 저는 현재 동학년 체제가 잘 갖춰 있는 학년에서 근무해요. 그래서 동학년 선생님들과 항상 가르칠 내용들 그리고 가르치고 있는 상황들을 공유하면서 지속적으로 보완해야 할 부분들을 항시 체크해요. 올해는 코로나 때문에 갑작스레 온라인 학습을 해야 했고 교육과정 내용을 대폭 수정해야 했어요. 동학년 선생님들과 매일 '이 수업을 위한 최선은 무엇일까?' '어떻게 아이들과 소통하고 수업해야 할까?' 같이 고민했어요. 온라인으로 가능한 단원이나 수업, 그리고 대면으로 꼭 해야 하는 단원이나 수업들을 선정하고, 아이들에게 적합한 학습자료들을 같이 제작하고 나눴어요. 이 과정을 동학년 선생님들과 함께하니 교육 자료들이 질적으로 만족스럽고, 신뢰도가 높아진 것 같아요. 혼자서 그 모든 걸 했다면 수업 내용이나 자료들이 엄청 부실했을 거예요.

교과서로부터 완전히 벗어날 수는 없지만 교사들은 타당성이 떨어지는 교과서를 무비판적으로 묵인하고 수용하지 않았고, 동료 교사들과의 교육적 협력을 통해 교과서의 문제점이나 한계를 보완 해 나가는 진취적인 모습을 보여 준다. 교과서에 의존한 수업을 하고 있는 교사들에게 동료 교사들과의 교육적 협력은 다음과 같은 교육적 의미를 지닌다. 첫째, 교과서 혹은 교과서 중심의 수업이 갖는 문제점이나 한계를 극복하고 '무엇을 가르칠 것인가?' '어떻게 가르칠 것인가?'라는 좀 더 근본적인 질문으로부터 수업을 구상하고 실행하게 한다. 둘째, 교사 개인의 주관적인 판단에 객관성 및 신뢰성을 확보할 수 있게 한다. 셋째, 교사를 교육과정 전문가 및 실천가로서 거듭나게 한다. 동료 교사들과의 교육적 협력을 통해 교사들은 교과서가 아닌 교육 본질에 초점을 맞추고 학생들의 즐거운 배움과 의미 있는 성장을 위해 수업을 구상하고 실천해 나간다.

요컨대, 학생들의 삶과 성장을 위해 교과서가 구성되는 것이 아니라 교육정책 혹은 교과서 집필진의 의도에 의해 달라진다면 교사들이 교과서 중심의 교육을 추구해야만 하는 근거는 부족해 보인다.

3) 교사들이 바라는 수업

여기에서는 교사들이 어떤 수업을 할 때 교사로서 보람을 느끼는지, 교사들이 바라는 수업으로부터 다양한 교과서관에 대한 가능성을 탐색해 보고자 한다.

(1) 통합 교과서의 여백

교사들은 교과서에 대해 부정적인 생각만 가진 것은 아니다. 현재 저학년 담임을 맡고 있는 A 교사는 저학년의 주제 중심 통합 교과서에 만족감을 드러낸다.

A 교사: 저는 고학년 담임을 주로 하다가 재작년부터 저학년을 맡게 되었어요. 사실 주제 중심의 통합 교과서를 처음 보았을 때 당황스러웠어요. 봄을 주제로 한 교과서의 첫 차시 부분이 그림으로만 이루어져 있었어요. 처음에 무얼 해야 할지 당황스러웠는데, 오랫동안 1학년을 해 오시던 동학년 선생님께서 "아이들하고 봄을 주제로 마음껏 공부해! 밖에 나가서 동식물도 관찰하고, 그려도 보고, 봄 노래도 불러 보고, 아이들하고 봄을 마음껏 즐겨!"라고 조언해 주셨어요. 그동안 가르칠 내용들로 그득한 고학년 교과서에 익숙해져 있던 저는 저학년 교과서가 너무 낯설어서 당황스러웠지만 선배님의 조언에 힘을 얻어, 교과서에 얽매이지 않고 아이들과 마음껏 봄이라는 주제에 어울리는 활동들을 신나게 했어요.

저학년 교과서를 보면서 '과연 가르칠 내용이 가득한 교과서가 좋은 교과서인가?'라는 생각을 했어요. 고학년 담임이었을 때 저는 교사로서 '무엇을 가르쳐 볼까, 어떻게 수업을 해볼까'를 고민하기보다는 교과서의 방대한 내용들을 '어떻게 효율적으로 가르쳐야 할까'를 고민했어요. 고학년 교과서도 저학년 교과서처럼 필요한 부분만 제시하면 좋을 것 같아요.

차시별로 가르쳐야 할 내용을 많이 담고 있는 고학년의 교과서는 교사들이 자율적인 재량을 발휘하게 하기보다는 효율적으로 가르칠 수 있는 방법적인 요령들을 고민하게 한다. 반면, 각 주제별로 성취기준과 학습 목표가 최소한으로 제시된 저학년의 통합 교과서의 여백은 교사들이 학습자와 주제에 적합한 수업을 계획하고 실행할 수 있도록 여지를 제공하며 적극적인 교육 주체로서 교사들을 자극한다. 즉, A 교사는 가르쳐야 할 내용들이 빼곡한 교과서는 교사를 교과 내용의 전달자로 머물게 하지만 여백이 있는 통합 교과서는 교사로서의 자율적 의지를 발휘하게 하여 교육과정을 구상하고 계획하게 만든다고 말하며 통합 교과서에 대한 만족감을 드러낸다.

(2) 프로젝트 수업을 통한 성장

발령 이후 주로 고학년 담임을 해 온 B 교사는 주제 중심 프로젝트 수업을 통해 교육 본질에 가까운 수업을 하게 된다고 말한다.

> B 교사: 교과서가 차시별로 구성되어 있다 보니 교과서 중심 수업을 할 때는 자연스럽게 교과서에 제시된 단원 차시별로 어떻게 가르칠까 고민하게 돼요. 반면, 프로젝트 수업은 그 주제를 왜 탐구해야 하는지, 어떻게 탐색할지 아이들과 함께 계획하며 실행하는 과정을 거치게 되는데, 이 과정에서 자연스럽게 교사로서 아이들에게 무엇을 가르치면 좋을 것인지, 어떤 활동들이 아이들의 경험을 풍부하게 할지 고민하게 돼

요. 물론 프로젝트 수업을 계획하고 실행해 가는 과정이 쉽지 않지만, 아이들도 저도 프로젝트를 진행하면서 훨씬 더 풍부한 교육 경험을 하게 되는 것 같아요.

작년에 아이들과 위안부를 주제로 프로젝트 수업을 했었는데, 프로젝트 수업을 하는 과정에서 아이들이 자연스럽게 우리 역사에 대해 진지하게 생각하고 배우려는 태도에 변화가 느껴졌고, 위안부 할머니들의 삶을 진심으로 위로하고자 하는 아이들의 모습을 보았어요. 아이들도 저도 함께 성장하는 수업이었던 것 같아요.

프로젝트 수업을 하기 위해서 교사들은 교육과정 재구성 과정과 계획 세우기, 실행 과정에서 학생들의 프로젝트 과정을 체크하며 학생들의 교육 활동을 섬세하게 지원해야 한다. 그럼에도 불구하고 B 교사가 말하는 프로젝트 수업의 교육적 의의는 다음과 같다. 첫째, 교사들은 단순히 교과서에 제시된 내용을 효과적으로 가르쳐야겠다는 생각에서 벗어나 학생들을 위한 교육의 근본적인 목적과 방법들을 고민하게 된다. 둘째, 프로젝트 수업은 그 주제에 관한 깊이 있는 탐구를 통해 학생들이 의미 있는 성장을 경험하게 한다. B 교사의 교육 경험에서 드러나듯이, 학생들은 위안부에 관련된 깊이 있는 프로젝트 수업(캠페인, 소녀상의 의미 되새기기, 영상 만들기 등)을 통해 학생들이 위안부에 대한 정보를 수집하는 것을 넘어 위안부 할머니들의 아픔을 이해하고, 위로하며, 한 인간으로서 성장하는 것을 경험한다. 프로젝트 수업이 교과 내용의 재배열에 불과하다는 비판을 받기도 하지만 한 주제에 대한 몰입의 경험을 하게 하는 프로젝트 수업은 단순한 지적 성장을 넘어 한 인간으로서의 성장을 경험하게 한다. 셋째, 프로젝트 수업은 교사의 교육과정 재구성에 대한 재량권을 발휘할 수 있게 하며, 교사로서 적극적인 역할을 수행하게 한다. 전통적인 교과서 중심 수업 비해 프로젝트 수업은 교육의 본질적인 모습을 회복하게 한다.

(3) 교과서를 벗어난 시도

혁신학교에서 근무하는 C 교사는 교과서에서 벗어나 교사가 선정한 도서를 통해 수업을 하는 '온작품읽기'의 즐거움에 대해 이야기한다.

C 교사: 주제 중심 교육과정을 운영하면서도 문득 '기존의 교과별 교과서의 순서를 뒤바꾸거나 교육내용을 편집하는 건 아닐까?' 여전히 교과서를 벗어나지 못하는 저를 발견해요. 그런데 최근에 '온작품읽기' 활동을 하면서 '꼭 교과서가 아니어도 교육이 가능하겠구나.'라는 생각을 했어요. 온작품읽기는 한 학기 동안 정한 책을 아이들과 다양한 방식으로 같이 읽으며 서로 생각을 나누는 읽기 활동인데, 온작품읽기는 단편적으로 이야기를 파악하는 국어 교과서보다, 혹은 당위성 위주의 도덕적 가치들을 제시하는 도덕 교과서보다 훨씬 자연스럽게 다양한 삶의 가치들을 고민하게 해요. 간혹 교사나 학부모의 잔소리보다 감동 있게 읽은 이야기나 영

> 화 속 대사 한마디가 훨씬 깊이 가슴에 남는 경우가 많잖아요. 온작품읽기는 바로 그런 감동이 있어요. 같이 읽기의 즐거움, 책 속에 숨겨진 다양한 재미있는 요소를 발견하기, 글의 흐름에 깊이 몰입하는 경험들을 다양하게 할 수 있어서 아이들도 저도 만족할 만한 경험을 하게 되는 것 같아요. 반 아이들과 온작품읽기를 하면 단순히 책을 읽었다는 것 이상의 것들을 얻을 수 있어요.

'온작품읽기'는 교과서에 실린 글들이 작품의 일부분만 실려 온전히 그 책의 의미를 읽어 내기 어렵다는 국어교육과 독서교육의 한계로부터 제안된 교육방법이다. 김은애(2020: 7)에 따르면, 온작품읽기는 그동안 학교에서 실시되어 온 양적인 독서나 수업과 별개로 이루어지는 독서 방법이 아닌 삶과 연결되어 있고, 책을 읽는 즐거움을 느끼게 하는 독서 방법을 의미한다. C 교사는 이러한 온작품읽기의 목적과 방법을 잘 이해하고, 한 학기 동안 학생들과 다양한 활동을 해 나가며 깊이 읽기를 경험한다. 책에 담긴 다양한 가치들을 친구들과 공유하며 삶의 가치를 논해 보고, 등장인물들의 마음에 공감이나 비판을 해 보고, 또는 사건들의 의미를 들여다보면서 학생들은 스스로 책을 통해 자신의 삶을 어떻게 가꾸어 가야 하는지에 대해 고민한다. 이러한 온작품읽기의 과정은 작품의 의미를 이해하고, 나아가 작품의 가치를 탐구하는 것을 넘어 자신의 삶과 연결 짓는 적극적 읽기로 확장하여 학생들이 자신의 삶을 가꾸어 나갈 수 있도록 돕는다. C 교사는 온작품읽기를 통해 교과 수업에서 하기 힘들었던 학생들의 삶의 가치에 대한 이야기들을 자연스럽게 할 수 있다고 말하며, '책'이라는 교과서를 벗어난 교육의 가능성을 제안한다.

세 교사들이 의미 있다고 여기는 수업의 단상에는 교과서가 있기도 하고 없기도 하다. 즉, 교사들은 경직된 교과서관이 아닌 열린 교과서관으로 각자 의미 있고, 즐겁고, 바람직하다고 생각하는 수업을 이야기한다. 교사들이 의미 있다고 여기는 수업들의 단상들로부터 다음과 같은 몇 가지 공통된 특징들을 확인할 수 있다.

첫째, 교사의 자율성이 발휘된다. A 교사에게 통합교과가 만족스러웠던 이유는 교사와 학생의 자율적인 활동이 이루어질 수 있는 여지가 있는 여백이 있는 교과였기 때문이다. 프로젝트 수업과 온작품읽기 활동에서는 교사가 교육과정의 주체가 되어 학생들의 성장을 위해 수업 내용을 구상하고, 학생들과 상호작용하며 수업을 만들어 가는 경험을 한다. 세 가지 형태의 수업 모두 교사의 자율적인 의지가 발휘되고 있었고, 교사는 교과서 내용의 성실한 전달자가 아닌 의미 있는 수업을 이끌 수 있는 교육과정 주체로서 역할을 하고 있었다.

둘째, 수업은 학생의 내적 성장을 목적으로 하며, 수업의 중심에는 학생이 있다. 교사의 의지가 살아 있는 수업 속에서의 학생들은 수업 주제에 몰입하여 그 주제를 깊이 있게 이해하며, 자신들의 배움을 탐구하는 모습을 보여 준다. 학생들은 교과서의 내용을 피동적으로 익히는 수용자에서 머물지 않고 그 자신을 의미 있는 성장으로 이끈다.

셋째, 교사들이 추구하는 수업의 형태는 다양하며, 경직된 교과서관에서 벗어나 있다. 교과서를 비롯한 수업 자료는 필요에 따라 적절하게 교사와 학생들의 의지에 따라 자유롭게 취사 선택된다. 교과서나 지도서에 담긴 내용과 교육방법에 따라 수업이 이루어지지 않는다. 교사들은 수업을 위해 때론 교과서를, 때론 교과서가 아닌 다양한 학습자료를 다양한 방식으로 사용하며 수업에 적절한 내용과 방법들을 자율적으로 선택하여 수업을 이끌어 간다.

국가기관의 인정을 받은 교과서는 이미 '객관성이 담보된 신뢰의 대상'으로 학교의 기능 수행을 돕는 공식적인 도구이자 학교 내 거의 유일한 교재로서 상당한 지위를 갖고 있다(박진은, 2015: 30). 교과서는 객관적이고 통일된 자료로서 학교 교육을 이끌어 갈 수 있다는 긍정적인 측면을 지니고 있다. 그러나 교사들의 일상적인 수업에 대한 단상으로부터 교과서에 의존한 수업이 교사와 학생의 자율성을 제한하여 수동적인 교육 주체로 만들며, 단편적인 교실 수업의 양상을 낳고 있음을 확인할 수 있다. 현재 우리 교육 현실 속 교사들은 여전히 교과서에 의존한 수업을 하고 있지만, 교과서 중심 수업의 문제점을 인식하고 있으며 경직된 교과서관으로부터 벗어나 다양한 방식으로 교사의 자율성을 발휘한 수업을 시도하고 있고, 희망하고 있다.

3. 교과서 중심 교육관의 대안 탐색

이 절에서는 우리나라의 전통적인 교과서관과는 다른 방식으로 교육을 실천해 오고 있는 발도르프 학교의 교육방법론을 탐색해 보고자 한다. 발도르프 학교의 교육론으로부터 전통적인 교과서 중심 교육관에서 벗어난 교육의 가능성을 탐색한다.

1) 교육의 시작: 인간에 대한 이해

"수업이 하나의 전체로서 형성되어야만 한다."(Steiner, 1997/2016: 79)라고 말하는 슈타이너로부터 발도르프 학교의 모든 교육 활동은 인간을 기르는 교육이라는 큰 목적을 위한 수단으로 간주되고 있음을 확인할 수 있다. 슈타이너는 근대 과학혁명 이후 심화된 물질주의와 이기주의, 기계론적 환원주의로 인해 교육에서 역시 기존 사회 직설에서 요구되는 기능과 지식이 기계적 전수에만 치중하여 일찍부터 자유로운 정신의 발달 가능성을 차단함을 우려하며(전은주, 양은주, 2018: 101), 발도르프 교육에서 모든 수업 내용과 활동들은 한 인간으로서 학생들의 발달을 위한 것이어야 한다고 말한다. 정윤경(2010)은 실제 발도르프 학교의 수업이 교과를 가르치는 그 자체가 목적이 아니라 '인간의 발달'이라는 광범위하고 포괄적인 목적을 염두에 두고 있음을 다음과 같이 연구를 통해 밝히고 있다.

연구자: 오늘(9월 9일, 초등학교 2학년 성인이야기) 수업을 통해 선생님은 무엇을 하고자 하셨는지요?

강혜숙 교사: 오늘 수업의 주제는 월명 스님 이야기예요. 이 시기 아이들은 우화를 통해 본능적이고 본성적인 모습을 만나요. 그 상대 지점에 해당하는 것이 성인 이야기예요. 아이들에게 수업목표를 설명하진 않았으나, 이야기를 통해 아이들은 '도덕' '경외심' 같은 것을 느끼게 되지요. 월명 스님 이야기에서는 '자연' '우주'의 한 부분인 '겸손' '사랑' 이런 주제들을 아이들이 가져가도록 했습니다. …… 아이들은 두 주 동안 노래와 율동, 시, 역할극을 통해 스스로 월명 스님 속으로 깊이 들어가는 체험을 하게 돼요. 그렇게 지혜로운 사람이 되고자 하는 한줄기 빛이 아이들 몸 어느 구석엔가 비추다가 어느 때인가 밖으로 나오게 될 것임을 생각하며 한 수업이지요(정윤경, 2010: 176).

발도르프 학교에서의 모든 교육 활동은 '인간의 발달'이라는 교육목표와 연관성을 가지고 이루어지도록 계획되고 실행된다. 슈타이너는 인간의 발달을 위한 교육을 이끌기 위해 가장 중요한 요소로 교사를 꼽으며, 그러한 교사에게 가장 우선시되는 과제는 인간 천성의 원리인 '인간에 대한 이해'라고 말한다.

오늘날 우리가 올바른 의미에서 교사가 되고자 한다면, 인간 천성의 원리로 돌아가야만 합니다(Steiner, 1997/2016: 33).

인간에 대한 올바른 이해만이 한 인간으로서 학생에 대한 올바른 이해를 돕고, 인간의 발달단계에 맞는 성장을 이끌 수 있기 때문이다. 이에 슈타이너는 인간 본성에 대한 이해를 인지학(anthroposophy)이라는 하나의 학문으로 정립하고, 발도르프 교육의 기본 원리로 삼는다. 즉, 인간 존재가 어떻게 이루어졌는지, 각 시기별 인간의 발달은 어떻게 이루어지는지, 인간의 개인적 성향에 따른 기질은 어떤 특징들이 있는지 등과 같은 인지학에 대한 이해를 갖춘 교사가 만들어 가는 교육과정이 곧 발도르프 학교의 교육과정이 된다.

실제 발도르프 학교에는 교육 전문가들에 의해 만들어진 교과서나 인지학을 기반으로 한 교과서나 교육과정이 없다. 인간에 대한 총체적인 이해를 바탕으로 교사 스스로 교육과정을 계획하고 구성한 교사 노트만이 존재하며, 교사가 만들어 가는 교육과정의 계획이나 구성에 의해 발도르프 학교의 교육이 이루어진다. 이를 위해 발도르프 학교의 교사는 교사 양성과정(3년제 대학원 과정)에서부터 교육과정 전문가이자 교육 실천가로서의 역할을 수행한다. 교사들은 인간에 대한 이해를 바탕으로 자신만의 교육과정을 자율적으로 구성해 나가며, 교사가 된 이후에도 지속적으로 자신의 교육과정을 수정·보완하며 인간의 건전한 발달을 위한 교육을 실천한다. 발도르프 학교는 교사들이 만들어 가는 교육과정에 의해 교육이 이루어질 수 있도록 제도적으로 교사의 교육적 권위를 적극적으로 지지한다. 학생들의 발달에 적합한 교육과정 운영과 발달의 지속성을 이어 나갈 수 있도록 하기 위해 담임 8년제를 운영하며, 인간에 대한 이해를 바탕으로 한 교육과정이 바르게 운영될 수 있도록 지속적인 교사 연수 및 동료 교사 협력 체제를 제도적으로 유지함으로써 교사가 자신의 교육과정을 온전히 운영할 수 있도록 지원한다. 발도르프 학교의 교사들은 교육과정 전문가이자 교육 실천가로서 교육적 권위를 존중받으며 적극적 자유를 실현해 나간다. 요컨대, 발도르프 학교는 인간에 대한 이해를 기반으로 한 교사, 그리고 그러한 교사가 만들어 가는 교육과정에 의해 교육이 시작된다.

2) 예술을 통한 교육

발도르프 학교에서 교사들은 교사 스스로 교육 내용 및 방법들을 구안하여 교육과정을 구성해 나간다. 이때 교사는 근거 없는 자의적인 판단이 아니라 인간에 대한 이해라는 인지학의 교육원리에 따라 합리적으로 교육과정을 구성해 나간다. 그렇다면 발도르프 학교의 교사들은 자신들의 교육과정에 어떠한 교육내용을 담고 어떻게 교육을 실천해 나가고 있을까?

슈타이너는 인간을 대우주라는 세계와 연계된 하나의 소우주라고 여기며 인간과 관계된 '세계에 대한 깊은 관심과 이해'가 곧 교육내용이어야 한다고 말한다. 인간은 하나의 소우주로 자신을 둘러싼 세계와 유기적인 관계를 맺고 있으며 그러한 관계가 온전히 이어 나갈 때라야 인간으로서 올바른 성장이 가능하다는 것이다.

우리가 그렇게 세계 안의 거대한 사실에 연관 지으면서야 비로소 수업을 위한 올바른 이해에도 이르게 됩니다(Steiner, 1997/2016: 81).

자라나는 어린이 안에 이미 그런 것에 대한 좋은 표상, 좋은 감각이 생겨 나도록 해야 합니다. 이것이 어린이의 전체적인 영혼 존재를 살려 내고, 외부 세계에 대한 올바른 관계를 지니도록 하기 때문입니다(Steiner, 1997/2016: 70).

발도르프 학교의 교사는 학생과 교육내용에 담긴 세계와의 연관성을 잘 이해하도록 돕는 것을 교육의 일차적인 관심을 여긴다. 예컨대, 언어를 가르칠 때에도 교사는 단순히 글을 읽고, 쓰고, 듣고, 말하는 언어의 기능적 측면의 발달을 도모하는 것보다도 학생들이 언어 구조를 의식하도록 하고 인간에게 언어가 어떤 의미를 지니는지 인간과 언어의 관계성을 이해할 수 있도록 노력한다.

명사를 말함으로써 나를 주변 세계로부터 분리하고, 형용사를 말함으로써 나를 주변 세계에 연결하고, 동사를 말함으로써 내가 활동하면서 주변 세계에 몰두하고, 함께 따라 한다는 사실들을 알고 있으면, 여러분이 명사, 형용사 그리고 동사에 대한 설명을 하면서, 그런 의식을 지니지 않았을 때와는 완전히 다른 내적인 강조를 하게 될 것입니다(Steiner, 1997/2016: 100).

특히 외적 세계는 내적인 것의 외적인 표현이라고 여기는 슈타이너는 학생들에게 표면적으로 보이는 관계보다도 내적인 관계성을 일깨우는 것이 중요하다고 말한다. 세계와의 관계성을 깊이 있게 이해하는 것은 다음과 같은 교육적 의의를 지닌다. 첫째, 인간의 삶이 여러 방면으로부터 다양한 방식으로 총괄된다는 점을 이해하게 한다. 둘째, 세계와 인간에 대한 경외심과 성숙한 태도를 불러일으킨다. 셋째, 자신을 둘러싼 세계와 건강한 관계를 유지하고자 하는 의지를 발달시켜 온전한 삶을 살아가게 한다.

슈타이너는 자신을 둘러싼 세계와의 연관성을 촘촘하게 연결하는 수업으로 지리교육을 강조한다. 학생들이 발을 딛고 서 있는 지구 표면, 학생들이 살고 있는 마을의 자연환경과 자원, 그러한 자연환경과 자원을 활용해 살아가는 사람들의 생활 모습 등을 탐색하며 자신들은 자신을 둘러싼 자연, 인간, 경제와 같은 세계와 다양한 관계를 맺고 있음을 이해하고, 그러한 관계의 소중함과 아름다움을 자연스럽게 깨닫게 된다는 것이다. 이에 교사는 세계와의 연관성을 통해 학생들의 내적 성장을 이루어질 수 있도록 교육내용을 구성한다.

세계와의 연관성을 설명해 주기 위한 교육방법으로 슈타이너는 예술교육을 제안한다. 교육 실천의 방법으로 슈타이너가 예술교육을 실천하는 근거는 다음과 같다.

첫째, 학생들이 세계와의 관계에 대해 이해를 할 때 학생들에게 외적으로 보이는 것을 넘어 자신의 영혼이 내면적으로 감지하는 내적인 자극을 불러일으킨다. 즉, 예술은 인간을 둘러싼 세계에 대한 홍미를 불러일으키며 세계와의 연관성을 자연스럽게 설명해 주는 가장 적합한 방식이다.

> 예술적인 형상에서 수업을 시작함으로써 무엇보다도 의지 생활과 함께 전체 인간이 흥미를 느끼도록 해야 한다는 점이 중요합니다. …… 우리의 의지로 자연 존재와 세계 존재에 다가서면 우리는 살리는 과정 그 속에 있습니다. 그러므로 우리는 교육자로서 죽은 것을 지속적으로 살려 내야 하는 과제를 지닙니다. 인간 안에서 죽음을 향해 다가가는 것을 완전한 죽음으로부터 지켜 내기 위해서, 말하자면 우리가 의지 자체로부터 살려 내는 요소로서 발달시킬 수 있는 그것으로 수정시키는 것이 바로 교육자의 과제입니다(Steiner, 1997/2016: 63).

둘째, 추상적이고 죽어 있는 것에 생동적인 것을 되살려 낸다. 학생들은 영혼 속의 창조성을 발휘하여 스스로 자신을 표현할 수 있는 기회를 갖게 된다. 학생들은 교사가 준비한 교육 활동을 통해 무언가를 내부로 집어넣는 것이 아닌 자신의 내면에 있는 다양한 가능성을 표현하고, 자신을 형성해 가는 기쁨을 누리게 된다.

> 음악적인 것 안에 창조적인 것이, 자연을 넘어서 나아가는 것이 존재하며, 인간이 음악적인 것을 발달시키면서 인간 스스로 자연에서 함께 창조하는 자가 된다는 분명한 느낌을 어린이의 영혼 속에 불러일으키는 데에 소홀히 해서는 안 됩니다(Steiner, 1997/2016: 83).

이에 발도르프 학교의 수업과 학교생활은 음악, 몸짓, 미술, 시

등이 통합적으로 적용된 예술 활동으로 이루어진다. 발도르프 학교의 학생들은 시로 하루 일과를 시작하고 마무리하고, 선긋기와 도형 그리기 등 형태에 대한 감각을 기르는 포르멘(Formen) 수업, 그리고 언어, 음, 자연현상, 정신적 법칙성에 이르기까지 모든 것을 몸으로 표현하는 오이리트미(Eurythmy) 수업에 참여한다. 또한 발도르프 학교의 교사들은 칠판 그림을 활용한 이야기 수업, 리듬과 음악을 활용한 교육 활동 등 모든 교과에 예술적 요소를 활용하여 수업한다. 즉, 교사는 수업에서 가르치는 내용을 이미지, 리듬과 동작, 이야기 등과 관련지음으로써 학생들이 배우는 주제를 마음속에 그리고, 그것을 다시 인지 형식으로 이해할 수 있게 한다(정윤경, 2013: 207). 이러한 발도르프 학교의 예술교육은 구체적인 교육내용이 자연스럽게 녹아든 형태와 방식으로 학생들이 인간과 세계 그리고 인간과의 연관성을 이해하고, 내면적인 성장을 거듭해 나가며, 창조적인 인간으로 온전한 발달을 해 나갈 수 있게 한다.

발도르프 학교의 교사들은 인간에 대한 이해를 바탕으로 예술교육을 통해 학생들과 세계와의 유기적인 관계성을 이해하게 하고, 학생들 내면에 감추어진 창조성을 발휘하여 학생들의 신체, 영혼과 정신이 온전히 성장해 나갈 수 있도록 한다.

3) 교사가 만들어 가는 교육과정

인간에 대한 이해를 바탕으로 예술교육을 실천하고 있는 발도르프 학교는 표준화된 교과서가 아닌 교사가 만들어 가는 교육과정에 의해 운영된다. 교사가 만든 교육과정에 의해 교육을 실천하고 있는 발도르프 교육은 교과서 중심의 전통적인 교과서관에서 벗어난 새로운 교육 대안의 한 가지로 다음과 같은 교육적 의의를 지닌다.

첫째, 교육의 본질에 한층 더 가까운 교육을 실천한다. 전통적인 교과서 중심 교육에서는 교육과정을 담은 교과서를 매개로 하여 수업을 하고 있다. 교과서에 의존하는 교사는 교육이 추구해야 하는 궁극적인 목적을 잊은 채 단위 수업의 목표에 매몰되며, 자연스럽게 교육의 본질로부터 멀어진 수업을 하게 된다. 교사는 교과서 내용의 성실하고 효율적인 전달자로서, 학생들은 교과서 내용의 수동적인 수용자로서의 역할을 한다. 그러나 발도르프 학교에서는 교육의 본질을 최대한으로 구현한 교육 내용 및 방법에 의해 수업이 이루어진다. 발도르프 학교의 교사들은 하루 단위 수업의 목표 역시 전체 교육과의 관련성 속에서 이해하고 수업한다. 이는 인간에 대한 이해를 근거로 교사가 인간 발달을 위한 교육 내용과 방법을 직접 구상하고 계획하며 실천하기 때문에 가능한 것이다. 즉, 발도르프 학교의 수업은 교육과정과의 직접적인 만남으로 교육 본질에 가까운 교육 실천으로서 그 의의를 지닌다.

둘째, 교사는 교육과정 전문가이자 실천가로서 자율권과 전문성을 적극적으로 발휘한다. 국가가 제공하는 교과서나 지도서에 의해 수업을 해 나가는 교사는 자신을 교육과정 전문가로 인식하지 못하고, 교육과정 집필진을 교육과정 전문가로 이해한다. 교육과정 구성에 교사의 자율성이 적극적으로 발휘되지 못했기 때문이다. 그에 비해 발도르프 학교의 교사들은 교육과정 전문가로서 자율성을 발휘하여 자신만의 교육과정을 구성하고, 교육 실천가로서 자신의 교육과정을 구현해 나가며, 교사로서 교육적 권위를 존중받는다.

셋째, 교육 활동은 교사와 학생의 적극적 자유의 실현이다. 발도르프 학교는 인간에 대한 이해라는 큰 흐름에 벗어나지 않는 한 교사의 자율권을 보장한다. 발도르프 학교의 교사들은 교사양성 과정에서부터 자율적으로 자신의 교육과정을 계획하고 교실 안에서 자신만의 교육과정을 자유롭고 창의적으로 실행하면서 교사로서 적극적인 자유를 발휘한다. 학생들 역시 예술교육을 통해 자신들의 내면의 성장을 도모하고 창의적이고 자유롭게 자신의 내면을 표현하게 된다. 학생들은 교육을 통해 건강한 신체, 영혼 그리고 정신을 지닌 자유로운 인간으로 성장하게 된다.

발도르프 교육은 교과서 중심의 전통적인 교육관에서 벗어나 교사가 만들어 가는 교육과정으로 교육이 가능하다는 실천적인 교육 사례로 교육적 의의를 지닌다. 그러나 교사가 만들어 가는 교육과정에 의한 교육 실천은 다음과 같은 논쟁을 피할 수 없다.

첫째, 교사의 부담이 커진다. 전통적으로 교육과정과 교과서의 개발 및 집필, 심의 과정은 교육 전문가들의 몫이다. 만약 교사가 만들어 가는 교육과정에 의해 수업을 하고자 한다면 교사는 교육 전문가들이 해 오던 일들을 교사 스스로 해야 한다. 교사 스스로 교육의 목적, 내용, 방법 등 교육과정에 대한 해석과 판단을 통해 교육을 실천하고 반성하는 모든 과정을 해 나가야 한다. 교사가 교육과정을 만들어 가기 위해서는 교사의 물리적인 시간과 노력, 그리고 한층 전문화되고 체계적인 교사의 역량을 요구한다. 교사가 만들어 가는 교육과정의 실현은 교사에게는 큰 부담으로 여겨질 것이다.

둘째, 교사가 만든 교육과정에 대한 객관성과 신뢰성에 대한 문제가 제기될 수 있다. 교사의 이해, 해석 그리고 판단에 의해 교육과정이 구성될 때에는 교사의 주관성이 반영될 수밖에 없다. 교육과정을 구성해 나갈 때 교사의 특정한 교육적·정치적 시각 혹은 개인적인 가치관에 의하여 인지학이라는 교육원리를 이해하고 해석하는 것이 달라질 수 있다. 교육내용이나 교육 활동이 교사 개인의 주관에 의해 결정됨으로써 교육의 질은 예측 불가능하게 될 것이다. 즉, 교육을 실행하는 데 있어서 교육과정의 계획·실행·반성을 교사가 전적으로 담당하는 것이 과연 적절한 것인지에 대한 논쟁이 제기될 것이다.

발도르프 학교는 이러한 문제점이나 논쟁을 충분히 예견하고 교사양성 과정의 철저한 준비, 지속적인 교사연수, 동료 교사들과의 긴밀한 협력 체제를 통해 이러한 문제들을 최소화하고자 노력해 오고 있다. 100여 년 전부터 교사가 만들어 가는 교육과정을 통해 교육을 실천해 오고 있는 발도르프 학교의 교사양성 과정, 교사연수 과정 및 동료 교사들과의 협력 체제는 앞으로의 연구과제로 적극적으로 검토해 볼 가치를 지닌다.

4. 마치며

수업은 학생들의 성장과 발달을 위한 실천적 행위로 이해된다. 그리고 일반적으로 교과서는 수업의 구체적인 내용과 방법을 제시해 주는 중요한 수단으로서 그 역할을 담당해 오고 있다. 이에 연구자는 초등교사 3명의 내러티브를 통해 교사들에게 형성된 교과서의 의미와 교과서 중심 교육의 문제점을 밝히고, 교과서 중심 교육의 대안으로서 발도르프 교육을 탐색하였다.

교과서에 대한 일상적인 교사들의 이야기, 그리고 발도르프 학교의 교사가 만들어 가는 교육과정에 대한 탐색을 통해 다음과 같은 시사점을 이끌어 낼 수 있다.

첫째, 다양한 교과서관에 대한 탐색과 다양한 교육 실천에 대한 적극적인 연구가 요구된다. 교과서 혹은 교과서 중심 교육의 문제점이 지속적으로 제기되면서 교사의 자율성 확대와 전문성을 강조한 교육적 변화가 시도되고 있다. 그러나 전통적인 교과서관 이외 다른 교과서관에 대한 직간접적인 경험과 연구가 부족한 상황에서 이러한 교육적 시도는 결국 교과서 안에 머문 제한적인 변화 시도로 평가받는다. 이에 교과서관에 대한 열린 인식과 더불어 교과서를 넘어선 다양한 교육 실천에 대한 적극적인 탐색이 요구된다.

둘째, 교사의 교육적 권위가 존중되어야 한다. 발도르프 학교가 교사가 만들어 가는 교육과정에 의해 운영될 수 있는 결정적인 요인은 바로 교사의 교육적 권위가 온전히 존중받기 때문이다. 권위주의나 권력이 아닌 교사의 '교육적 권위'가 온전히 존중될 때 교사의 자율성이 적극적으로 발휘되고 긍정적인 교육적 영향을 발휘한다. 교육적 권위가 바로 서지 않으면 교사가 만든 교육과정을 교육주체들은 의심하며 수용하지 못할 것이다. 하지만 교사의 교육적 권위가 존중되는 발도르프 학교에서는 학생들과 학부모들 모두 교사가 만든 교육과정을 신뢰하고 따른다. "교육의 질은 교사의 질을 넘어설 수 없다."는 말처럼, 양질의 교육은 교육정책이나 교과서가 아닌 교사에 의해 좌우된다. 새로운 교육정책이나 질 높은 교과서를 통해 교육적 변화를 이끌기보다는 교사의 자율성이 적극적으로 발휘될 수 있도록 교사의 교육적 권위를 보장하고 회복하는 것이 우선시되어야 할 것이다.

셋째, 교과서 중심 교육에서 벗어나 목적 기반 교육과정으로의 전환이 요구된다. 발도르프 학교의 교사들은 인간의 온전한 성장을 목적으로 학생의 발달단계에 맞는 교육과정을 구성하여 운영한다. 우리나라의 교육 역시 인간의 성장과 발달을 목적으로 하고 있지만, 현장에서 교사들은 교과서 중심의 수업을 하다 보니 교육의 궁극적인 목적보다는 단위 수업의 교과 목표에 초점을 둔 수업을 하게 된다. 그에 따라 학생들은 자신들의 온전한 성장과 유리된 단위 수업의 교과 지식을 기계적 · 수동적으로 습득하게 된다. 학생들의 성장 · 발달이라는 교육의 근본적인 역할과 기능을 회복하기 위해서는 교사들이 교과서가 아닌 교육과정과의 직접적인 만남이 이루어질 수 있도록 목적 기반 교육과정으로의 적극적인 시도가 절실해 보인다.

국가 수준 교육과정을 실시하고 있는 우리 교육과 자유를 위한 교육을 실천하고자 하는 발도르프 교육의 출발점은 분명 다르다. 그러나 발도르프 교육과 마찬가지로 우리 교육 역시 전인적 성장을 목적으로 하고 있으며, 교육의 주체인 교사와 학생의 자율성이 적극적으로 발휘된 수업을 지향하고 있다. 요컨대, 이 연구는 전통적인 교과서관에서 벗어난 교육의 실천 가능성과 교육적 의의를 밝혀 주는 발도르프 학교의 교육론을 통해 교육의 본질적인 의미와 기능을 회복하고 우리 교육이 나아가야 할 교육의 실천적인 방향을 탐색하는 데 그 의의가 있다.

참고문헌

강상희(2003). 인지학 및 인지학적 교육론의 의미 탐색: 포스트모던의 학문적 경향성에 비추어. 한국교육철학학회, 30, 1-26.

강상희(2011). 발도르프유아교육기관에서의 자유놀이 이론과 실제 및 교사의 역할. 한국발도르프영유아교육학회, 1, 19-32.

경기도교육청(2018). 경기교육발전계획 2017-2022, 34.

김경희(2004). 사회과 지역화 교과서에 대한 교사들의 인식 및 교과서에 반영된 지역 특수성 연구: 초등학교 3학년 서울 지역화 교과서를 중심으로 이화교육논총, 14, 285-299.

김대용(2017). 도덕 교과서에 나타난 양성평등 인식과 그 비민주성. 교육철학연구, 39(1), 1-21.

김수진(2014). 2009 개정 초등학교 저학년 국어과 교과서에 대한 교사 인식 및 활용 연구. 대구교육대학교 석사학위논문.

김정임(2009). 발도르프유아교육의 기본원리와 교육과정에 관한 연구. 발도르프 교육연구, 1(1), 45-65.
김은애(2020). 온작품읽기 활동이 초등학생의 읽기 능력과 독서 태도, 공감 능력에 미치는 영향. 광주교육대학교 교육대학원 석사학위 논문.
남수경(2010). 초등학교 교원의 교과서에 대한 인식과 평가. 한국교육개발원, 37(3), 55-76.
박진은(2015). Gadamer 해석학의 관점에서 기존의 교과서관 비판. 교육원리연구. 한국교육원리학회, 20(1), 27-46.
반채익(2002). 교육에서의 자유의 의미: 발도르프 학교의 자유와 교사의 역할을 중심으로. 교육철학연구, 28.
백선영(2019). 초등교사에게 사회 교과서란 무엇인가?. 시민교육연구, 51(4), 125-149.
손지원, 최진영(2008). 초등학교 교사의 수학 교과서 사용 유형에 영향을 미치는 변인들에 대한 연구. 교육과정연구, 26(3).
심승환(2013). 중학교 교육과정과 교육철학의 적용: 비판적 사고를 중심으로. 교육철학연구, 35(4), 125-151.
양미경(1998). 교과서 구성의 문제와 발전과제. 교육과정연구, 16(1), 85-123.
유승아(2005). 초등교사의 국어 교과서 사용에 대한 인식과 실제. 새국어교육, 102, 91-106.
이승은(2017). 교육과정 재구성 경험과 내러티브의 형성에 관한 연구. 학습자중심교과교육연구, 17(8), 391-416.
전은주, 양은주(2018). 어린이의 자유를 향한 초등교육의 원리와 교사의 역할: 슈타이너의 교육철학에 기초한 탐색. 한국초등교육학회, 31(1), 99-124.
전일균(2001). 발도르프 교육학에서 나타나는 단계별 교육과정에 대한 교육철학적 탐구. 교육학연구, 29(2), 25-44.
전일균(2017). '국정 역사교과서 사태'에 관한 교육학적 탐색. 교육철학연구, 39(3), 93-113.

정영근(2010). 발도르프 교육론의 전인교육적 고찰-교육사상사적 맥락을 중심으로. 발도르프 교육연구, 2(1), 1-20.

정영근, 이근호, 조규관, 박지만(2010). 학교 교육과정 자율화 운영 실태 및 지원 방안 연구. 한국교육과정평가원, 2010-20.

정윤경(2002). 발도르프 학교의 교사교육. 교육철학연구, 27, 91-108.

정윤경(2004). 발도르프 교육학. 서울: 학지사.

정윤경(2009). 인지학의 특성과 교육적 의미. 한독교육학회, 14(1), 187-211.

정윤경(2010). 한국 발도르프 학교 교육의 의미와 실천에 관한 문화기술적 연구. 교육철학연구, 48, 163-197.

정윤경(2013). 슈타이너의 인식론과 발도르프 학교의 감성교육. 교육철학연구, 35(4), 191-215.

최종인(2004). 발도르프 교육학과 인지학. 한독교육학회, 9(1), 39-52.

Steiner, R. (1993). *Allgemeine menschenkunde als Grundlage der Padagogik*. 최혜경 역(2012). 인간에 대한 보편적인 앎. 서울: 밝은 누리.

Steiner, R. (1997). *Erziehungskunst. Methodisch-Didaktisches*. 최혜경 역(2016). 발도르프 교육 방법론적 고찰. 서울: 밝은 누리.

제4장

음악교과 사례로 본 교과서와 교사의 판단

방진하

* * *

1. 문제제기: 교과서를 '전달'한다는 것

교과서는 수업 시간에 가장 중요하게 활용되는 매체이면서도 여러 가지 측면에서 비판의 대상이 되어 왔다. 교과서는 교사와 학생들이 동시에 눈으로 보면서 손으로 넘길 수 있는 매체로서, '지금 여기서' 진행되는 교육 활동의 구성을 안내하고 가늠해 주는 역할을 한다. 그러나 교과서는 이해되기도 전에 이미 주어져 있어서 그 내용이 이미 확정된 것으로 여겨지기 쉽고,[1] 그런 만큼 수업에서 교사가 하는 역할은 그 내용을 잘 전달하는 것에 한정되기 쉽다. 이렇듯 교과서를 '전달'한다는 것은 무엇인가 좋지 않은 의미로 간주되어 왔고, 교육을 새롭게 하려는 시도에서 가장 먼저 지적의 대상이 되어 왔다. 이러한 지적은 교육과정이 학생들의 경험을 강조하는 것이 되어야 한다는 진보적인 입장에서뿐만 아니라, 교육과정에 학문적 이해를 충실히 반영해야 한다는 보수적인 입장에서도

1) 해당 차시에 반드시 다루어지지 않으면 안 되는 것, (다른 반과 비교했을 때) 평가를 위해서 어느 하나도 빼놓기가 부담스러운 것으로 여겨지기 쉽다. 물론 예체능 교과의 경우는 교과서에 대한 의존도가 그리 높지 않을 수 있다. 그러나 지필 평가의 경우에는 이론을 담고 있는 교과서 공부가 여전히 교사나 학생들에게 부담이 될 수 있다.

동일하게 이루어져왔다. 예컨대, 미국 1950~1960년대 학문 중심 교육과정을 이끌었던 브루너(J. S. Bruner)는 지식의 최전선에서 새로운 지식을 만들어 내는 학자들이 하는 것이거나 초등학교 3학년 학생이 하는 것이거나를 막론하고 '모든 지적 활동은 근본적으로 동일하다.'는 확신을 근거로 하여, 당시 미국 교육이 실패한 이유를 학생들에게 각 교과의 사고방식을 '이해'하도록 하는 활동을 하지 않고 '다른 무엇'을 해 왔기 때문이라고 비판한다.

> 이 '다른 무엇'이란 곧, 예컨대 물리학의 경우라면, 물리학의 탐구 결과로 얻는 여러 가지 결론에 관하여 교실에서 논의하거나 교과서를 읽는 것이다[이것을 우즈 호울 회의에서는 물리학자들의 발견을 학생들에게 전달해 주는 언어라는 뜻에서 중간 언어(middle language)라고 부르게 되었다](Bruner, 1960/1973: 60).

여기서 비판의 대상이 되는 것은 학생들에게 학자들이 발견한 결과물을 (학자들과 학생들의 '중간'에서) '전달'해 주는 교과서나 교사의 언어이다. 좀 더 정확히 말하면, 이때 중간 언어란 교과서나 교사의 언어 그 자체라기보다는, 학생의 자발적 탐구와 이해가 동반되지 않은 상태로 '결론'만을 다루는 언어이다. 따라서 교과서나 교사의 언어는 중간 언어일 수도 있지만, '좋은' 수업의 경우라면 중간 언어가 아닐 수도 있다.

그렇다면 중간 언어가 아닌 언어는 무슨 언어라고 보아야 하는가? 그것을 만약 교과서의 '전달자'가 아니라 '교육전문가'의 언어라고 한다면, 이때 교육전문가는 학문의 최전선에 있는 학자나 교육과정 구성 자격을 부여받은 교육과정 전문가, 혹은 교과서를 저술한 교과서 집필진이라고 보아야 하는가? 앞서의 비판을 참고한다면 교과서를 '전달'하기만 하지 않는 것이란 '학생의 자발적 탐구와 이해가 동반되도록' 가르치는 것이라고 보아야 한다. 이 일에 '교육전문가'가 별도로 있다는 생각은 가르치는 일의 특성을 이해하고 그 일을 의미 그대로 구현하는 일에 오히려 방해가 될 수 있다. '학생의 자발적 탐구와 이해'가 중요하다면, 가르치는 내용을 학생과 마주하는 시공간에 구현하는 교사의 역할이 더욱 중요한 것으로 된다.

또한 교사가 교과서의 '전달자'에 머무르지 않게 되는 것은, 교사가 교육과정을 구성하는 자격을 부여받거나, 자신의 교과서를 만드는 자율성을 인정받는다고 해서 저절로 보장되는 것은 아니다. 그것은 교사가 자신의 수업에서 '학생의 자발적 탐구와 이해'를 가능하게 하는 언어를 구사함으로써 그들의 경험과 이해를 성장시킬 때에야 비로소 가능한 것이다. 이 장에서는 음악 교과 사례를 분석함으로써 학생의 경험과 이해가 성장하는 이 일에 교과서나 교사가 과연 어떻게 '전달'을 뛰어 넘는 역할을 할 수 있는지 분석해 볼 것이다.

필자가 교과서를 비교적 자세히 들여다본 것은 몇 년 전 한 교육대학교에서 했던 '교육철학 및 교육사' 마무리 강의를 준비하면서였다. 학생들에게 한 학기 동안 배웠던 내용을 교육 현장과 연관지어 생각해 보게 하고 싶었던 차에, 무척 흥미로운 『초등학교 음악 6』(주대창 외 2011b: 46-47)의 사진([그림 4-1] 참조)[2]을 인터넷에서 발견했다. 수업 시간에 교과서 사진을 보여 주면서 학생들에게 주문했던 것은, 마이클 오크쇼트(Michael Oakeshott, 1989)의 '정보(information)'와 '판단(judgement)' 개념을 사용해서 자신이 가진 판단이 이 정보를 어떻게 다루게 하는지 생각해 보라는 것이었다. 당시에는 그렇게 질문만 던져 놓고는 학생들의 대답은 제대로 들어 보지도 않고 학기를 마감했었다. 다만 '음악이 표현하는 그것'이라

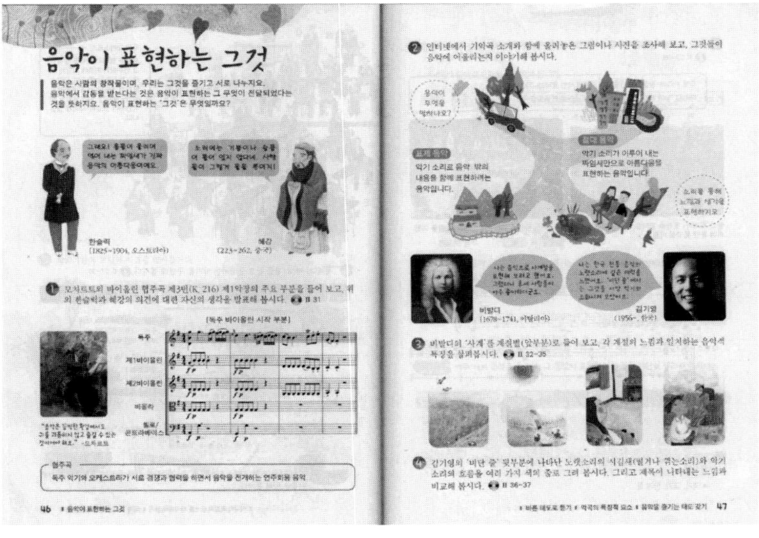

[그림 4-1] 『초등학교 음악 6』 중에서 '음악이 표현하는 그것'

출처: 주대창 외(2011b).

---

2) 이 장에서 직접적으로 분석해 보려고 하는 이 교과서는 고작 두 쪽 분량에 해당한다. 게다가 이 교과서는 2011년에 발행되었으나 곧 폐간될 운명에 처해 있어서, 한 교육대학교 도서관 서고에서 어렵게 찾아내었다. 따라서 이 장에서 다루는 내용은 교육 현장에 직접 적용될 만한 것은 아니라고 보아야 한다.

는 다소 신비한 제목과, 눈에 띄는 인물 삽화와는 달리 삽화 속 인물들의 말이 무슨 뜻인지 전혀 짐작이 되지 않는다는 이유를 들어 교과서가 생각보다 어렵다는 점만 강조했던 기억이 난다.

필자는 음악 교과를 전문적으로 공부한 경험도 없고, 한 달 남짓의 교생실습 기간을 제외하면 초·중등교육 현장에 몸담아 본 적도 없다. 교육철학은 어떤 특수한 교과목이나 학교급에 구애받지 않는 보편적이고 추상적인 의미의 교육을 다루고 있다고 생각해왔고, 그런 만큼 '교사의 역할'이나 '교육의 본질'을 말하면서 특수한 시공간적 맥락을 별로 염두에 두지 않았었다. 그러나 이 교과서 부분이 어째서 필자에게 모종의 이론적 흥미를 느끼게 했는지, 특히 오크쇼트의 '정보'와 '판단' 개념을 비추어 볼 수 있는 사례로 생각되었는지 고찰하면서 교과서와 교사의 역할에 대해서 생각해 보고자 한다. 이러한 시도는 '교과서'라는 교육현장의 문제가 어떠한 교육철학적 질문들을 제기할 수 있는지 생각해 보는 시론적인 연구가 될 것이다.

2. 교과서 분석과 문제의식

교과서가 담고 있는 정보가 어떤 것인지 관심을 가지고 들여다보니, 음악 교과서들은 우리 사회가 지향하는 교육적 가치들을 다양하고 풍부하게 담아내고 있었다. 서양 음악과 우리(동양) 음악, 옛 것과 새 것(영화음악, 심지어 랩까지도), 궁중음악과 노동요, 일상생활에 필요한 상식(음악 관련 저작권)이나 다른 과목(미술 · 과학 · 수학 등)과 연계된 내용들이 눈에 들어왔다. 모둠 활동이나 갖가지 프로젝트 활동도 몇 페이지 간격을 두고 삽입되어 있었다. 세월이 흐르면서 변한 것도 많았지만 겉표지를 펼치자마자 애국가와 교가(빈 오선지)가 있는 것은 변하지 않았다.[3] '교육철학 및 교육사'를 가르친 덕분이었는지 필자에게 반갑게 눈에 들어 온 것은 '음악은 어떻게 발전해 왔을까요?'라는 소제목을 가진 어느 교과서의 도입 부분이었다.[4] 본문에 들어가기에 앞서 "우리는 '음악'을 왜 배울까?" 하고 음악 공부의 목적을 밝혀 놓은 교과서도 있었다.[5]

이렇듯 교과서 자체는 음악이라는 인류의 문화유산을 되도록 전체에 근접한 모습으로 학습자에게 전승하기 위해 기획되었다고 볼 수 있다. 그러나 그러한 인류 문화유산의 가치가 과연 학습자에게

---

3) 교육사회학자라면 '사회화'와 '문화재생산' 개념을 떠올릴 법한 내용도 눈에 많이 띄었다.

4) "최초의 음악은 소통을 위해 일과 놀이를 규칙적으로 하기 위해 생겨났어요. 그러다가 신을 위한 음악을 만들면서 점점 그 모습을 갖춰 가게 돼요. 입에서 입으로 전해지던 음악은 각각의 음에 이름을 붙이고 음을 표기할 수 있는 악보를 만들어 기록할 수 있게 되었죠. 기술이 발달하면서 악기가 만들어지고 더 많은 사람들이 음악을 접하며 다양한 장르의 음악이 생겨났지요. 그리고 이제는 악기뿐 아니라 물건으로 연주하는 것도 심지어 소음이나 무음도 음악의 일부가 되었어요. 오늘날 음악은 역사와 함께 발전하며 인간의 감정을 표현하는 공통 언어가 되었어요."(장기범 외, 2019: 2-3) 이 짧은 문단을 읽으면서 필자는 학부 때 들었던 '서양음악의 이해'의 전체 내용과 대표곡을 머릿속으로 잠시 떠올렸다.

5) 이 책이 밝힌 음악 공부의 목적은 다음과 같다. "① 표현: 친구들과 소통하며 음악을 즐기고, 새로운 생각으로 창의적인 표현을 할 수 있는 힘을 키워요. ② 감상: 음악을 감상하며 음악의 아름다움을 느끼고, 다른 생각과 다양한 문화를 존중하는 마음을 길러요. ③ 생활화: 음악을 생활화하여 표현력과 감수성을 기르고, 여러 가지 문제를 현명하게 해결할 수 있는 습관을 만들어요. 음악은 우리가 건강하고 행복하게 꿈을 꾸며 생활할 수 있도록 함께하는 좋은 친구입니다."(양종모 외, 2019: 8)

온전히 전승되고 있는지는 생각해 볼 필요가 있다. 우리는 흔히 교과서의 정보를 전달한다고 말하지만, 사실상 정보라는 말은 오해의 여지가 있다.

오크쇼트에 따르면, 교과서 속에 문자로 남아 있는 정보들은 사실 누군가의 지식(즉, 교과서 저자의 지식)에서 나온 것이다. 그가 말하는 지식이란 무엇인가를 할 줄 아는 '능력들(abilities)'로 존재한다. 그러므로 우리가 무엇을 '알고 있다'는 것은 우리가 입으로 말할 수 있는 지식의 여러 항목을 소유하고 있다는 뜻이 아니라, 특수한 종류의 힘, 즉 무엇인가를 할 수 있는 힘이 있다는 것을 뜻한다(Oakeshott, 1989: 51). 따라서 만약 우리의 분석 대상이 되는 '음악이 표현하는 그것'에 관한 지식이 일종의 '능력'이라면, 그 지식

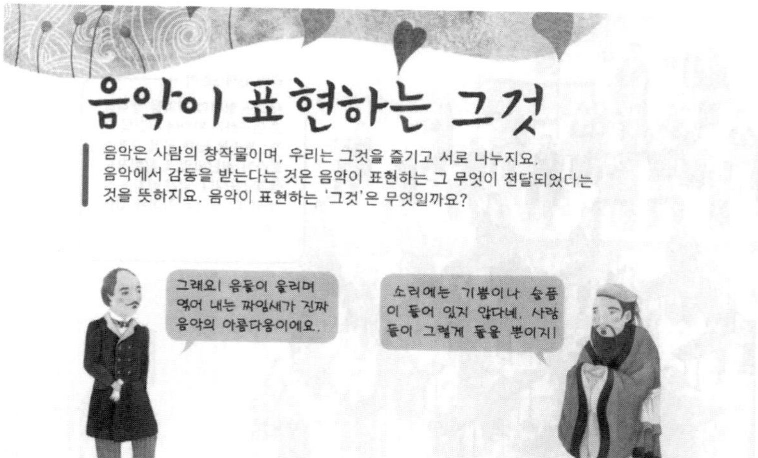

[그림 4-2] 『초등학교 음악 6』 중에서 한슬릭과 혜강

출처: 주대창 외(2011b).

을 가진 사람은 무엇을 할 수 있는지 묻게 된다. 그에 대한 답은 결국 교과서 저자가 남긴 지식의 한 측면, 즉 정보를 통해서 추측해 볼 수밖에 없다. 우리의 분석 대상이 되는 교과서는 "음악에서 감동을 받는다는 것이란 음악이 표현하는 그 무엇이 전달되었다는 것"을 뜻한다고 하면서, 음악이 표현하는 '그것'이 무엇인지 묻고 있다([그림 4-2] 참조).

제목을 읽기 바쁘게 시선을 서둘러 사로잡는 것은 동양과 서양의 두 음악 위인을 그린 삽화이다. 그러나 이 두 사람이 어째서 이 교과서 지면에 소환되었는지, 말풍선 속의 말들이 무슨 뜻인지 유추하기는 쉽지 않다. 그것은 비단 순서상 먼저 읽게 되는 왼쪽에 있는 한슬릭이 "그래요!" 하면서 오른쪽에 있는 혜강의 말에 동의하고 있어서뿐만은 아니다. 혜강이 하는 말이 일단 우리 상식에 어긋나기 때문에 그렇다. "소리에는 기쁨이나 슬픔이 들어 있지 않다네. 사람들이 그렇게 들을 뿐이지!" 그런데 이 말에 대해 한슬릭은 "음들이 울리며 엮어 내는 짜임새가 진짜 음악의 아름다움"이라고 맞장구를 친다. 읽는 우리의 머릿속에는 계속 의문이 쌓인다. '음악이 표현하는 그것'이라는 주제와 혜강과 한슬릭의 말이 도대체 어떻게 연결되는지 잘 이해가 가지 않기 때문이다.

『초등학교 교사용 지도서 음악 6』(주대창 외, 2011a: 140-141, 이하 『지도서』)에서 이 부분은 '음악이 표현하는 그것'이라는 단원의 '도입' 부분으로 설명되어 있다. 이 부분에서 『지도서』는 학생들에게 음악을 듣고 여러 가지 감정이 생겼던 경험을 떠올리면서 그 이유를 말해 보게 하고 있다(예: 비 올 때 들었던 쇼팽의 〈이별의 곡〉 등)

이러한 경험들은 대개 음악이 감정과 관련된다는 우리의 상식과 일치한다. 『지도서』는 곧바로 한슬릭과 혜강의 생각에 대한 학생들의 의견을 묻게 하고 있다. 학생들은 자신의 경험에 비추어서 한슬릭과 혜강의 생각에 대체로 반대할 것으로 예상되고 있다. 이쯤 되면 한슬릭과 혜강은 오직 비판받기 위해서 교과서에 삽입된 것 같다.

그러나 이어지는 교과서 본문 내용은 모차르트의 〈바이올린 협주곡 제3번〉의 주요 부분을 들어보고 난 후 '한슬릭과 혜강의 의견에 대한 자신의 생각을 발표'하라고까지 강조되어 있다([그림 4-3] 참조). 이렇게 볼 때, 이 두 사람의 의견이 어떠한 배경을 가지고 등장한 것인지 좀 더 정확히 알아야 할 필요성을 느끼게 된다.

『지도서』에도 별다른 설명이 없어서 인터넷에 '한슬릭'과 '혜강'을 같이 넣고 검색해 보니,「혜강과 한슬릭의 음악미학 비교 고찰」(이경희, 2002)이라는 논문 한 편이 검색되었다. 이 논문의 서두에는 서양 음악미학[6]만을 공부해 오던 저자가 고대 중국 음악사상가인 혜강(嵇康, 224-263)의 견해와 한슬릭(Eduard Hanslick, 1825-1904)의 형식미학관의 유사성을 발견하고 (시대와 문화의 차이에도 불구하고) 두 사람의 논의를 비교 연구하게 되었다고 밝히고 있다.

---

6) 음악미학은 '음악이란 무엇인가'라는 근본적인 질문을 통해서 음악의 본질과 의미를 규명하려는 학문이다. 음악미학에서는 음악에서 미의 기본 구조나 미의 양태, 미의 존재양식 등이 탐구 대상이 된다(김지현, 2005: 582 참조). 즉, 음악은 무엇으로 이루어지고 음악의 의미와 가치를 결정하는 것은 무엇인지, 인간의 마음과 행동에 음악이 어떻게 작용하고 어떤 영향을 미치는지 등의 문제가 음악미학의 중심 내용이 된다(이연경, 정주희, 2011: 78 참조).

[그림 4-3] 『초등학교 음악 6』 중에서 모차르트 〈바이올린 협주곡 제3번〉 제1악장

출처: 주대창 외(2011b).

결국 그 조그마한 말풍선 안에는 한슬릭과 혜강의 사상이 압축되어 들어 있는 셈이고, 그 두 주장의 맥락을 좀 더 정확히 이해하려면 논문을 읽어 볼 필요가 있었다.7) 물론 이 두 사람의 음악미학을

7) 이 논문은 혜강의 『성무애락론(聲無哀樂論)』과 한슬릭의 『음악미에 관하여』(1854)에서 다섯 가지 논점을 선택하여, 두 사람이 사용하는 기본 개념들을 중심으로 그들 주장의 공통점과 차이점을 정리하고 있다. 도가(道家)에 속한 혜강은 음악에 인간의 감정과 인륜, 도덕적인 내용이 내재해 있다고 보는 유가(儒家) 음악사상이 음악의 가치를 인위적인 도덕 가치나 사회 체계 유지에 두고 있다고 비판한다. 그는 소리와 감정의 고정된 대응관계를 부정하고, 음악 자체가 고유하게 지니고 있는 소리의 조화로움, 즉 음악의 순수 형식미에 주목한다. 그는 마음의 애락(감정)이 곡조에 따라서 변화하는 것이 아니라, 음악의 고저 · 장단 · 강약 등에 내재된 조화로움에 의해서 마음속에 이미 형성되어 있던 감정이 촉발되어 반응할 뿐이라고 주장한다. 이와 유사하게 한슬릭은, 감정의 환기를 음악의 목적으로 간주하여 재현된 감정을 곧 음악의 내용으로 여기는 감정 미학에 반대한다. 그는 음악을 듣고 사람들이 느끼는 감정은 진정한 음악미의 요소가 아니라 부수적인 현상이라고 지적하면서, 음악

본격적으로 다루는 것은 '음악이 표현하는 그것' 단원의 학습 목표와는 거리가 멀다. 『지도서』의 '참고자료'에는 이 난해한 부분을 어떻게 다루어야 할지를 다음과 같이 언급하고 있다.

> 6학년에서는 표제 음악과 관련된 미학적 논쟁의 단면을 초등학생의 눈높이에서 소개하고 동서양의 작품들을 보기로 제시하였다(주대창 외, 2011a: 143).

> 초등학교 음악 수업에서 역사적 · 미학적 관점은 부분적으로만 수업에 적용하는 것이 좋다. 다시 말하면 개념적 논쟁에 치중하지 않고 음악의 여러 관점 및 종류를 안내하는 수준에서 수업을 전개하는 것이 효율적이다(주대창 외, 2011a: 143).

앞서 제시한 이경희(2002)의 주장을 참고해 보면, 한슬릭과 헤강의 주장은 '표제 음악(programme music)'과 대비되는 '절대 음악(absolute music)'[8] 개념을 옹호하는 입장에 서 있다. 이들의 주장이

의 내용은 음악작품을 이루고 있는 음들의 형식 자체라고 말한다. 음으로 울리며 움직이는 '형식'은 작곡가의 청각적 상상력의 산물이고, 이러한 형식을 향유하기 위해서는 대상을 그 자체의 관점에서 바라보는 무관심적 관조의 태도가 필요하다. 따라서 음악은 감정을 나타낼 수도 없고 감정을 표현하는 것이 음악의 목적도 아니라는 두 사람의 공통된 주장이 위의 삽화로 표현되었음을 알 수 있다.

8) '절대 음악'이란 감정이나 생각과 같은 음악 외적인 요소를 고려하지 않고 음과 음들의 결합과 발전으로 만들어진 음악, 음의 순수한 예술성만을 목표로 작곡된 음악이다. 즉, 바로크나 고전 시대의 많은 작품이 절대 음악에 속한다. 예를 들면, 바흐의 〈푸가〉, 하이든의 〈현악 4중주 제1번〉, 모차르트의 〈피아노 소나타 제7번〉, 베토벤의 〈교향곡 제5번〉등이 절대 음악에 해당한다(김지현, 2005: 582 참조).

초등학교 6학년 교과서에 등장한 이유, 즉 절대 음악이라는 아이디어가 하나의 '단면'이나 '관점' 수준으로라도 소개되어야 하는 이유는, "절대 음악에 대한 언급 없이 표제 음악만을 설명하기는 매우 어렵"기 때문이다(주대창 외, 2011a: 143).[9)]

그러나 교과서와 교사용 지도서는 하나의 아이디어를 '단면'이나 '관점' 수준으로만 소개하는 것이 구체적으로 어떻게 하는 것인지 알려 주지 않는다. 교과서나 지도서는 우리의 눈과 손 앞에 놓인 사물이지만, 그 내용에 대한 이해는 저절로 얻어지는 것이 아니다. 교과서나 논문 저자가 우리 앞에 들이민 내용을 통하여 우리가 알아야 할 음악적 마음, 음악이라는 '인간적 삶의 양식'은 도대체 무엇인지, 또한 (그것을 알았다고 해도) 그것을 가르치는 일이 어떻게 이루어지는지(또는 이루어져야 하는지) 상상해 보는 일은 결코 쉽지 않았다. 그 일은 교사용 지도서의 규칙만 읽는다고 해서 저절로 떠오르지 않았다.

만약 앞서 말했듯이, '학생의 자발적 탐구와 이해가 동반되도록'

---

9) '음악이 표현하는 그것' 단원의 기본 취지는 "음악의 쓰임새에 따른 특징을 알아보고, 그것을 바탕으로 음악 활용의 가능성에 대해서 생각해 보려는 것"(주대창 외, 2011a: 139)이다. 이러한 취지에 맞게 이 단원은 표제 음악, 궁중 음악, 의식 음악이 나타내려는 것을 생각해 보고, 그러한 음악의 보기로 반가를 만들어 보는 활동을 진행한다. 그중 이 교과서 부분은 '표제 음악'의 개념을 이해하는 것을 목표로 한다. 『지도서』의 참고자료에는 표제 음악에 관하여 다음과 같이 설명되어 있다. "'표제 음악(programme music)'은 제목이나 줄거리로 음악 밖의 내용을 알게 하는 기악 음악이다. 표제 음악의 반대 입장에서 기악 음악이 순수하게 음들의 조형력만으로 음악적 아름다움을 표현해야 한다는 관점은 '절대 음악(absolute music)'을 옹호한다. 그러므로 표제 음악은 기악 음악 분야에서 절대 음악에 대칭된 개념이다. 즉, 절대 음악에 대한 언급 없이 표제 음악만을 설명하기는 매우 어렵다."(주대창 외, 2011a: 143)

수업을 구성하려고 한다면, 또한 적어도 절대 음악의 개념이 표제 음악의 이해를 위해서 반드시 거론될 필요가 있다면, 적어도 절대 음악의 의미를 손상시키지 않으면서 개념을 이해시킬 필요가 있을 것이다. 음악은 '감정을 일으키고 표현하는 것'이라는 상식에 의문을 제기하는 하나의 관점으로서 절대 음악의 개념을 경험하게 할 방안을 궁리해 보아야 한다. 동서양의 대표적인 음악미학자를 모셔다 놓고 머쓱하게 하지 않으려면, 적어도 그의 의견에 학생들이 수긍해 볼 만한 사례라도 들어 주어야 한다. 혜강이 자기주장의 근거로 든 사례는 '같은 곡조를 듣는 이의 반응이 다양한 경우'라는 점을 참고해 볼 때,[10] 이와 유사한 사례는 수업 때도 충분히 활용해 볼 만하다.

충분히 강조되지는 않았지만, 『지도서』상 전개 1번에 해당하는 모차르트의 〈바이올린 협주곡 제3번〉의 사례([그림 4-3] 참조)는 전후 맥락상 혜강이나 한슬릭의 주장에 해당하는 사례라고 볼 수 있다. "모차르트 〈바이올린 협주곡 제3번〉(K. 216) 제1악장 주요 부분을 들어 보고, 앞의 한슬릭과 혜강의 의견에 대한 자신의 생각을

10) "무릇 손님이 잔칫집에 가득하고 술을 마셔서 분위기가 무르익었을 무렵 거문고를 타기 시작했는데 어떤 사람은 그것을 듣고서 유쾌히 웃고 어떤 사람은 슬프게 웃었다면, 이는 음악이 이 사람에게는 슬픔을 가져다 주고 저 사람에게는 즐거움을 가져다주었기 때문이 아니다. 음조에는 전과 다름없는데 기쁨/슬픔으로 서로 다른 반응을 불러일으키니, 이는 각종의 정감을 사람들 스스로 나타낸 것이 아닐까?(제5답)" (박낙규 역, 1993, 혜강의 『성무애락론』, 낭만음악, 19, 105; 이경희, 2002: 401 재인용) 필자에게는 베토벤의 〈비창〉 〈피아노 소나타 제8번〉 제2악장이 바로 이런 경우(즉, '같은 곡조를 들어도 듣는 이의 반응이 다양한 경우')에 해당하는 곡이다. 이 곡은 단조라서 슬픈 느낌이 있음에도 불구하고, 슬플 때 들으면 위로가 되는 느낌을 주기 때문이다.

발표해 봅시다."(주대창 외, 2011b: 46) 이 곡은 특정한 감정을 떠올리기보다는 '음들이 울리며 엮어 내는 짜임새'에 주목하게 되는 음악의 사례인 것이다.[11] 이 도입 부분에서 교과서 저자는 '음들의 협화적 울림 느끼기'와 '음의 조화가 표현하는 아름다움 찾기'를 권장하고 있다(주대창 외, 2011a: 140).

그러나 독주 바이올린 시작 부분의 악보는 그 자체도 하나의 정보이지만, 그것과 나머지 텍스트와 그림이 어떤 방식, 어떤 순서로 관련되는지는 그다지 명확하지 않다. 첫째, 학생들은 이 주요 부분(독주 바이올린)을 듣고 앞서 도입 부분에 나왔던 한슬릭과 헤강의 의견에 대한 자신들의 생각을 발표해야 한다. 둘째, 삽화 속에서 모차르트가 하고 있는 말("음악은 끔찍한 환경에서도 귀를 괴롭히지 않고 즐길 수 있는 것이어야 해요.")이 이 선율이나 한슬릭과 헤강의 의견과 무슨 관련이 있는지 생각해 보아야 한다. 셋째, 이 악보(선율)와 관련하여 교과서 맨 밑의 '협주곡'에 관한 설명("협주곡: 독주 악기와 오케스트라가 서로 경쟁과 협력을 하면서 음악을 전개하는 연주회용 음악")을 수업에서 어느 정도 다루어야 할지 고민이 필요하다. 즉, '협주곡'이라는 용어를 모르는 경우에 각자 참고하도록 해야 할지, 아니면 이 악보를 연주하면서 독주 악기와 오케스트라의 경쟁과 협력을 경험하게 해야 할지를 생각해 보아야 한다.

만약 교과서를 수업 내용으로, 그것을 가르치는 기법을 수업 방법으로 양분할 수 있다면, 교과서를 가르치는 일은 교과서 저자에

11) 음악의 주제는 감상자에게 불러일으켜야 하는 감정이 아니라고 비판하면서 한슬릭이 든 사례는 베토벤의 〈프로메테우스의 창조물〉 서곡이다(김지현, 2005: 587 참조).

의해서 이미 내용이 정해진 일을 '전달'하는 일에 불과할지도 모른다. 그러나 실제로 교과서의 내용을 분석해 보면, 그것을 가르침의 내용으로 삼아서 학생들로 하여금 이해하도록 한다는 것은 교과서 안의 여러 항목을 말로 설명하는 것보다 훨씬 더 복잡한 구조를 가진 일이라는 것을 알 수 있다.

3. 교과서의 정보: 음악 감상에서 미학이론의 위치

순전히 정보만을 놓고 본다면, 교과서는 분명히 "학생이 당장 대면하는 눈앞의 세계 표면에서는 찾아볼 수 없는 많은 것을 그의 손에 닿게"(Oakeshott, 1989: 48-49) 한다는 면에서 중요한 역할을 하고 있다. 음악 교과서에는 분명히 요즘 유행하지 않는 음악, 학생의 취향과는 거리가 먼 음악, 길거리나 상점에서는 별로 들어볼 기회가 없는 음악들이 담겨 있다.[12] 성인이 된 사람들이 대중음악을 제외하고 익숙하게 아는 곡들이란 대중매체에 오랜 기간 노출된 광고 음악, TV 프로그램의 앞뒤에 붙은 음악이 아니면 학창 시절에 배웠던 곡들이 거의 대부분이다. 누군가로부터 꾸준히 관심과 애정을 받아서 이 세계 속에 살아남아 있기는 하지만, 만약 학교에

12) 국악을 제외하고 서양음악만을 대상으로 하면, 여러 교과서가 비교적 공통으로 포함하고 있는 중등 음악 교과서 감상영역의 제재곡은 다음과 같은 곡들이다. 〈청소년을 위한 관현악 입문〉, 〈그레고리오 성가〉, 〈아베마리아〉, 〈사계〉, 〈운명교향곡〉, 〈송어 5중주〉 중 4악장, 〈나의 조국〉 중 몰다우, 〈목신의 오후 전주곡〉, 〈봄의 제전〉(정재은, 2019 참조).

서 가르치거나 배우지 않는다면 그 존재조차 알려질 수 없는 곡들도 무수히 많다.[13)]

절대 음악이나 표제 음악이라는 개념도 바로 음악이라는 인류의 성취물 중 하나로서 학생들에게 소개되고 있다. 생각해 보면, 1,800년 전 동양에 살았던 혜강이라는 도가 음악사상가의 생각과 그로부터 1,400년이 지난 후 한슬릭이라는 서양 음악미학자의 생각이 비슷하다는 것 자체도 놀랍지만, 그들의 생각이 음악교과서에 등장했다는 사실 자체가 더욱 놀라운 일인지 모른다. 그 수많은 세월을 거치면서 음악 감상 활동 자체의 본질을 규정하려는 관심이 다양한 관점으로 생겨나고 발전되어 온 것이다.

『지도서』에 따르면, 교과서 이 부분의 수업을 통하여 학생들이 배우게 되는 능력은 '악곡이 나타내는 것을 생각하며'(주대창 외, 2011a: 139) 음악 듣기, '악곡의 특징적 요소를 파악하며'(주대창 외, 2011a: 140) 감상하기 등이다. 만약 이렇게 음악을 감상하는 것이 학생 편에서의 이해를 요구하는 일이라면, 그 일이 이루어지도록 교사는 어떤 일을 해야 하는가? 교과서의 정보들은 학생들에게 음악을 감상하는 일이 어떤 일이라고 암시하는가? 음악을 감상하는 일에 대한 교사의 생각은 학생들의 음악 감상에 어떠한 영향을 미치는가?

13) 물론 교과서 자체도 개별 학교, 전공 교사들의 선택을 받는다고 볼 수 있지만, 교과서가 소개하는 음악 세계는 분명히 학생 개개인이나 교사의 취향에 맞는 특정 음악 세계보다는 폭이 넓다고 보아야 한다.

1) 정보를 가르치는 일: 정보의 선택과 조직화, 전달의 순서

교과서의 단 두 면을 분석하고 있을 뿐인데도, 교과서가 우리 눈 앞에 들이밀고 있는 정보가 너무 많다는 사실이 현실로 다가온다. 똑같은 줄글과 똑같은 삽화를 들여다보고 있어도 학생들은 얼마든지 서로 다른 생각을 펼칠 수 있다. 그중 어떤 정보는 음악이라는 세계를 이해하는 단서가 될 수도 있지만, 또 어떤 정보는 그저 그 정보가 지시하는 뜻을 외우게 하는 것으로 기능을 다할 수도 있다.

다시 교과서를 보면, 앞에서 계속 암시만 되어 왔던 '표제 음악'

② 인터넷에서 기악곡 소개와 함께 올려놓은 그림이나 사진을 조사해 보고, 그것들이 음악에 어울리는지 이야기해 봅시다.
음악이 무엇을 말하나요?
표제 음악
악기 소리로 음악 밖의 내용을 함께 표현하려는 음악입니다.
절대 음악
악기 소리가 이루어 내는 짜임새만으로 아름다움을 표현하는 음악입니다.
소리를 통해 느낌과 생각을 표현하지요.
나는 음악으로 사계절을 표현해 보려고 했어요. 그랬더니 후세 사람들이 아주 좋아하더군요.
비발디 (1678~1741, 이탈리아)
나는 한국 전통 음악의 노랫소리에 깊은 매력을 느꼈어요. '비단 줄'에서는 그것을 서양 악기와 조화시켜 보았어요.
김기영 (1956~, 한국)

[그림 4-4] 『초등학교 음악 6』 중에서 표제 음악과 절대 음악

출처: 주대창 외(2011b).

과 '절대 음악'의 개념이 드디어 교과서에 함께 대비되어 나타난다([그림 4-4] 참조). 교과서의 이 부분에 대해서는 『지도서』에 더 이상 설명이 없다. 그러나 앞에서 "(6학년에서는 표제 음악과 관련된 미학적 논쟁의 단면을 초등학생의 눈높이에서 소개하고) 동서양의 작품들을 보기로 제시하였다"(주대창 외, 2011a: 143)는 설명이나 삽화의 좌우 대칭에 비추어 보면, 표제 음악의 보기로는 비발디의 음악이, 절대 음악의 보기로는 김기영의 음악이 나왔음을 짐작해 볼 수 있다.

표제 음악과 절대 음악에 관한 간단한 설명은 그 자체도 하나의 정보이지만, 이 정보와 나머지 정보들의 관련은 시각적인 배치를 통하여 두루뭉술하게 표현되어 있다.[14] 이 간단한 용어 설명을 중심 정보라고 보면, 나머지 정보들은 이 중심 정보와의 관련을 염두에 두고 해석될 것이다. 첫째, 학생들은 이 중심 정보와 관련하여(혹은 이 중심 정보와 관계없이) 인터넷에서 기악곡 소개와 함께 올려놓은 그림이나 사진을 조사해 보고, 그것들이 음악에 어울리는지 어울리지 않는지 이야기해 보게 되어 있다.[15] 둘째, 삽화의 좌측 위에 제시된 "음악이 무엇을 말하나요?"라는 질문과 우측 아래에 제시된 "소리를 통해 느낌과 생각을 표현하지요."라는 대답의 관련을 생각해 보아야 한다. 셋째, 이러한 '질문-대답'과 표제 음악, 절대 음악의 관련 여부를 생각해 보아야 한다. 넷째, 혹시 삽

14) 각각의 설명은 다음과 같다. "표제 음악: 악기 소리로 음악 밖의 내용을 함께 표현하려는 음악입니다." "절대 음악: 악기 소리가 이루어내는 짜임새만으로 아름다움을 표현하는 음악입니다."(주대창, 2011a: 47)

15) "인터넷에서 기악곡 소개와 함께 올려놓은 그림이나 사진을 조사해 보고, 그것들이 음악에 어울리는지 이야기해 봅시다."(주대창, 2011b: 47)

화에 주목하는 학생들은 어째서 표제 음악과 절대 음악이 각각 시골 주택과 도시 아파트로 비유되었는지, 또는 다른 길(연못과 연못가 벤치에 앉은 사람들)의 의미는 무엇인지 고민할 수도 있다. 다섯째, 표제 음악 쪽의 비발디, 절대 음악 쪽의 김기영이 자신의 곡에 대해 해설한 내용[16]을 이해해 보아야 한다. 특히, 김기영의 곡 제목이 〈비단 줄〉이라는 점에 비추어 보아, 혹시 김기영의 기악곡이 악기소리로 음악 밖의 내용(즉, 실물 비단 줄)을 묘사한 표제 음악이 아닌지 잠시 고민해 볼 가능성도 있다.[17]

분명히 교과서 저자는 '표제 음악'과 '절대 음악' 개념을 어느 지점에서 정보로 노출해야 할지, 어떻게 하면 사전에 학생들에게 그 개념 구분을 연습해 보게 할지 여러 모로 궁리한 것으로 보인다([그림 4-5] 참조). 앞서 학생들에게 기악곡 소개와 함께 올려놓은 그림이나 사진을 인터넷에서 조사해 보도록 하고, 그 그림이나 사진이 곡의 느낌과 맞는지 비교해 보게 한 활동이 그러한 예이다.

이제 비발디의 〈사계〉의 계절별 음악 느낌과 일치하는 그림이나 사진을 찾는 것이나, 〈사계〉의 각 계절별 악장의 앞부분을 들어 보고 각 계절의 느낌과 일치하는 음악적 특성을 살펴보는 일은 표제 음악의 특성을 잘 살리고 있는 활동으로 보인다. 그러나 김기

16) "비발디: 나는 음악으로 사계절을 표현해 보려고 했어요. 그랬더니 후세 사람들이 아주 좋아하더군요." "김기영: 나는 한국 전통 음악의 노랫소리에 깊은 매력을 느꼈어요. 〈비단 줄〉에서는 그것을 서양 악기와 조화시켜 보았어요."(주대창, 2011b: 47)

17) 원래 표제 음악은 19세기 베를리오즈가 주장한 것으로서, 곡의 내용을 암시하는 표제 또는 설명문이 붙어 있어 음악의 스토리를 알려 주는 음악이다. 따라서 만약 현대 우리나라 작곡가에 의해서 만들어진 '제목' 있는 곡을 절대 음악으로 분류한다면, 이때 절대 음악이나 표제 음악의 구분 기준이 정확히 무엇인지 고민이 필요해 보인다.

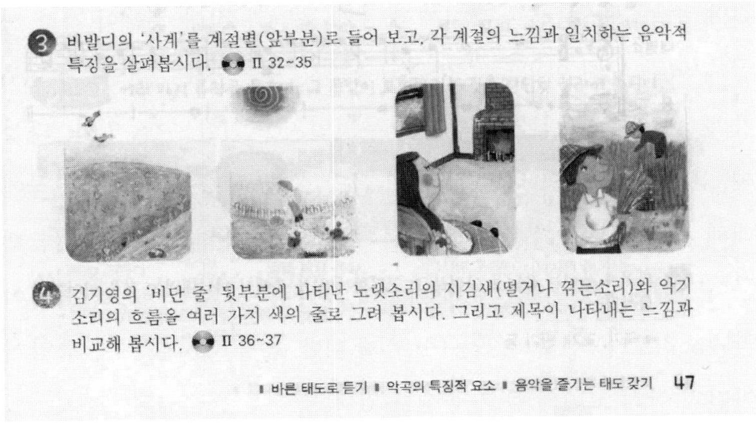
③ 비발디의 '사계'를 계절별(앞부분)로 들어 보고, 각 계절의 느낌과 일치하는 음악적 특징을 살펴봅시다. II 32~35

④ 김기영의 '비단 줄' 뒷부분에 나타난 노랫소리의 시김새(떨거나 꺾는소리)와 악기 소리의 흐름을 여러 가지 색의 줄로 그려 봅시다. 그리고 제목이 나타내는 느낌과 비교해 봅시다. II 36~37

▮ 바른 태도로 듣기 ▮ 악곡의 특징적 요소 ▮ 음악을 즐기는 태도 갖기 47

[그림 4-5] 『초등학교 음악 6』 중에서 비발디의 〈사계〉와 김기영의 〈비단 줄〉

출처: 주대창 외(2011b).

영의 〈비단 줄〉을 들으면서 시김새와 악기 소리의 느낌에 주목하는 일이나 그 악기 소리의 흐름을 '여러 가지 색의 줄로 그려 보는 일', 그리고 이러한 활동들을 절대 음악과의 특성과 연결짓는 일은 또 다시 교사의 해석을 요구한다. 특히, '실물 비단 줄'에 대한 경험이 거의 없는 학생 세대에게 비단 줄의 느낌을 악기 소리와 연결짓도록 하는 일이 어떻게 가능한지, 또한 〈비단 줄〉이라는 악곡의 특징적 요소에 학생들이 어떻게 주목하도록 만들어야 할지에 대해서도 교사의 고민이 필요해 보인다.

교과서 저자는 학생들에게 전달할 정보를 선택하고 조직화해서 배치한다.[18] 그러나 이 정보는 자기 학생을 가진 교사의 해석에 의

---

18) 물론 교사는 어떤 교과서가 자기 학생에게 적합할지 고를 수 있을 것이다. 또한 때로는 교사가 교과서의 집필에 참여하여 교과서 저자로서 정보들에 개입할 수도 있을 것이다.

해서 언제나 재구성된다고 보아야 한다. 교사는 자기 학생에게 교과서 속의 어떤 정보를 어떤 수준과 어떤 방법으로 전달할지 고려하고 결정한다. 그러나 이때의 적합성이란 가르치는 내용이나 방법이 자기 학생에게 적합한지 여부만을 따지는 것은 아니다. 정보를 선택하고 조직화하고 전달할 때 교사는 자신이 해당 수업의 목표로서 중요하게 여기는 것, 음악적으로 가치 있다고 생각하는 것에 비추어 정보들을 재구성한다. 교사를 통해 재구성된 교과서 정보들은 그가 가르치고자 하는 음악 양식의 세계를 구현하는 매체가 된다. 음악이라는 세계를 느끼고 사고할 줄 아는 능력은 그렇게 매개되기 시작한다.

2) '원리'로서의 정보와 음악미학 이론

음악 감상 수업과 관련하여 절대 음악을 연구한 선행연구들을 참조하면, 교사가 어떠한 음악미학을 가지는지, 그리고 하나의 악곡을 어떤 종류에 속한 것으로 파악하는지가 음악 감상 수업에 지대한 영향을 미친다.

김지현(2005: 592-594)에 따르면, 음악을 통해 느끼는 주관적인 감정이나 생각을 강조하는 감상 지도법은 표제 음악 감상에서는 어느 정도 의미가 있지만 절대 음악 감상에서는 한계를 가진다. 따라서 음악 감상에 있어서 올바른 미학적 관점을 선택하는 것은 무엇보다 중요하다. 김미애(2018: 72)는 표제 음악처럼 음악 외적 요소를 담지 않은 순수 기악음악(즉, 절대 음악)을 감상할 때는 음악의 내적인 요소를 찾아 감상해야 하며, 따라서 곡의 형식에 대한 개념과 구조를 학생들이 정확히 이해하고 활동을 통해 충분히 습득할 수 있도록 지도하는 것이 중요하다고 하였다.

앞서 언급한 연구들은 중등 교육과정의 음악 감상을 염두에 둔 것인데, 초등학교 음악 감상에서도 음악예술의 심미적 속성을 다루는 미학 이론이 고려되어야 한다는 연구(이연경, 정주희, 2011)가 있다. 교사의 철학이나 사상은 의식적으로나 무의식적으로 음악 지도 과정에 반영되며, 특히 감상 학습에서는 교사가 어떤 미학 이론에 근거하여 감상 제재곡의 지도 내용과 미적 요소를 제시하는가에 따라 감상의 목적이나 방향이 달라진다(이연경, 정주희, 2011: 75). 초등학생들에게도 (비록 '눈높이로 소개'하는 정도라고 해도) 음악에 대한 여러 가지 관점이나 종류를 안내하는 일이 필요하고, 다양한 미학 이론을 염두에 두고 감상을 지도하지 않으면 감상의 목적이나 방향을 '잘못' 잡을 가능성이 있다는 것이다.

물론 이 연구들에서 말하는 '음악미학'이나 '미학적 관점'이라는 것이 표제 음악이나 절대 음악 개념에만 한정되는 것은 아닐 것이다. 그러나 앞서 살펴본 교과서 사례는 이러한 '미학'이나 '관점'이 교과서 정보를 해석하고 감상 수업을 진행하는 데 상당한 영향을 줄 수 있다는 짐작을 가능하게 한다.

이를 위해서는 음악미학 이론이 어떤 성격의 정보인지 분명히 알아야 할 필요가 있다. 교과서 저자가 『지도서』에서 미학적 논쟁은 단면만 다루어야 하며 수업에서는 개념적 논쟁에 치중하면 안 된다고 두 번이나 강조한 것은, 음악미학 이론(이라는 정보)과 음악 감상 활동의 관계가 어떤 것인지 생각해 보게 한다.

오크쇼트(Oakeshott, 1989: 51)에 따르면 지식은 무엇인가를 할 줄 아는 능력들로 나타나고, 이 능력들은 '정보'와 '판단'이라는 두 가지 구성요소의 복합체로 구성된다. 그 능력의 한 구성요소인 정보는 지식의 표면에 드러나 특수한 진술로 표현될 수 있는 것을 말한다. 정보는 때로는 '행위 수행 능력의 조건'이 되기도 하고(예: 모스부호는, 그것을 모르면 메시지를 보낼 수 없다.), 또 때로는 '행위 수행을 판단하는 준거'가 되기도 한다(예: 언어 문법은, 그것을 몰라도 말은 할 수 있지만, 말을 '잘'했는지 못했는지 판단하는 준거가 된다.). 그런데 오크쇼트는 이 두 가지 외에 또 다른 성격의 정보가 있다고 말한다. 즉, 어떤 행위 수행을 들여다보면서 '무슨 일이 일어나고 있는지'를 설명해 주는 정보가 그것이다. 이 정보는 행위 수행의 '숨은 의미'를 제공해 주는 것, 즉 '행위 수행을 설명하는 행위'로서의 정보이다. 예를 들어, 자전거는 기계역학 이론을 전혀 알지 못해도 탈 수 있지만, 기계역학 이론은 '자전거 타기'라는 행위를 설명할 수 있다(Oakeshott, 1989: 52).

음악미학 이론은 이 중에서 어떤 성격을 가지는 정보인지 생각해 볼 필요가 있다. 가장 단순하게 말하면, 음악미학은 음악을 들으면서 '무슨 일이 일어나고 있는지'를 이해하거나 설명하는 원리를 제공해 준다. 모차르트의 〈바이올린 협주곡 제3번〉을 '형식주의'[19]의 관점으로 듣는 것은, 그 곡을 '관련주의'의 관점으로 듣는

19) 이연경과 정주희(2011: 78-81)에 따르면, 음악미학이론은 크게 관련주의(referentialism), 형식주의(formalism), 표현주의(expressionism)로 나뉜다. 예술 작

것과 차이가 나는가? 그 차이는 어떠한 차이라고 보아야 하는가?

음악을 들으면서 무슨 일이 일어나는지 설명하는 '원리'로서의 정보는, 생각하기에 따라서는 곧바로 모차르트 〈바이올린 협주곡 제3번〉을 감상하는 능력의 조건이 되지 않는다고도 할 수 있다. 그 선율의 아름다움을 알고 오랫동안 좋아해 오던 사람이라도 절대 음악이나 형식주의의 개념을 모를 수 있기 때문이다. 다시 말하면, 음악미학 이론을 아는 것이 곧바로 음악 감상 능력의 조건이 되는 것은 아니다.

또한 음악미학 이론에 관한 지식은 어떤 감상 행위가 음악적으로 '잘' 또는 '훌륭하게' 수행되었는지 아닌지를 판별해 주는 준거가 될 수 있는지 질문해 볼 수 있다. 서두에서 밝혔듯이, 교과서 사진의 출처를 찾기 위해 '음악이 표현하는 그것'이라는 검색어로 인터넷을 찾다가, 현직에 있으면서 수업 강연, 유튜브 활동 등을 활발하게 하는 한 교사의 음악 수업 사례를 찾아내었다.[20] 이 음악

품의 가치를 작품 밖의 사물과의 관련성에 두는 관련주의 관점은, 가사를 전제로 하는 성악곡이나 표제적인 기악곡, 특정한 목적을 가진 음악(예: 행진곡, 의식곡 등)에 반영하기 적합하다. 형식주의에서 음악의 내용은 '울리면서 움직이는 형식'이므로, 형식주의자들은 18세기 이후 발달한 기악음악과 절대 음악을 옹호한다. 음악작품의 형식적 속성의 이해를 강조하는 형식주의 미학은 절대 음악 작품을 지도하기에 적합하다. 표현주의는 음악이 표현하고자 하는 음향(빠름과 느림, 셈과 여림, 긴장과 이완 등)의 상징적 의미에 주목하여 인간의 존재나 삶의 느낌을 음악으로 의미화하여 표현하는 데 관심을 가진다.

20) 수업 내용을 요약하면 다음과 같다. "이번 '음악이 표현하는 그것'이라는 단원을 공부하면서 교사들을 대상으로 진행한 '음악과 표현'이란 프로그램의 일부를 학생들에게 적용시켜 봤다." 구체적인 수업은 A4용지를 4등분한 뒤 학생들에게 각기 다른 곡[일렉트로닉, 파도소리가 포함된 명상 음악, '슬픔, 그리움'을 자극하는 곡, '천사, 발랄, 귀여움'이 느껴지는 〈모두가 천사라면〉(박건호 작사, 전영 노래)]에 맞춰 선을 그리거나 떠오르는 이미지를 그려 보도록 하고, 모둠별로 서로가 그린 이미지를

수업은 '음악이 표현하는 그것' 단원을 다루고 있었지만 '음악에 따라 달라지는 표현'이라는 제목 아래 표제 음악이 기반으로 하고 있는 '관련주의' 접근법으로만 진행된 수업이었다.

수업 말미에 학생들은 "각 음악들이 표현하는 느낌들이 다르고, 많은 사람이 그 음악을 통해 느낌이 비슷할 수 있다는 것을 알았다."는 내용의 비슷한 소감들을 말했다. 만약 '절대 음악'의 개념이 학생들에게 소개되고 있는지를 준거로 삼아서 이 수업의 감상 행위가 '잘' 이루어졌는지 아닌지 평가한다면, 이 수업은 문제가 될 수도 있을 것이다. '표제 음악과 관련된 미학적 논쟁의 단면을 초등학생의 눈높이에서 소개'하라는 교과서의 의도가 잘 살려지지 않았다고 볼 수 있기 때문이다.[21] 그러나 학생들은 음악의 선율에 집중해서 음들이 자신에게 전해 주는 감정에 주목했고, 이러한 감상 행위는 '형식주의'와는 종류가 다른 '관련주의' 음악미학에 근거하고 있다고도 볼 수 있다. 물론 이 수업이 절대 음악으로 분류된 악곡을 관련주의 접근법으로 해석하도록 유도하는 수업을 했다면,

---

보고 순간 떠오르는 단어에 집중해 칠판에 적어 서로 비교해 보는 방식으로 진행되었다. 수업을 진행하는 교사는 수업 진행의 소감을 다음과 같이 요약하고 있다. "곡에 따라 어느 정도 비슷한 단어들이 자리 잡았고, 음악이 주는 표현에 초점을 맞춰 수업을 진행할 수 있었다. 모둠별로 적어 낸 단어들이 비슷함에 아이들은 깜짝 놀랐고, 작곡가들은 무엇을 생각하며 음악을 만들었고, 우리는 음악을 통해 어떤 정서와 감정을 만날 수 있는지 어떤 음악이 우리에게 더욱 도움 되는지 등을 알 수 있었다."(http://blog.daum.net/teacher-junho/17032131)

21) 또는 해당 차시 수업은 '표제 음악'을 가르치고 있다고 볼 수도 있을 것이다. 블로그 게시글 말미에 이 수업은 표제 음악에 좀 더 초점을 맞추었다고 설명되어 있다. 절대 음악과 표제 음악에 대한 수업은 다음 시간에 진행하였다고 했는데, 게시글 목록에는 없었다.

이는 음악 감상이 '잘' 이루어졌다고 보기는 힘들 수 있다.

음악미학 이론은 음악을 들으면서 '무슨 일이 일어나고 있는지'에 대한 이해나 설명의 원리를 제공해 준다. 그러나 이러한 이해나 설명은 음악 감상 수업과 무슨 관련이 있는가? 한 가지 분명한 것은, 서로 다른 음악미학적 입장들은 결국 음악 감상의 의미를 묻는 질문을 불러일으킨다는 점이다. 음악미학 이론과 음악 감상 수업을 이어 주는 것은 결국 '원리'로서의 정보 그 자체가 아니라 그러한 정보를 사용하는 '판단'을 가진 교사라고 보아야 한다.

학교 음악 감상 수업에서 음악미학 이론에 대한 대대적인 환영은 다소 뜻밖의 일이었다. "음악미학을 알면 좀 더 체계적인 감상이 이루어질 수 있다."는 논문들의 한결같은 주장은, 감상 수업의 실제를 참관할 기회가 없었던 필자가 주로 음악미학과 음악 감상 수업의 관련을 연구한 논문들을 참고한 데서 얻어진 결과일 것이다.

그러나 교과서 정보를 해석하면서 마주치게 된 음악미학 이론은, 교과서의 정보가 그저 아무런 해석 없이 '전달'될 수 있는 성격의 것이 아님을 말해 주고 있다. 음악미학 이론은 반드시 정보의 형태로 수업에 다루어지지 않아도, 음악이라는 활동을 이해하고 설명하는 교사의 관점으로서 수업에 작용할 가능성이 있는 것이다.

4. 교사의 판단: 음악 감상 수업에서 판단의 역할

오크쇼트가 말하는 '판단'은 우리가 일상적으로 말하는 판단과는 그 의미가 다르다. 그가 말하는 판단이란 정보와 결합되어서 지식이나 능력('무엇인가를 할 수 있는 능력' '무엇인가를 이해하고 설명하는 능력' 등)을 생성하는 것을 말한다(Oakeshott, 1989: 56-57). 즉, 그가 말하는 판단은 정보처럼 진술될 수 있는 것이 아니라, 정보를 사용하는 능력에서 모습을 드러내는 암묵적 차원의 지식이다. 앞에서 우리는 교과서 저자가 교과서에서 정보를 어떻게 배치하고 조직했는지, 학생들이 정보를 어떤 순서로 들여다보게 했는지 살펴보았다. 그 배치와 조직, 순서에서 우리는 불완전하게나마 교과서 저자가 가지고 있는 음악적 사고방식을 유추해 볼 수 있었다.

교과서의 존재는 교사에게도 그가 가진 판단을 드러낼 것을 요청한다. 오우크쇼트가 말하는 판단은 "규칙이나 요령, 사실들이 구체적 상황 속에서 어떤 모습으로 나타나는지, 그리고 역으로, 이런 정보들로부터 어떻게 어떤 구체적 상황이 생성 또는 구성되는지"(Oakeshott, 1989: 60) 아는 것이다. 교사의 판단은 이제 이 교과서 정보들을 구체적인 음악 감상의 상황 속에서 설명하거나, 이 정보들을 음악 감상 수업으로 구현하는 가운데 드러나게 된다. 음악 미학 이론이 초등학교 음악 감상 수업에서 어느 정도로 어떻게 사용되어야 적합할지 아는 것도 이 판단이고, 한 악곡을 감상할 때 어떤 접근법을 사용하여 어떻게 수업을 진행하는 것이 그 곡을 좀 더 온전히 즐기는 것인지 아는 것도 이 판단이다.

필자는 (앞서 말한 인터넷 자료 외에) 교과서의 이 부분을 주제로 진행되는 수업을 직접 들여다볼 기회가 없었다. 그러나 '절대 음악 지도 방안'을 주제로 다룬 논문들에 포함된 수업계획안을 통해서 교사의 판단이 절대 음악을 가르치는 수업에 어떻게 드러날 수 있는지 유추해 보고자 한다.

1) 음악미학과 음악 감상 지도

음악 감상은 "들리는 소리를 단순히 귀로 듣는 것을 넘어서 음악적 감각을 바탕으로 음악적 특성을 이해하며 음악작품의 예술적 의미와 아름다움을 즐기고 그 가치를 음미하는 활동"(정재은, 최미영, 2016: 47-48)이다. 그러나 현재 학교 감상 수업은 교사가 들려주는 악곡과 그에 대한 설명을 학생들이 받아들이는 수준에서 이루어지는 경우가 많다. 따라서 감상 수업의 목적을 잘 이해하고 감상의 유형과 과정을 정확하게 인식하여 그것을 바탕으로 체계적으로 수업을 구성하는 교사의 역할이 무엇보다도 중요하다. 교사는 "단순히 악곡을 들려주고 설명만 하기보다는 학생들이 악곡의 내재적 특질과 상호작용하여 음악의 미적 경험을 추구할 수 있도록 적극적이고 능동적인 감상 수업을 계획하여 지도"(정재은, 최미영, 2016: 55) 해야 한다.

이연경과 정주희(2011: 91)는 형식주의 미학이론을 기반으로 하는 초등 5학년 감상 수업의 도입 부분에서, 악곡 형식의 변화와 규칙성을 감지하며 감상하는 일을 '타일 사진의 규칙성'을 발견하는 일에 비유해서 설명하고 있다([그림 4-6] 참조).

김미애(2018: 53-54)는 절대 음악과 표제 음악의 개념을 익히기 위한 중등학교의 교수-학습 지도안을 구상하였다. 이 지도안에서

<table>
<tr><td colspan="2">단원</td><td>3-(3) 무늬가 달라지는 음악</td><td>학년</td><td>5</td><td>차시</td><td>1/2</td></tr>
<tr><td colspan="2">수업목표</td><td colspan="5">〈운명 교향곡〉 1악장을 듣고 곡의 형식을 반복, 변화, 대조의 관점으로 이해하고 형식의 변화를 감지하며 감상할 수 있다.</td></tr>
<tr><td colspan="2">수업단계</td><td colspan="3" rowspan="2">교수-학습 활동</td><td colspan="2" rowspan="2">지도상의 유의점 및 교수-학습 자료</td></tr>
<tr><td>일반</td><td>활동</td></tr>
<tr><td>도입</td><td>미적감지</td><td colspan="3">⊙ 동기 유발
• 규칙 찾기
- ○ - △ - ○ - □ - ○ - △ - (?)
- 규칙적인 타일 사진을 볼 때 떠오르는 생각 이야기하기

⊙ 감상곡의 특징
• 소나타 형식 알아보기
⊙ 학습 목표</td><td colspan="2">※ 형식을 이해하며 들을 때 좋은 점에 대해 안내함으로써 심미적 감상을 위해 음악의 구성요소에 대한 이해가 필요함을 설명한다.</td></tr>
</table>

[그림 4-6] 교수-학습 지도안(동기 유발-규칙 찾기) 예시

출처: 이연경, 정주희(2011).

도 1차시 수업 동기 유발을 위한 도입 부분에서 절대 음악과 표제 음악의 차이점을 그림으로 설명하고 있다([그림 4-7] 참조). 절대 음악은 기하학적 도형으로 구성된 추상화에, 표제 음악은 특정 장면이 연상되는 인물화에 각각 비유되고 있다.

두 수업지도안 모두 이미지 자료를 사용함으로써 절대 음악의 특성과 음악작품의 형식적 속성을 이해하는 일에 학생들이 관심을 갖도록 유도하고 있다. 그림이나 사진과 같은 이미지 자료는 확실히 동기 유발을 위해 중요한 소재가 된다. 중요한 것은 그러한 이미지 자료에 향했던 호기심을 원래의 감상곡과 관련시키는 일일 것이다. 여기서 타일의 규칙성이나 기하학적 추상화가 어째서 절대 음악과 연관되는지는 그 자체로도 흥미 있는 탐구 주제가 될 것이다.

김미애(2018: 58-62)는 이후 2차시 교수-학습 지도안을 통하여 소나타 형식을 분석하고 소나타 형식의 구조를 그림으로 그려 보는 수업안을 제시하였다. 해당 수업은 동기와 악구, 악절 개념을 악보와 함께 배운 후, 악곡을 '제시부-발전부-재현부'의 소나타 형

학습 단계(분)		교수-학습 활동	지도상의 유의점
도입 (5)	동기 유발	1. 인사 후, 출석을 부른다.	
		2. 기하학적인 도형과 특정 장면이 연상되는 그림을 함께 보여 주고 서로 어떤 차이점이 있는지 얘기해 본다. 〈절대 음악〉  〈표제 음악〉 	⊙ 학생들에게 두 개의 그림을 한 번에 보여 주고 어떤 차이점이 있는 것 같은지 물어본다.
		3. 학습 목표를 다함께 읽어 본다. - 그림을 보면서 차이점을 설명할 수 있다. - 절대 음악과 표제 음악의 개념과 차이점을 알고 설명할 수 있다.	⊙ 학습 목표는 칠판에 따로 적어 놓고 수업을 진행하는 동안 계속해서 볼 수 있도록 한다.

[그림 4-7] 교수-학습 지도안[동기 유발-절대 음악과 표제 음악(회화)] 예시

출처: 김미애(2018).

식으로 구분해 가면서 감상하도록 진행된다.

음악미학적 관점이 음악 감상에 미치는 영향을 강조하고 있는 김지현(2005: 593-594)에 따르면, 절대 음악을 제대로 감상하기 위해서는 형식주의 미학의 관점을 수용해야 한다. 그러나 김지현(2005)의 논문에서 강조하는 "음악미학의 연관 속에서 이루어지는 체계적인 감상지도"가 수업지도안에 어떻게 반영되고 있는지, 종래의 음악이론 지도 방식과 어떤 차이가 있는지 알아보기란 쉬운 일이 아니다.

재미있는 점은 초등학교 수업지도안에서나 고등학교 수업지도안에서나 논문 저자들이 절대 음악 감상에서 강조하는 점이 상당히 유사하다는 것이다. 음악미학 이론과 관련된 내용은 어려우니 학생들에게 가급적 쉽게 설명해야 한다는 점, 표제 음악이든 절대 음악이든 개념을 정확히 이해하기 위해서는 서로 비교해서 감상할 필요가 있다는 점, 그리고 절대 음악이라는 개념 자체가 어려우니 감상 대상곡은 작품성이 있으면서도 잘 알려진 곡으로 선정해야 한다는 점 등이다(김지현, 2005: 597).[22)]

학생들에게 이미 어느 정도 익숙한 베토벤의 〈운명 교향곡〉(〈교향곡 제5번〉 제1악장)은 초등학교 수업지도안과 고등학교 수업지도안에서 모두 '형식주의' 기반의 감상곡으로 소개되어 있었다. 학습목표는 '작품의 구성요소, 표현요소를 분석하고, 작품의 구성요소

22) 초등학교 음악 감상에서는 표제 음악의 개념을 이해하기 위해서 절대 음악이 필요하고, 중등학교 음악 감상에서는 절대 음악의 개념을 이해하기 위해서 표제 음악이 필요하다고 되어 있다.

들의 관계 등을 종합적으로 파악'하는 것이다.[23)]

그러나 '전개'에 해당하는 수업지도안을 읽어 내려가는 중에, 절대 음악의 특성에 맞는 감상 수업 지도가 어떠한 현실적인 문제를 맞닥뜨리고 있는지 짐작할 수 있었다(김지현, 2005: 598-600).

● **1악장 전체를 1회 들려준다. (소요시간 약 7분)**

[목표 5] 장조와 단조의 가락을 감지할 수 있다.

〈문제 6〉 이 곡의 전체적인 조성은 장조성입니까, 또는 단조성입니까?

① 처음부터 끝까지 장조성이다.
② 처음부터 끝까지 단조성이다.
③ 장조-단조-장조-단조-장조성이다.
④ 단조-장조-단조-장조-단조성이다.

답: ③번

[그림 4-8] 교수-학습 지도안[문제 형태의 감상수업 지도안]

출처: 김지현(2005).

---

23) 이연경과 정주희(2011: 85)는 이 곡의 선정 이유를 다음과 같이 설명하고 있다. "악곡의 정교한 형식과 구조를 이해함으로써 음악 자체의 아름다움을 느낄 수 있는 〈운명 교향곡〉은 순수음악적인 형식만이 아름다움을 줄 수 있다는 형식주의자들의 미학적 견해에서 볼 때 형식을 통해 음악작품의 미적 가치를 충분히 느낄 수 있는 곡이다. 또한 〈운명 교향곡〉의 제1악장 제1주제의 동기는 많이 알려져 있어 5학년 학생들에게 자칫 어렵거나 지루하고 딱딱한 수업이 될 수 있는 형식주의 관점에서의 감상 지도에서 흥미를 유발하기에 적합한 곡이다." 음악 감상 교육의 학교급 간 연계가 어떻게 이루어지고 있는지 궁금해지는 대목이었다.

1차시로 구성된 수업지도안의 '전개' 부분에는 이런 식으로 다소 어려운 음악적 지식을 묻는 목표 9개(문제 10개)[24)]가 빼곡히 들어차 있었다. 아마도 실제 감상 수업 진행을 염두에 두었다기보다는, 절대 음악 감상에서 '식별'하고 '파악'해야 할 음악적 요소들이 무엇인지 열거했다고 짐작해 볼 수 있다. 그러나 만약 실제 감상 수업에서 학생들이 이런 방식으로 음악적 요소들을 식별하고 파악하도록 가르치려면, 교사가 수업을 어떻게 진행해야 할지는 짐작하기 힘들었다. 다만 이미 상당히 음악적 조예가 깊은 학생들을 대상으로 해야 수업이 가능하지 않을까 하는 생각이 들었다.

그러나 이러한 음악적 요소들을 평가와 관련지어 생각해 보면, 이런 지식은 필자에게나 학생들에게 이미 너무도 익숙한 것인지 모른다. 흔히 음악 과목이 어렵다는 이야기를 하면서 학생들은 이 사례처럼 악곡과 그 악곡을 구성하는 음악적 요소들을 짝지어 암기해 온 것이다. 감상보다 감상 시험에 더 익숙해져 있는 것은 필자도 학생들과 마찬가지이고, 그런 필자가 '절대 음악의 형식에 맞

---

24) 〈문제 1〉 "이 음악은 몇 박자의 음악입니까?"
〈문제 2〉 "이 음악의 첫 주제부는 어디에 위치합니까?"
〈문제 3〉 "이 부분의 가락의 흐름을 선으로 나타낸다면 어떤 모양이 될까요?"
〈문제 4〉 "주선율은 2/4박자입니다. 주선율의 리듬을 그려 보시오."
〈문제 5〉 "이 음악에서 주선율을 연주하는 악기들은 무엇입니까?"(객관식, 4지선다형)
〈문제 7〉 "이 곡의 형식을 말해 보시오."
〈문제 8〉 "이 곡의 빠르기는 어느 정도입니까?"(객관식, 5지선다형)
〈문제 9〉 "이 곡의 끝부분의 마침꼴은 무엇입니까?"(객관식, 5지선다형)
〈문제 10〉 "이 곡의 주선율을 악보로 그려 보시오."
출처: 김지현(2005).

게 악곡을 감상하는 일'이 실제 수업에서 어떻게 일어날 수 있는지 생각하는 일은 역량을 한참 벗어나는 일이다. 그러나 곡의 형식에 대한 분석을 바탕으로 하는 감상은 음악적으로나 교육적으로나 상당히 고난도의 판단이 요구되거나 그 성격이 왜곡되기 쉬울 것이라는 짐작은 충분히 가능하다.

결국 교사가 수업 준비를 하면서나 수업 도중에나 계속해서 부딪히게 되는 것은 "음악 감상은 무엇을 하는 것인가? 왜 하는 것인가?" 하는 물음이다. 특히 베토벤의 〈운명 교향곡〉처럼 누구에게나 익숙해져 있는 명곡의 경우, 음악 감상을 통해서 그 곡의 구성요소들과 형식을 파악함으로써 느끼게 되는 음악적 미감은 정확히 무엇인지, 그래서 그런 요소들과 형식을 '모르고' 듣는 것과 '알고' 듣는 것이 어떻게 구분되는지를 아는 것은 교사의 판단이 작용하는 앎의 영역일 것이다.

수업지도안이라는 정보를 통하여, 그 정보가 수업으로 실연될 때 작용하게 될 '판단'의 존재를 충분히 짐작할 수 있었다. 특히 절대 음악은 악곡의 구조에 대한 분석적 이해를 강조하다 보니, 가르쳐야 할 음악적 요소를 '심미적'으로 가르치는 일이 부담이 되어 보였다. 형식주의가 가장 이론적 입장에서 감상 교육의 가치와 필요성을 주장하고 있는 만큼, 만약 이 이론에 기반을 두고 감상 지도를 하는 교사라면 자신의 입장을 어떻게 '정보' 수준이 아니라 학생들의 '경험' 수준에서 입증해 낼지 고민이 필요해 보인다. 이 또한 형식주의를 아는 지식이 그러한 입장에 비추어 음악을 감상하는 '능력'으로서 존재할 때 가능한 일일 것이다.

2) 판단을 가르치는 일: 실천과 연습

'판단'이라는 개념에 비추어 보면 수업의 재구성은 언제나 일어나는 것이라고 보아야 한다. 그러나 교사가 재구성해야 할 것은 교과서나 교사용 지도서에 가지런히 정돈되어 있는 정보만이 아니다. 교실 수업에서 학생을 향하는 교사의 시선은 교과서의 정보를 대하는 시선과는 또 다른 것이다.

소리의 조직과 구성이 나타내는 미적 표현, 각 주제의 반복과 대조, 전체적인 통일성과 다양성의 아름다움을 느끼며 음악을 듣도

학습 단계(분)	교수-학습 활동	지도상의 유의점
〈중략〉		
	5. 도형을 사용하여 소나타 형식의 구조를 그려 본다.  	⊙ 앞에서 설명한 소나타 형식의 구조를 다시 언급하면서 아무런 의미 없이 도형을 그리지 않도록 지도한다. ⊙ 주제에 맞는 도형의 모양은 학생들의 자유에 맡긴다.

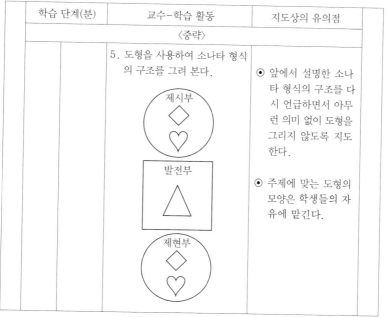

[그림 4-9] 교수-학습 지도안[동기유발-규칙 찾기] 예시

출처: 김미애(2018).

록 하는 일 등 음악 감상을 가르치는 교사가 가야 할 길은 이렇게 면 길이지만, 교사가 당장 수업에서 해야 할 일은 학생들이 음악에 집중하도록 붙잡아 놓는 일인지도 모른다. [그림 4-8]의 수업지도안에 나오는 '지도상의 유의점'은 중등학교 학생들을 대상으로 하는 현실 음악 감상 수업의 어려움이 어떤 것인지를 충분히 짐작하게 한다. "(도형을 사용하여 소나타 형식의 구조를 그려 보게 하면서) 위에서 설명한 소나타 형식의 구조를 다시 언급하면서 아무런 의미 없이 도형을 그리지 않도록 지도한다. 주제에 맞는 도형의 모양은 학생들의 자유에 맡긴다."(김미애, 2018: 61) 현직 (음악) 교사라면 자신의 학생들과 함께하는 수업에서 소나타 형식의 구조를 그리는 일이 어떠한 난점에 부딪히게 될 것인지 충분히 예상해 볼 수 있을 것이다.

정보의 형태로 교과서에 나와 있는 규칙과 준칙, 사실들을 구체적인 수업 상황 속에 살아 있는 생각으로 만드는 것은 교사의 판단이다. 교사가 궁극적으로 정보를 통해서 가르치려고 하는 것은 음악의 아름다움을 알아보고 향유할 수 있는 감식안(鑑識眼)이다. 그것은 "오직 정보의 전달과 함께, 그것과 결합해서, 가르쳐질 수밖에 없다."(Oakeshott, 1989: 60) 학생들이 수업을 통해서 궁극적으로 배우게 되는 것은 교사의 언어나 행위 속에서 살아서 작동하는 "개별적 지성"(Oakeshott, 1989: 61)이다. 똑같은 교과서 정보라고 해도 그러한 정보를 가르치는 교사가 가지고 있는 "그 나름의 사고의 스타일, 개성적 표현방식, 개인적 사고방식"(Oakeshott, 1989: 61)이 작용하는 것이다.

앞서 언급한 교과서 속 규칙, 준칙, 사실들을 구체적인 수업 상황 속에 살아 있는 생각으로 만드는 것이 교사의 판단이라면, 학생들이 가지고 있는 '개별적 지성'을 탐지하는 것도 교사의 판단이다. 학생들이 수업에서 듣는 음악이 최초의 음악이 아니라면, 학생들에게는 지금까지 학교뿐만 아니라 다른 경로를 통해서 학습해 온 나름의 판단이 켜켜이 쌓여 있을 것이다. 교사가 가르치는 정보가 그 곡을 듣고 있는 학생들의 '안'에서 반응을 일으키려면 그들이 가진 그 판단과 만나지 않으면 안 되는 것이다.

교과서와 수업지도안의 정보들을 들여다보기는 했지만, 정보들을 배우면서 학생들이 어떻게 악곡의 내재적 특질과 상호작용하여 미적 경험을 할 수 있게 될지 잘 그려지지 않았다. 분명한 것은 그러한 음악적 경험이 학생들에게 가르쳐야 할 음악적 사고 양식이라면, 그것은 어떤 규칙들에 의해서 온전히 규정될 수 있는 것이 아니라는 점이다. 그렇기는 해도 교사가 지금까지 개별적으로 익혀 왔던 악곡들을 대하는 태도, 하나하나의 화성과 가락과 음색에 대해 가지고 있는 생생한 느낌, 악곡들이 숨기고 있는 형식에 대한 감탄과 호기심, 그리고 해당 개념을 알려 주기 위해 교사가 드는 사례 같은 것들은 수업 시간에 교사가 가르치는 정보들 속에서 작용할 것이고, 학생들은 정보와 함께 이 살아 있는 판단을 전해 받는 것이다.[25)]

---

25) 오크쇼트가 말한 판단의 전수 방식은 다음과 같다. "이것(판단)은 정보와 별도로 가르쳐지지 않는다. 그러면서도 이것은 가르쳐지고 있는 것 속에서는 어디에서나 가르쳐지고 있는 것이다. 이것은 정보가 옮겨지는 방식, 곧 교사의 어조와 제스처, 은근한 발화, 모범사례 등을 통해서 방해받지 않고 옮겨진다."(Oakeshott, 1989: 61)

정보와 더불어 판단을 익히는 것은 교사가 하는 말과 행위를 경청하는 것만으로는 충분하지 않을지 모른다. 교사가 자신이 가르치는 정보와 관련해서 학생들에게 그들의 판단을 '연습'(Oakeshott, 1989: 59)할 기회를 만들어 주어야 할 이유도 여기에 있다. 여기에까지 생각이 미치면 마치 악보 속의 쉼표처럼 잘 보이지 않았던 '연습' 부분을 교과서와 지도서에서 찾아낼 수 있을지 모른다.

학생들에게 한슬릭과 혜강의 의견에 대한 자신의 생각을 발표해보게 하는 것, 모차르트의 〈바이올린 협주곡 제3번〉을 들으면서 자신의 마음에 생기는 느낌을 돌아보게 하는 것, 가락만 듣는 것과 가락에 화음을 더해서 듣는 것의 차이를 느껴 보게 하는 것, 비발디의 〈사계〉 부분을 들으면서 어느 계절에 속하는지 추측해 보도록 하는 것, 각 계절과 어울리는 음악적 특징을 모둠 학생들과 의논해서 찾아보게 하는 것, 기악곡에 첨부된 그림이나 사진이 해당 음악과 어울리는지 살펴보게 하는 것, 〈비단 줄〉을 들으며 어떤 악기가 연주되는지 찾아보게 하는 것, 시김새와 악기 소리의 느낌을 어떤 색으로 표현할지 고민하게 하는 것 등이 그런 연습이다.

교과서는 계속해서 학생들에게 그들의 판단을 연습할 수 있는 정보를 제공하고 있고, 이러한 정보를 선택하거나 재구성해서 자기 학생에게 구체적인 연습의 기회와 상황을 만들어 주는 것은 교사의 역할이다. 교사는 학생들의 순간의 몰입과 흐트러짐, 관심과 무관심에 대해 반응함으로써, 음악의 아름다움을 알아보고 향유하는 판단을 학생들과 공유하게 된다.

5. 마치며

수업의 재구성을 이야기할 때 교과서는 재구성의 대상이 되어야 할 부정적인 것으로 간주되기 쉽다. 그러나 교과서는 교사가 학생들에게 보여 주는 세계가 되도록 '넓은 것'이 되는 일에 기여할 수 있다. 학교에서 배우는 음악은 결코 쉽지 않다. 그러나 학교 음악은 음악이라는 "문명 유산의 총체와 매우 근접한 부분들을 학생들이 접할 수 있게"(Oakeshott, 1989: 48-49) 해 줄 수 있다. 그러한 초대 앞에서 학생들은 지금 유행하는 노래, 이미 굳어진 취향, 맹목적인 선호에서 벗어날 기회를 얻는다.

그러나 이 일은 분명히 교과서 자체만으로 이루어지는 일이 아니다. 이 장의 목적은 교과서 자체에 무한한 신뢰를 보내는 데 있는 것도 아니고, 교과서의 결함이나 비일관성을 들추어 내려는 것도 아니다. 이 장은 교과서가 담고자 하는 세계에 대한 신뢰를 말하고 있고, 교사가 가르치는 일은 그가 가르치는 내용의 가치, 그 가치를 판단하는 기준으로서의 세계를 전제하지 않으면 안 된다고 말하려는 것이다.[26] 교과서 정보는 그것과 자기 학생을 동시에 바라보는 교사의 시선에 따라 재구성됨으로써 문자와 이미지의 '정보 더미'에서 구출되어 생명을 얻게 된다. 그 옛날 혜강이나 한슬

---

26) 오크쇼트는 교사가 만약 이 인간적 성취유산 속에 붙박혀 있는 가치기준들에 대해서 전혀 자신감을 갖지 못하고 있다면, 그는 교사가 되지 않는 것이 좋았다고 말한다. "그가 가르칠 것은 아무것도 없을 것이기 때문이다."(Oakeshott, 1989: 49)

릭의 생각 속에 있었던 절대 음악이라는 아이디어는 지금 흘러나오는 음악에 귀 기울여 보는 하나의 관점으로 살아나는 것이다.

필자에게 의미 있게 다가온 책 한 구절이 있다. 어린 학생들에게 가르칠 것이니 그 학생들의 수준 만큼만 알고 가르치면 되지 않느냐는 질문에 대해, 선배 교사인 한 저자가 후배 교사에게 해 주는 말이었다. "한 줌의 물이라도 바다에서 떠라." 어린 학생들에게 퍼 주는 지식이 한 줌밖에 되지 않는 양이라 하더라도 그것을 가능한 한 넓은 세계에서 퍼 올려야 한다는 이야기였다. 그러나 필자가 교과서를 들여다보며 가장 많이 들었던 생각은 교사가 학생들에게 떠 줄 것으로 요구받는 지식은 결코 '한 줌'이 아니라는 것이었다. 그래서 어쩌면 교사가 해야 할 일은 '바다를 한 줌의 물로 뜨는 일' 또는 '한 줌의 물에서 바다를 느끼게 하는 일'이라고 해야 더 정확할지 모른다.

그러나 음악의 세계가 설령 '바다'라고 할지라도 학생들의 손에 '한 줌의 물'로 경험되지 않으면, 그것은 학생들과 전혀 상관없는 세계로 남을지 모른다. 학교에서 배우는 음악의 아름다움은 하나하나 배우지 않고는 얻을 수 없는 것인지 모른다. 절대 음악의 수업지도안을 빼곡히 채운 음악적 개념이나 형식적 구성에 관한 수많은 정보는 마치 그러한 정보들을 다 알면 음악적 소양이 생길 것 같은 착각을 불러일으킨다. 그러나 그러한 정보들은 그것을 "자랑삼아 말하지 않고"(Oakeshott, 1989: 62) 학생들의 손에 '아름다움의 경험'으로 쥐어 줄 교사의 판단을 필요로 한다. 감상이 정보들의 기억을 평가하는 일이 아니라 의미 그대로 작품 속 표현 요소들을 발견하고 심미적으로 반응하는 일이 되려고 하면 그렇다.

문명 유산이란 "전체로서는 의미를 갖지 않으며, 원리로서가 아니라 오직 세목(細目)으로서만 가르쳐질 수 있는 것"[27]이라는 오크쇼트의 말은, 눈앞의 바다를 보면서도 손으로 떠 줄 수 있는 것은 '한 줌' 밖에 되지 않는다는 교사의 낙망이나 조바심을 달래 줄지 모른다.

교사가 마주해야 하는 바다가 도대체 얼마나 많은지, 이 장에서 내내 이미 존재하는 것으로 가정된 교사의 '판단'은 도대체 어떻게 함양되는지, 교육 내용(음악미학의 원리나 작품의 음악적 요소들)의 가치를 '능력'으로서 아는 일이 과연 보통의 교사에게 얼마나 가능한지 묻는 질문들 역시 제기될 수 있다. 이러한 질문들은 '교과서'라는 현실의 문제와 맞닥뜨릴 때 제기되는 질문들이다. 이러한 질문들에 교육철학적으로 대답하는 것이 어떤 것인지에 관해서는 좀 더 깊은 고민과 성찰이 필요하다.

---

27) 이 문장의 원문은 다음과 같다. "It has no meaning as a whole; it cannot be learned or taught in principle, only in detail."(Oakeshott, 1989: 49)

참고문헌

김미애(2018). 절대 음악과 표제 음악의 차이점에 따른 감상 수업 지도 방안. 충남대학교 교육대학원 석사학위논문.

김지현(2005). 음악미학에 기초한 절대 음악 감상 지도법: 헤겔과 한슬릭의 음악미학 비교를 중심으로. 중등교육연구, 53(2), 581-604.

양종모 외(2019). 초등학교 음악 5-6. 서울: ㈜천재교과서.

이경희(2002). 헤강과 한슬릭의 음악미학 비교 고찰. 한국음악사학보, 29. 397-427.

이연경(1993). 심미적 감수성 계발을 위한 음악교육의 교육철학적 원리와 방법론에 대한 고찰. 음악과 민족, 6, 278-304.

이연경, 정주희(2011). 미학 이론 기반 초등학교 음악감상 수업방안. 한국피아노교수법학회논문집, 7, 73-102.

장기범 외(2019). 초등학교 음악 5-6. 서울: ㈜미래엔.

정재은, 최미영(2016). 음악감상 수업모형의 이론적 탐색. 교사교육연구, 55(1), 47-56.

정재은(2019). 중등음악교과서 감상영역의 제재곡과 활동고찰을 통한 시사점 도출. 교육발전, 39(2), 317-336.

주대창 외(2011a). 초등학교 교사용 지도서 음악 6. 서울: 도서출판 태성.

주대창 외(2011b). 초등학교 음악 6. 서울: 도서출판 태성.

Bruner, J. S. (1960). *The Process of Education*. 이홍우 역(1973). 브루너 교육의 과정. 서울: 배영사.

Oakeshott, M. (1989). Learning and Teaching. In Fuller, T. (Ed.). *The Voice of Liberal Learning: Michale Oakeshott on Education*. New Heaven and London: Yale University Press, 43-62.

http://blog.daum.net/teacher-junho/17032131(검색일: 2020. 7.1.)

제5장

해외 수학 교과 교육과정 분석을 통한 선택과목 구성 탐구[1)]

김선희
조상식

1. 들어가며
2. 외국의 고등학교 수학 과목 구성 체계
3. 해외 주요 국가의 수학 선택과목 구성의 특징
4. 수학 선택과목 구성을 위한 논리 탐색 방안
5. 마치며

---

1) 이 장의 내용은 2019년 교육부가 의뢰한 정책과제인 「총론 주요사항 및 교과 교육과정 현황 국제비교 연구」 최종보고서의 내용 중에서 수학 교과에 대한 기초 자료를 기반으로 하여 학술지 『교육의 이론과 실천』에 게재한 논문임을 밝힌다.

* * *

1. 들어가며

대부분의 나라에서는 초등학교와 중학교 교육과정을 의무 교육과정 시기로 규정하고 모든 학생에게 일률적인 교과 내용을 지도하고 있지만, 고등학교 교육에서는 학생들의 과목 선택권을 존중하고 있는 경우가 많다. 선택 교육과정은 지식의 폭발적 증가와 이에 따라 가르칠 교과목 수의 증가에 대비하는 방법으로 도입되었고(Schubert & Miklos, 1991: 203: 홍후조, 2001 재인용), 수요자 중심 교육의 취지에서 학생의 능력, 적성, 장래 진로에 맞추어 필요한 과목을 선택하여 이수할 수 있도록 하는 운영 체제이다. 현재 세계적인 추세는 필수 교과목을 축소하고 진로와 적성에 따른 선택 교과목을 확대하는 것이며, 동일 교과라 하더라도 수준에 따른 과목을 많이 개설하고 있다(허봉규, 2004: 96). 우리나라도 7차 교육과정부터 고등학교 2~3학년을 선택중심 교육과정으로 편성하고 학생 선택권을 존중하고 있다.

학생 선택 중심 교육과정에서 학생의 선택권은 다양한 맥락에서 사용될 수 있다. 학생 개인이 선택하느냐 집단이 선택하느냐, 그리고 선택의 폭이 전폭적이냐 제한적이냐 등 여러 가지가 고려될 수 있다. 여기서 학생들에게만 모든 선택 권리를 부여할 때, 학습하는 교과목 내의 단계별 누적 효과나 교과 간의 상호 관련성에 기초한 통합 학습에서 오는 시너지 효과를 거두기 어려울 수 있다(홍후조, 2001: 54). 과목 선택권의 확대가 학생 선택의 질과 학습의 질을 담보하는 것은 아니기 때문에(임유나, 이광우, 2020: 89), 학생의 선택권을 제안하면서도 교과에서 지도하고자 하는 학습 계열성과 진로에 필요한 과목 내용을 구성하여 교육과정을 편성하고 학생들에게 제공할 필요가 있다.

학생의 선택권을 보장하면서 선택과목을 구성하는 방법은 매우 다양하고, 그 적절성의 판단은 여러 관점에서 취할 수 있다. 따라서 선택과목의 편성 방법에 기저가 되는 논리가 무엇인지를 먼저 세우고 과목을 구성할 필요가 있다. 현재 우리나라의 2015 개정 교육과정은 공통, 일반선택, 진로선택의 3개 그룹으로 구분되고, 공통과목은 모든 학생이 고등학교 단계에서 배워야 할 필수적인 내용으로 구성된 과목을, 일반선택과목은 교과별 학문의 기본 이해를 바탕으로 한 과목을, 그리고 진로선택과목은 교과별 심화 학습, 융합 학습, 진로 안내학습, 실생활 체험 학습 등이 가능한 과목을 두고 있다. 하지만 2015 개정 교육과정에서 이러한 과목의 편성과 각 과목 안의 내용이 어떤 논리로 구성된 것인지는 규정된 것이 없다. 교육과정에서 선택과목 구성의 논리가 무엇인지, 왜 그러한 편성이 되었는지에 대한 기초를 세운 후 그에 따른 과목 구성이 되어야 교육과정 편성에 대한 국민적 이해가 도모될 수 있는데, 그러한 배경이 누락되어 있는 것이다.

이에 이 장에서는 고등학교 선택과목 구성의 논리를 어떻게 세우면 좋을지를 탐색하고자 한다. 먼저 해외 주요 국가들에서 선택과목을 어떻게 구성하고 있는지 그 특징을 살펴보고, 다음으로 해외의 사례를 바탕으로 우리나라 고등학교 선택과목 구성의 논리를 세우는 방안을 모색한다. 분석을 위해 대상으로 삼은 국가는 아시아의 일본, 중국, 싱가포르, 북아메리카의 미국(캘리포니아주)과 캐나다(브리티시컬럼비아주), 유럽의 영국, 핀란드, 오세아니아의 호주와 뉴질랜드 등 총 9개국이다. 세계적인 추세를 살펴보기 위해 대륙별로 국가를 고르게 선정하였고, 대륙 내에서 수학 · 과학 성취도 추이변화 국제연구(TIMSS)와 국제학업성취도평가(PISA)에서 성적이 우수한 국가를 선택하였다. 그리고 국가 규모가 크고 주별로 다른 교육이 이루어지고 있는 북아메리카의 두 나라는 인구가 많고 교육열이 높은 주를 선정하였다. 또한 세부적인 특성을 살펴보기 위해 모든 나라에서 교과로 선정하고 있으면서 타 교과 학습에 도움을 주는 도구 교과 역할을 하고 학문적으로 계통성이 강한 수학을 교과로 선택하였다. 요약하면, 이 장에서는 수학 선택과목의 구성에 대한 각국의 고등학교 수학과 교육과정에 제시된 과목의 구조와 성격, 내용을 귀납적으로 분석하여 추출된 몇 가지 공통점을 중심으로 수학 선택과목 구성의 특징을 탐색하고, 이를 바탕으로 우리나라 선택과목 구성에 반영할 논리를 세우는 방안을 모색한다.

2. 외국의 고등학교 수학 과목 구성 체계

해외 9개국의 고등학교 수학 선택과목 체계를 파악하기 위해 국가별로 학제와 수학 과목 편성 및 과목별 내용을 살펴보고자 한다. 편의상 국가는 가나다순으로 제시한다.

1) 뉴질랜드

뉴질랜드는 초등에서 중등까지의 학교교육을 크게 1~6학년, 7~10학년, 11~13학년의 세 단계로 구분한다. 1학년에서 13학년을 위한 교육과정은 1~8단계로 제시되는데, 각 단계는 3개 학년에 걸쳐서 학습할 수 있도록 되어 있다. 'n'단계와 'n+1'단계의 학년이 분리되는 대부분의 국가와 달리, 인접 단계 사이에 학년이 중복되도록 단계를 설정하고 있어 동일 학년에서 서로 다른 단계를 학습하는 것이 가능한 구조이다. 우리나라의 고등학교와 비교되는 뉴질랜드의 후기 중등학교(Senior High school)[2]의 11~13학년은 주로 7단계와 8단계에 해당된다.

뉴질랜드의 〈수학과 통계〉 교과는 단일 과목이며, 7~8단계는 '수학'과 '통계'의 두 가지 하위 영역으로 구분되고 세부적인 내용은 단계에 따라 다르다. 후기 중등학교에서는 〈수학과 통계〉 과목

2) 뉴질랜드의 학제(http://asq.kr/CbfHqXT7WfKL)

의 6~8단계 내에서의 학습 내용을 선택적으로 추출하고 이를 기반으로 여러 가지 과정을 개설하여 학생들이 진로에 따라 과정을 선택할 수 있도록 하고 있다. 학생들은 자신의 향후 학습이나 직업 및 진로에 따라 과목을 선택하여 이수하는데, 예를 들어 대학에서 통계, 또는 통계를 적용하는 것이 중요한 과학 또는 사회과학 분야를 전공할 학생들은 '통계' 영역을 선택한다. 이때 학생들은 〈수학과 통계〉 8단계에서 통계에 관한 성취기준을 모두 이수하여야 한다(NZQA, 2014; 곽영순 외, 2014: 20 재인용). 학생들은 학력 인정 범위에 따라 학점(credits)을 부여받게 되며, 이는 향후 졸업 자격 인증으로 전환될 수 있다.

〈표 5-1〉 뉴질랜드의 7-8단계 수학과 교육과정의 내용 영역과 하위 영역

수학	통계
식과 방정식 미적분학 패턴과 관계	통계적 조사 통계적 소양 확률

출처: Ministry of Education, New Zealand (2007).

2) 미국 캘리포니아주

캘리포니아주 교육과정(CA-CCSSM)은 유치원부터 8학년까지 〈수학〉 교과를, 9학년부터는 〈수학I〉, 〈수학II〉, 〈수학III〉, 〈대수I〉, 〈대수II〉, 〈기하〉 과목을 편성하고 있다. 그리고 AP(Advanced Placement) 과정으로서 〈확률과 통계〉, 〈미적분학〉이 있다. CA-

CCSSM에서 고등 수학(Higher Mathematics) 과목을 학습할 수 있는 학년은 <표 5- 2>와 같다. 예를 들어, <대수I>, <수학I>은 9학년에 해당하지만 7학년부터 12학년까지 배울 수 있다.

<표 5-2> CA-CCSSM의 고등 수학 과목과 학년

과목	7학년	8학년	9학년	10학년	11학년	12학년
대수 I /수학 I	가능	가능	가능	가능	가능	가능
기하/수학 II		가능	가능	가능	가능	가능
대수 II/수학 III			가능	가능	가능	가능
AP 확률과 통계				가능	가능	가능
미적분				가능	가능	가능

출처: California Department of Education (2015).

캘리포니아주 교육부에서는 수학 과목 이수 과정으로 전통적인 경로와 통합적인 경로를 제시하고 있는데, 전통적인 경로는 <대수I>-<기하>-<대수II> 이고, 통합적인 경로는 <수학I>-<수학II>-<수학III> 이다. <대수I>과 <수학I>은 내용상 많이 중복되지만 <대수I> 에서는 수와 양, 문자와 식, 함수, 통계에 집중하고, <수학I>은 기하를 포함하고 있다. 전통적인 경로는 과목명에서 내용을 드러내고, 통합적인 경로는 계열에 따라 여러 내용을 복합적으로 구성하고 있다. 이 외에 학생의 희망에 따라 좋은 대학에 진학하기 위한 심화 과정으로서 <AP 확률과 통계>와 <AP 미적분>을 선택할 수 있다. 학생들은 자신의 수준에 따라 고등학교 과목을 중학교부터 이수할 수도 있고, 한 과목을 여러 학년 동안 이수할 수도 있다.

미국은 대학의 모습에 가깝게 고등학교 교육과정을 운영해 왔으나 이에 대한 비판의 소리가 커지면서, 필수 공통과목을 확대하고 졸업 기준을 높이는 데 집중하고 있다(홍원표, 2016). 이에 캘리포니아주는 고등학교 4년 동안 학생들이 수학을 반드시 배울 것을 규정하고 있다.

3) 싱가포르

싱가포르의 학제는 초등학교부터 수준별로 과정이 분화되어 상당히 복잡하다. [그림 5-1]은 학교급에 따라 이수해야 할 수학 교육과정을 보여 준다.

우리나라 고등학교에 해당하는 싱가포르의 과정은 '중등 4학년 O-수준 수학(이하, S4 수학)' '중등 3~4학년 O-수준 추가수학(이하, S3/4 추가수학)', 대학 전 과정(pre-university)이다. 중등 1~4학년 수학의 학습을 마친 학생들은 'S3/4 추가수학'과 '중등 3~4학년 N(A)-수준 추가수학[Secondary Three to Four Additional Mathematics N(A)-level]'을 학습할 수 있다. 싱가포르의 대학 전 과정(Pre-University)은 우리나라의 고등학교 2, 3학년에 해당하는데, 대학 전 과정에서는 〈고등수학1(H1 Mathematics, 이하 H1)〉, 〈고등수학2(H2 Mathematics, 이하 H2)〉, 〈고등심화수학2(H2 Futher Mathematics, 이하 H2F)〉, 〈고등수학3(H3 Mathematics, 이하 H3)〉을 학습한다. 〈H1〉과 〈H2〉는 각각 인문계열과 자연계열로의 진학을 바라는 학생들이 학습하는 수학에 해당한다고 볼 수 있다. 〈S4 수학〉과

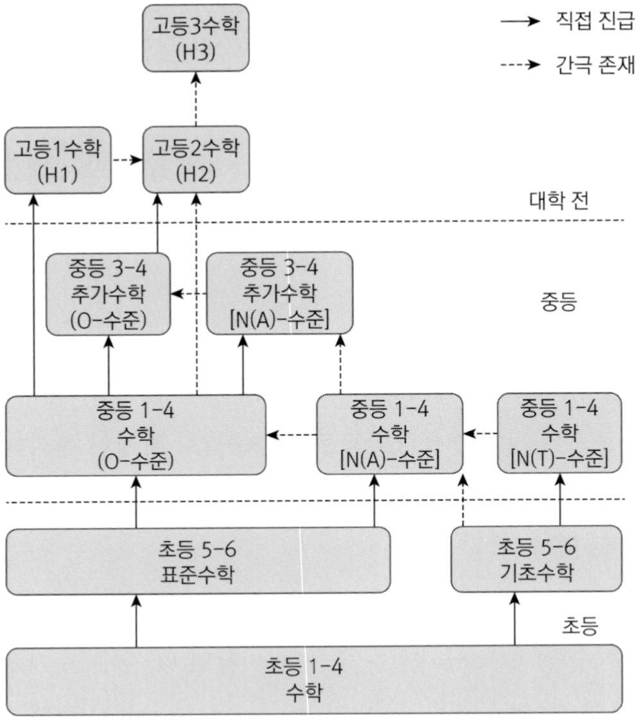

[그림 5-1] 싱가포르의 수학 과목 이수 체제

〈S3/4 추가수학〉을 수강한 경우에는 〈H2〉를 바로 수강할 수 있다. 싱가포르에서는 대학에서 수학 관련 학과 혹은 수학과에 진학할 학생들에게 〈H2〉부터 〈H3〉까지 이수하도록 권장하고 있다.

싱가포르의 〈S4 수학〉과 〈S3/4 추가수학〉의 내용 주제는 〈표 5-3〉과 같다. 고등학교 1학년 수준의 필수과목 성격임에도 우리나라 〈기하〉 과목의 벡터와 대학 수준의 행렬도 포함하고 있다.

〈표 5-3〉 싱가포르의 〈S4 수학〉 및 〈S3/4 추가수학〉의 수학 교육과정의 내용 영역과 하위 영역

과목	내용 영역		
	수와 대수	기하와 측정	통계와 확률
S4 수학	집합 용어와 기호, 행렬	2차원 벡터	자료분석(누적도수, 상자수염그림), 확률(확률의 합과 곱)
과목	대수	기하와 삼각함수	미적분
S3/4 추가 수학	방정식과 부등식, 지수와 무리수, 다항식과 부분분수, 이항전개, 멱함수, 지수함수, 로그함수, 절댓값함수	삼각함수, 항등식과 방정식 이차원 좌표 기하 평면 기하에서의 증명	미분과 적분

출처: Ministry of Education, Singapore (2012a, 2012b, 2012c).

싱가포르의 대학 전 과정에서 다루는 과목 각각이 다루는 내용은 〈표 5-3〉과 같다. 인문계열로 진학하는 학생들도 미분과 적분을 배우도록 하고 있고, 〈H3〉 수학의 내용 일부는 우리나라의 대학 수준이다.

〈표 5-4〉 싱가포르의 대학 전 과정 수학 과목

과목	주제
H1 수학	함수와 그래프, 미적분, 확률과 통계
H2 수학	함수와 그래프, 수열과 급수, 벡터, 복소수의 소개, 미적분, 확률과 통계
H2F 수학	대수와 미적분, 이산수학, 행렬, 수치계산법, 확률과 통계
H3 수학	수, 함수, 수열과 급수, 부등식, 세기

출처: Ministry of Education, Singapore (2015a, 2015b, 2015c, 2015d).

4) 영국

우리나라의 인문계 고등학교 교육과정은 대체로 영국의 'Key Stage 4'와 'Sixth Form'이라고 불리는 대학 진학 준비 과정에 해당한다. Key Stage 4와 Sixth Form은 각각 2년제로 운영되며, Sixth Form에 입학하기 위해 학생들은 Key Stage 4의 마지막 학년에 중등학교 졸업자격시험(General Certificate for Secondary Education: GCSE)에 응시하여 통과 점수(22점) 이상을 받아야 한다. Sixth Form은 대학입학자격시험인 A level(Advanced level) 시험을 준비하는 과정으로 총 2년에 걸쳐 이루어진다.

영국의 기본 교육과정인 Key stage 4는 10～11학년에 해당하며, 모든 학생에게 공통된 내용을 가르친다. 영국은 2016년에 대학 입시를 위한 A-level 시험을 개정하여 평가 목표와 내용을 발표하였고, 2014년 A-level 시험을 준비하지 않는 학생들을 대상으로 하는 Core Math 과목을 개발하고 2016년부터 Core Math 자격시험을 시행하고 있다. 또한 직업계 고등학교 학생들을 위한 T-level 과목 및 그에 대한 자격시험도 개발 중이다.

학생들이 대학에 진학하기 위해서는 Sixth Form 과정에서 A-Level에 응시하여 대학에서 요구하는 성적을 획득해야 한다(Department of Education, England, 2014). 과거에는 A-level 시험을 치를 때, (심화)순수수학 또는 통계학과 역학 중 한 가지에 집중해 공부하여 자격을 얻을 수 있었지만, 개정된 A-level 시험에서는 순수수학, 통계학, 역학을 모두 공부해야 하고 선택권이 주어지는 경

구분	의무교육												선택교육	
	초등교육							중등교육					대입 준비과정	
key stage	key stage 1 (KS1)			key stage 2 (KS2)				key stage 3 (KS3)			key stage 4 (KS4)		Sixth Form	
학년	준비반	1	2	3	4	5	6	7	8	9	10	11	lower sixth	upper sixth
연령	5세	6	7	8	9	10	11	12	13	14	15	16	17	18
		초등학교						중학교			고등학교 11학년 (16세)에 GCSE 시험			대학 입시 시작

[그림 5-2] 영국의 학년 체계 및 연령3)

우는 심화수학 자격뿐이다. 영국의 경우, 고등학교 의무 교육과정에서는 많은 것을 다루지 않으나 대학입학시험에서는 다양한 선택권이 주어질 뿐만 아니라 대학 진학을 원하는 학생들의 선택에 따라 우리나라보다 더 높은 수준을 요구하는 경우도 많다. 특히 수학을 필요로 하는 직업이 많고 수학 A-level을 획득해야 대학 입학이 가능한 전공이 많기 때문에 A-level에서 학생들은 수학을 가장 많이 선택한다(임유나, 이광우, 2020).

5) 일본

일본의 고등학교는 계열별로 구분된다. 일반계열은 대학 진학을 목표로 과목을 구성하는 고등학교를, 전문계열은 대학 이외 진

3) http://asq.kr/sjPP7mV3Cjln의 내용을 수정 · 요약함.

로에 따른 전공과목을 이수하는 학과를 운영하는 고등학교를 총칭한다. 일본의 고등학교 교과군은 공통교과군과 전문교과군으로 구분되는데, 두 교과군에 모두 수학이 포함된다. 전문교과군은 우리나라의 과학고등학교와 같은 영재교육에 적용되므로, 여기서는 일반계열을 대상으로 하는 공통교과군 내용만 살펴보기로 한다.

일본의 고등학교 공통교과군인 수학은 〈수학 I〉, 〈수학 II〉, 〈수학 III〉, 〈수학A〉, 〈수학B〉, 〈수학C〉 등 6개 과목으로 구성되어 있다. 〈수학 I〉은 필수이고 나머지는 선택이다. 〈수학 I〉에서 〈수학 III〉은 순서대로 이수하고, 〈수학A〉는 〈수학 I〉과 병행 또는 그 후에, 〈수학 B〉와 〈수학C〉는 〈수학 I〉을 이수한 후에 이수하도록 되어 있다. 〈수학B〉와 〈수학C〉의 지도 순서는 없으며, 학생의 특성 및 학교의 실태에 따라 적절한 시기에 지도할 수 있다. 예를 들어, 물리를 선택하는 학생이 많을 것으로 예상되는 경우에는 1학년에 〈수학 I〉, 〈수학A〉 이외에 〈수학C〉를 1단위씩 배분하여 벡터를 다룰 수도 있다.

공통교과군인 '이수(理数)' 교과군의 〈이수탐구〉는 〈이수탐구기초〉와 함께 최근 교육과정 개정에서 고등학교 수학, 과학 교과목을 통한 높은 사고력 · 판단력 · 표현력 등을 육성하기 위해 신설된 공통과목이다. 고등학교 졸업 필수 총 이수를 위한 74단위 안에서 이수탐구(2~5단위), 이수탐구기초(1단위)를 시행하는 것이며, 다루는 내용은 수학 과목과 물리, 생물, 화학, 지구과학 과목에서 다각적, 복합적으로 직접 주제 선정, 탐구과정, 탐구 결과를 보고서로 정리하여 발표하게 하는 교과목이다. 〈이수탐구〉에서 다룰 수 있는 수학 내용으로, '대수적 식의 해 공식 연구' '미분의 평균값

정리의 연구'와 같이 수학을 발전시킨 원리 · 원칙에 관한 연구 등을 제시하고 있다(文部科学省, 2017).

〈표 5-5〉 일본의 고등학교 수학 과목 구성 및 내용

교과군	교과목	단위[4]	성격	내용
수학	수학I	3	수학I의 내용을 보완함과 동시에 현상을 수학적으로 고찰하는 능력을 키우고, 수학의 유익함을 인식할 수 있도록 한다.	수와 식, 도형과 계량, 이차함수, 데이터 분석
	수학II	4	수학I보다 발전된 내용을 포함하며, 수학의 지식 및 기능 등을 활용한 문제 해결 및 의사결정을 통해 수학적 사고의 자질 · 능력을 배양시킨다.	여러 가지 식, 도형과 방정식, 지수함수 · 대수함수, 삼각함수, 미분 · 적분에 대한 사고
	수학III	3	수학I보다 발전된 내용을 포함한 수학적인 표현의 공부 등을 통해 수학적인 사고를 할 수 있는 자질 · 능력을 배양시킨다.	극한, 미분법, 적분법
	수학A	2	수학I의 내용을 보완함과 동시에 현상을 수학적으로 고찰하는 능력을 키우고, 수학의 유익함을 인식할 수 있도록 한다.	도형의 성질, 경우의 수와 확률, 수학과 인간의 활동
	수학B	2	수학I보다 발전된 내용을 포함하며, 수학의 지식 및 기능 등을 활용한 문제 해결 및 의사결정을 통해 수학적 사고의 자질 · 능력을 배양시킨다.	통계적인 추측, 수열, 수학과 사회활동
	수학C	2	수학I보다 발전된 내용을 포함한 수학적인 표현의 공부 등을 통해 수학적인 사고를 할 수 있는 자질 · 능력을 배양시킨다.	벡터, 평면상의 곡선과 복소평면, 수학적 표현의 공부
이수(理数)	이수탐구 기초	1	고등학교 수학, 과학 교과목을 통한 높은 사고력 · 판단력 · 표현력 등을 육성하기 위해 과제 선정, 탐구, 분석 등을 수행한다.	수학 과목에서 주제 선정 및 탐구
	이수탐구	2~5		

출처: 文部科学省 (2017).

4) 1년 동안 1주일에 각 단위의 내용을 배움

6) 중국

중국의 고등학교 과목은 필수과목 5개, 필수선택과목 4개, 선택과목 5개로 구성되어 있고, 필수과목 8학점(144 시수), 필수선택과목 6학점, 선택과목 6학점이다. 고등학교 수학 과목 체제에서 필수과목만 이수하여도 고등학교를 졸업할 수 있지만, 대학입학시험인 GaoKao의 시험범위에 필수선택과목이 포함되어 있기 때문에, 대부분의 학생은 필수선택과목을 필수과목처럼 이수한다. GaoKao는 중국의 지역마다 시험 범위에 차이가 있는데, 선택과목의 일부가 시험 범위에 들어갈 경우 그 과목 역시 필수과목처럼 인식될 수 있다. 그러나 선택과목은 대학 시험의 범위에 포함되지 않는 경우가 일반적이어서 현실적으로 학생들이 선택과목을 학교에서 배울 기회는 드물다.

중국의 수학 필수과목에서 다루는 내용은 〈표 5-6〉과 같다. 필수과목인 〈준비지식〉은 우리나라 공통과목의 내용과, 〈함수〉는 우리나라 〈수학 I〉과 〈기하와 대수〉는 우리나라의 〈기하〉 내용과 대응되며, 〈수학적 모델링과 수학탐구〉는 내용이 아닌 방법적 과목으로 편성되어 우리나라의 〈수학과제탐구〉와 유사한 성격을 띤다. 필수선택과목은 필수과목의 과목명과 유사하게 편성되어 과목별 내용 위계를 드러내고 있으며, 선택과목은 진로에 따라 내용이 다양하고 내용 수준 또한 높은 편이다.

〈표 5-6〉 중국의 고등학교 수학 과목의 내용

구분	과목	내용	시수
필수	준비지식	집합(집합 연산, 벤다이어그램), 논리용어(명제, 필요조건, 충분조건, 필요충분조건), 상등관계와 부등관계(절대부등식, 산술기하평균), 함수 관점에서 이차방정식과 이차부등식의 이해(이차방정식과 이차부등식의 관계)	18
	함수	함수 개념 및 성질, 멱함수, 지수함수, 로그함수, 삼각함수, 함수의 응용	52
	기하와 대수	평면 벡터 및 그 응용, 복소수(기하학적 표현), 입체 기하학 기초(직선과 평면의 위치관계)	42
	확률과 통계	확률(통계적 확률, 수학적 확률, 독립, 종속), 통계(자료수집, 표본추출, 통계 그래프, 표본으로 모수 추정)	20
	수학적 모델링과 수학탐구	수학 모델링 활동 및 수학 탐구 활동	6
필수 선택	함수	수열(등차수열, 등비수열, 수학적 귀납법), 함수의 미분과 응용(다항함수 미분, 함수의 최대, 최소)	30
	기하와 대수	공간벡터 및 입체기하학, 평면해석기하학(직선의 방정식, 원의 방정식, 이차곡선)	44
	확률과 통계	세기 원리(순열, 조합, 이항정리), 확률(확률분포, 정규분포), 통계(상관계수, 일변량선형회귀모형)	26
	수학적 모델링과 수학탐구	수학 모델링 활동 및 수학 탐구 활동	4
선택	A과정 (수학, 물리, 통계, 정보기술 관련)	미적분, 공간벡터와 대수(내적, 외적, 행렬, Crammer 법칙), 확률과 통계(카이제곱분포, t분포, 선형회귀모형)	
	B과정 (경제, 사회계열, 자연계열 관련)	미적분, 공간벡터와 대수(행렬을 이용한 연립방정식 풀이), 실용통계(실험설계, 클러스터 분석), 모형(선형모형, 이차곡선모형, 지수함수모형, 삼각함수모형)	

C과정 (언어, 인문계열 관련)	수학논리(수학적 추론방법, 수학적 증명방법,공리적 사고), 수학모형(예금대출 모형, 투입산출모형, 선형회귀모형, 인구성장모형), 사회조사 및 자료분석	
D과정 (예체능 관련)	수학의 아름다움(자연현상의 조화, 대칭, 패턴), 음악과 수학, 미술과 수학, 체육과 수학	
E과정(기타)	학교 자체 수요에 따라 개설	

출처: 中华人民共和国教育部 (2018).

7) 캐나다 브리티시컬럼비아주

캐나다 브리티시컬럼비아(British Columbia, 이하 BC주)주의 수학과 교육과정은 학년별로 제시되고, 학생들의 진로에 따라 10학년부터 수학 과목 선택이 이루어진다. 〈표 5-7〉은 캐나다 BC주의 수학 과목이다.

캐나다 BC주의 중등학교는 주정부에서 제공하는 교육과정을 따르되 시간 배정과 과목 구성에 있어서 학교의 자율권을 보장한다. 수학 과목 구성은 '직업수학'과 '수학'으로 구분된다. 캐나다 BC주는 10학년부터 진로에 따른 과목을 선택할 수 있다. 10학년은 〈직업수학10〉과 〈수학의 기초와 기초미적분10〉 중에 한 과목을 반드시 선택해야 하며, 이 선택이 12학년까지 이어진다. 즉, 〈직업수학10〉을 선택한 학생은 12학년까지 직업수학 관련 과목을 선택해야 한다. 11학년은 반드시 1과목을 필수로 선택해야 하고, 12학년은 졸업을 위해 필요한 80학점 중 선택 28학점을 만족하기 위해 진로에 따라 과목을 선택한다.

〈표 5-7〉 캐나다 BC주의 수학 과목[5)]

학년	과목	진학을 위한 선택	필수 여부
10	직업수학10	무역, 현장 직업 실무	1과목 필수
	수학의 기초와 기초미적분10	사회과학, 인문, 예술, 공학, 상업, 의학, 과학, 수학	
11	직업수학11	무역, 현장 직업 실무	1과목 필수
	수학의 기초11	사회과학, 인문, 예술	
	기초미적분11	공학, 상업, 의학, 과학, 수학 기반 관련	
	수학사11		
	컴퓨터 과학11		
12	견습 수학12	무역, 현장 직업 실무	선택
	수학의 기초12	사회과학, 인문, 예술	
	기초미적분12	공학, 상업, 의학, 과학, 수학 기반 관련	
	미적분12	과학, 수학 관련 진학	
	기하12		
	통계12		
	컴퓨터 과학12		

8) 핀란드

우리나라의 고등학교에 해당되는 핀란드의 일반 후기 중등학교에서 수학은 기본과정과 심화과정으로 구분되고, 다시 그 안에서 의무과목과 선택과목이 구분된다. 기본과정과 심화과정 모두 〈수와 수열(MAY1)〉이라는 과목이 의무과목으로 편성되어 있다. 기본

5) https://curriculum.gov.bc.ca/curriculum/mathematics

과정은 일상적인 삶의 상황에서, 그리고 사회과학 및 인문학을 공부하는 학생들을 대상으로 수학적 지식을 사용할 수 있도록 하는 이해도와 준비를 제공하는 것을 목적으로 한다. 심화과정은 수학에서의 일반적 지식과 능력뿐만 아니라 직업교육과 고등교육에서 요구되는 수학적 능력들을 학생들에게 제공하는 것을 과제로 하고, 학생들을 과학과 공학에서 수학을 적용할 수 있도록 준비시키는 것을 목적으로 한다.

핀란드 고등학교 수학 과목과 다루는 내용은 〈표 5-8〉과 같다. 학생들은 심화과정에서 기본과정으로, 기본과정에서 심화과정으로 바꾸는 것이 가능하다. 심화과정에서의 기본 과목인 〈다항함수와 방정식(MAA2)〉, 〈기하(MAA3)〉, 〈미분(MAA6)〉을 수강한 학생들이 기본과정으로 변경하면, 기본과정에서의 의무과목인 〈식과 방정식(MAB2)〉, 〈기하(MAB3)〉, 〈수학적 분석(MAB7)〉을 수강한 것으로 인정받을 수 있다. 반면, 기본과정에서 심화과정으로 바꾸는 경우, 학생들은 학습에 대한 추가적인 증거를 제공해야 하며 그에 따라 성적도 다시 매겨진다(FNBE, 2016).

공통 의무과목은 우리나라 〈수학 I〉의 내용을, 기본과정 의무과목에서는 우리나라 중학교 수학부터 〈경제수학〉, 〈확률과 통계〉 내용을 포함하며, 국가 선택과목에서는 다항함수의 미적분이 다루어진다. 자연계열을 위한 심화과정에서는 의무과목에서 우리나라의 〈미적분〉의 내용까지 포괄하며, 국가 선택과목은 우리나라 고등학교 수준을 넘는 내용으로 구성되어 있다.

〈표 5-8〉 핀란드의 수학 과목별 내용[6)]

<table>
<tr><td rowspan="2">공통과목</td><td rowspan="2">의무과목</td><td colspan="6">수와 수열(MAY1)</td></tr>
<tr><td colspan="3">실수, 기본 산술 연산, 백분율 계산,
함수, 그래프 그리기와 해석,
재귀 수열</td><td colspan="3">등차수열과 합, 지수와 로그 그리고 이들의 관계, $a^x=b$, $x\in N$ 형태의 지수방정식 풀이, 등비수열과 합</td></tr>
<tr><td rowspan="6">기본과정</td><td rowspan="4">의무</td><td colspan="2">식과 방정식(MAB2)</td><td colspan="2">기하(MAB3)</td><td colspan="2">수학적 모델(MAB4)</td></tr>
<tr><td colspan="2">선형 종속과 양 사이의 비율
문장제를 방정식으로 바꾸기
방정식과 연립방정식을 그래프적으로 대수적으로 해결하기
해를 해석하고 평가하기
이차함수와 이차방정식의 풀이</td><td colspan="2">도형의 닮음
직각삼각형에서의 삼각비
피타고라스 정리와 그 역
평면도형과 입체도형의 넓이와 부피 구하기
좌표체계에서 기하적 방법을 사용하기</td><td colspan="2">선형 모델과 지수 모델 적용하기
지수방정식 풀이
로그를 이용한 지수방정식 풀이
수학적 모델로서 수열</td></tr>
<tr><td colspan="3">확률과 통계(MAB5)</td><td colspan="3">상업 수학(MAB6)</td></tr>
<tr><td colspan="3">이산 통계적 분포의 모수 결정하기
회귀와 상관계수의 개념
관찰과 편향된 관찰, 예측하기, 조합, 확률의 개념
확률 계산의 법칙과 그 적용 예</td><td colspan="3">지표, 비용, 통화 거래, 대출, 세금 등의 계산
경제 상황에 적용 가능한 수학적 모델
수열과 합을 사용하기</td></tr>
<tr><td rowspan="2">선택</td><td colspan="3">수학적 분석(MAB7)</td><td colspan="3">확률과 통계2(MAB8)</td></tr>
<tr><td colspan="3">그래프 방법과 수치적 방법
다항함수의 도함수
다항함수의 증가/감소
다항함수의 최댓값과 최솟값 구하기</td><td colspan="3">정규분포와 분포의 표준화 개념
이항 검정
이항 분포
신뢰구간의 개념</td></tr>
<tr><td rowspan="2">심화과정</td><td rowspan="2">의무</td><td colspan="2">식과 방정식(MAB2)</td><td colspan="2">기하(MAB3)</td><td colspan="2">수학적 모델(MAB4)</td></tr>
<tr><td colspan="2">다항식의 곱
$(a+b)^n$, $n\le 3$, $n\in N$에서의 이항정리, 이차방정식, 근의 공식, 판별식, 이차식의 인수분해, 다항함수, 다항방정식, 다항부등식의 풀이</td><td colspan="2">도형의 닮음
사인 정리와 코사인 정리
원, 부채꼴, 원과 직선의 관계에 대한 기하
모양과 대상에 관한 길이, 각, 넓이, 부피 계산하기</td><td colspan="2">벡터의 기본 성질
벡터의 덧셈과 뺄셈
벡터의 스칼라 곱
좌표체계에서 벡터의 스칼라 곱
연립방정식의 풀이
공간에서 직선과 평면</td></tr>
</table>

6) 핀란드의 수학 과목은 기본과정과 심화과정에 따라 다른 약자가 사용된다. 기본과정의 경우 'Mathematics, Basic syllabus'에서 머리글자인 MA와 B를 이용한 MAB를, 심화과정의 경우 'Mathematics, Advanced syllabus'에서 머리글자인 MA와 A를 이용한 MAA를 사용한다.

심화과정	의무	해석 기하(MAA5)	미분(MAA6)	삼각함수(MAA7)
심화과정	의무	점의 집합의 방정식 직선, 원, 포물선의 방정식 절대방정식과 절대부등식의 풀이 점에서 직선까지의 거리	유리 방정식과 부등식 함수의 극한, 연속, 미분계수 다항함수의 미분 그리고 함수의 곱과 몫의 미분법 다항 함수의 증가/감소와 극값	유향각과 호도법 삼각함수 삼각함수의 대칭적/주기적 성질 삼각방정식의 풀이 합성함수의 미분 삼각함수의 미분
심화과정	의무	무리함수와 로그함수(MAA8)	적분(MAA9)	확률과 통계(MAA10)
심화과정	의무	지수 법칙 무리함수와 무리방정식 지수함수와 지수방정식 로그함수와 로그방정식 무리함수, 지수함수, 로그함수의 미분	적분 초등 함수의 적분 함수 정적분 넓이와 부피 계산	이산 통계적 분포와 연속 통계적 분포 분포의 모수 수학적 확률과 통계적 확률 조합 확률 계산 법칙 이산 확률분포와 연속 확률 분포 이산 분포의 기댓값 정규분포
심화과정	선택	수론과 수학적 증명(MAA11)	수학에서의 알고리즘(MAA12)	심화 미적분(MAA13)
심화과정	선택	접속사와 진리값, 기하적 증명하기, 직접 증명, 귀류법, 간접 증명, 귀납법 증명 정수의 가분성과 분수방정식 유클리드 알고리즘 소수와 에라토스테네스의 체 산술의 기본정리 정수의 합동식	반복과 뉴턴-랩슨 방법 다항식 나눗셈 알고리즘 다항식 나눗셈 방정식 뉴턴-코츠 공식: 직사각형 규칙, 사다리꼴 규칙, 심슨의 규칙	함수의 연속성과 미분가능성 연속함수와 미분가능함수의 일반적 성질 역함수 이변수 함수와 편미분 무한에서 함수와 수열의 극한 특이적분 수열 급수의 극한

출처: Finnish National Board of Education (2016).

9) 호주

호주는 유치원인 F학년부터 10학년까지 학년별 성취기준이 마련되어 있고, 고등학교에 해당하는 후기 중등교육(Senior Secondary)에서는 4개의 수학 과목이 있다. 4개 과목은 각각 4개의 단원(unit)으로 구성되어 있는데, 뒤쪽의 두 단원이 앞의 두 단원보다 인지적으로 더 상위 수준이다. 각 단원은 한 학년의 반 정도의 시간(평가와 시험을 포함하여 약 50~60시간) 동안 배우도록 설계되어 있으며, 그래서 학생들은 2년 동안 4개 단원을 배울 수 있다. 10학년 이후 학생들은 4개 과목 중 하나를 선택할 수 있다.

퀸즐랜드주에서는 4개 수학 과목을 [그림 5-3]과 같이 표현하고 있다. 〈필수수학〉은 우리나라의 〈실용수학〉에 대응하는 것으

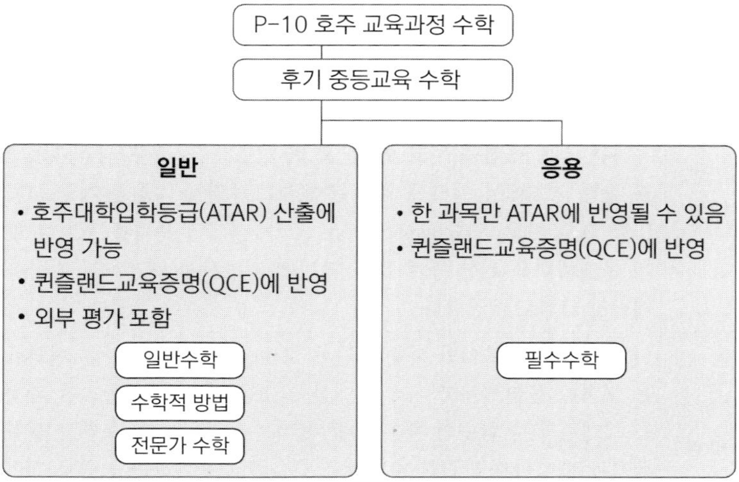

[그림 5-3] 호주 퀸즐랜드주의 수학 과목 체계

로 보이며, 〈일반수학〉, 〈수학적 방법〉, 〈전문가 수학〉은 대학 입시에 활용되는 과목이다. 네 과목 모두 퀸즐랜드주의 교육 자격(QCE)에 반영된다.

호주 수학 과목의 성격은 〈표 5-9〉와 같다. 〈필수수학〉은 우리나라 초등학교부터 중학교 수준의 내용을 포함하고, 〈일반수학〉에서는 통계 분석이 주를 이루고, 〈수학적 방법〉에서는 미적분과 통계가 두루 다루어지고, 〈전문가 수학〉에서는 우리나라 대학 수준의 수학도 포함하고 있다.

〈표 5-9〉 호주의 수학 과목별 성격

과목	성격
필수 수학	의사결정을 위해 수학을 효과적이고 효율적이며 비판적으로 사용하는 것에 초점을 두고 있다. 직장, 개인, 학습, 공동체 등의 실제 상황에서 문제를 해결하기 위해 수학적 지식 · 기술 · 이해를 제공한다. 이 과목은 졸업 후 취업과 훈련을 준비하는 학생들을 위한 것이다.
일반 수학	금융 모델링, 네트워크 분석, 프로젝트 설계, 의사결정, 이산적인 성장을 포함한 맥락에서 문제를 해결하기 위한 이산수학 기술을 사용하는 것에 초점을 두고 있다. 측정, 척도, 삼각측량, 내비게이션과 같은 영역에서 기하 문제를 분석하고 해결할 기회를 제공한다. 또한 그룹 비교, 연합(association) 조사, 시계열 분석을 포함한 통계 문제해결을 위한 통계 조사 과정에 기초하여 체계적인 전략을 개발할 기회도 제공한다.
수학적 방법	미적분과 통계 분석의 사용 개발에 초점을 둔다. 미적분은 변화율을 포함한 물리세계의 이해에 대한 기초를 제공하고, 물리적 과정을 모델링할 때 함수의 활용, 미분과 적분을 포함한다. 통계는 불확실성과 변이성과 관련하여 현상을 묘사하고 분석하는 능력을 개발시킨다.

전문가 수학	수학적 방법에 제시된 것 이상의 엄밀한 수학적 논증과 증명 개발, 수학적 모델을 더 확장하여 활용하는 것을 포함한다. 수학적 방법에 제시된 아이디어를 심화한 함수와 미적분 주제를 포함하고, 많은 영역에서 그 응용을 보여 준다. 또한 확률과 통계의 지식과 이해를 확장하고, 벡터, 복소수, 행렬의 주제를 도입한다. 하나의 과목으로 취해지지 않도록 설계된 유일한 과목이다.

출처: ACARA (2019).

3. 해외 주요 국가의 수학 선택과목 구성의 특징

이 절에서는 지금까지 해외 주요 국가의 고등학교 수학과 교육과정에 대한 기술을 기반으로 그 안에 제시된 과목의 구조와 성격, 내용을 귀납적으로 분석하고 추출된 몇 가지 공통점을 중심으로 수학 선택과목 구성의 특징을 탐색하고자 한다.

1) 수학을 필수과목 및 내용으로 지정

9개국의 고등학교 수학 선택과목의 구성을 살펴본 결과 대부분의 국가가 수학을 필수과목으로 지정하였다. 여기서 필수과목이란 계열에 상관없이 모든 학생이 공통으로 이수해야 하는 과목을 뜻한다. 뉴질랜드의 경우 진로에 따라 영역을 선택하되 수학을 학습한다는 것에는 예외가 없어서 수학을 필수로 이수한다고 할 수 있다. 싱가포르는 이수 경로가 다양하지만 〈S4 수학〉(또는 동등한 수준)을 반드시 학습해야 한다. 영국은 10~11학년이 Key Stage 4에 해당하여 모든 학생이 공통된 과목을 이수하도록 되어 있다. 일본은 공통교과군의 〈수학 I〉과 〈이수탐구기초〉가 필수과목이며, 중국은 필수과목이 5개 있다. 핀란드도 공통 의무과목으로 〈수와 수열〉을 이수하게 되어 있다. 캐나다 BC주는 과목군을 설정하여 10학년과 11학년에서 1과목은 반드시 이수하도록 되어 있다. 호주도 10학년은 필수과정이다. 우리나라도 고등학교 1학년은 공통과목인 〈수학〉을 이수해야 한다.

수학이 모든 국가의 고등학교 과정에서 필수 교과로 선정되어 있는 것은 논리적 사고력을 신장시킨다는 수학 자체의 위상과 도구 교과로서의 역할, 학생의 진로에 필요하다는 실용성에 근거한 것으로 보인다. 대부분 고등학교 1학년 동안만 필수과목으로 지정되어 있으나 졸업 이수 기준이나 대학 진학을 위한 프로그램이 있는 경우 추가적으로 수학 과목을 이수하도록 되어 있다.

2) 진로에 따른 수학 선택과목의 구성

학생들의 진로 계열에 따라 과목을 구분한 국가는 싱가포르, 중국, 캐나다 브리티시컬럼비아주, 핀란드, 호주가 있다. 싱가포르에서는 인문계열을 진학하는 학생들은 〈H1〉, 자연계열을 진학하는 학생들은 〈H2〉와 〈H3〉을 이수할 것을 권하고 있다. 중국은 선택과목을 수학, 경제+사회+일부 이공계, 인문, 스포츠+예술 개발+생활+지역+대학 선수 과정으로 구성하고 진로에 따라 적합한 내용을 조직하였는데 그 내용 수준이 높은 편이다. 캐나다 브리티시컬럼비아주도 10학년부터 무역과 현장 직업 실무가 필요한 학생들에게는 〈직업수학10〉, 〈직업수학11〉, 〈견습수학12〉를 개설하고, 사회과학+인문+예술, 공학+상업+의학+과학+수학 관련, 과학+수학 관련에 따라 이수해야 할 과목을 다르게 설정하고 있다. 핀란드에서는 인문 및 사회 계열 학생들은 기본 과정, 수학과 관련된 고등교육을 받으려는 학생들은 심화 과정을 이수하도록 하고 있다. 호주는 고등학교 후 취업을 준비하는 학생을 위한 〈필수수학〉 과목을 선정하고 대학에 진학할 학생들은 자신의 진로에 따라 3개 과목 중 하나를 선택하도록 하고 있다. 싱가포르와 핀란드는 계열을 인문계와 자연계로 구분하고 있지만, 중국, 캐나다 브리티시컬럼비아주, 호주는 상당히 다양한 계열을 구분하여 운영하고 있다.

우리나라는 2015 개정 교육과정에서 문과·이과 통합을 시도하면서 10학년에 공통과목 〈수학〉을 두고 11학년부터 학생들의 진로를 고려하여 일반선택과목과 진로선택과목을 구분하였다. 특히 진로선택에 속한 수학 과목은 〈수학과제탐구〉, 〈기하〉, 〈실용수학〉, 〈경제수학〉, 〈기본수학〉의 5개인데, 학생들의 계열이 다섯 가지인 것은 아니며 이 중에서 〈기하〉 과목만 대학수학능력시험에 포함되기에 나머지 세 과목은 학교에서 많이 선택되지 않는 실정이다.

이처럼 학생들의 진로에 따라 선택과목을 구성할 때 다음의 몇 가지 특징을 찾을 수 있다. 첫째, 고등학교 졸업 후 취업을 준비하는 학생들을 위한 수학 선택과목을 편성한다. 대표적인 국가는 우리나라를 비롯하여 중국, 호주, 캐나다 브리티시컬럼비아주 등이다. 둘째, 전공 계열을 세분화하여 수학 선택과목을 구성한다. 우리나라, 중국, 호주, 캐나다 브리티시컬럼비아주 등이 이에 해당한다. 셋째, 진로 선택에 따라 과목을 편성한 경우 과목 간에 내용을 가능한 한 중복하여 편성하지는 않는다.

3) 내용 수준에 따른 수학 선택과목 구성

학생들의 학업 성취수준 또는 수학의 위계성이라는 학문적 특징에 따라 과목별로 이수 순서를 다르게 설정하거나 과목의 위계를 설정할 수 있다. 과목별 위계를 나타내고 있는 국가는 미국 캘리포니아주, 싱가포르, 일본, 캐나다 브리티시컬럼비아주가 있다. 미국 캘리포니아주는 학년별로 학습이 가능한 과목을 제시하고 과목명에도 'I', 'II'를 제시하여 과목의 위계를 두고 있다. 싱가포르는 초등학교부터 수준별로 과목을 다르게 선정하고 중등학교에서도 여러 가지 이수 경로를 취하도록 되어 있는데, 고등학교 자연계열에서는 〈H2〉와 〈H3〉을 순서대로 이수하게 하고 있다. 일본도 〈수학 I, II, III〉으로 과목명을 제시하여 각 과목 내용의 위계를 두고 있으며, 수학 A, B, C는 〈수학 I, II, III〉을 보완할 수 있도록 한다. 중국은 필수과목과 필수선택과목 4과목이 이름을 동일하게 하여 위계를 맞추고 있다. 캐나다 브리티시컬럼비아주는 과목명에 이수해야 할 학년을 함께 제시하여 이수 순서를 알 수 있게 하고 있다. 우리나라도 과목별로 선수 과목이 무엇인지 과목의 성격에 제시하고 있지만 과목 그룹 간에 내용 위계가 일률적이지는 않다.

내용 수준에 따른 수학 선택과목의 구성에 나타난 특징을 요약하면 다음과 같다. 첫째, 내용 수준의 위계가 있는 수학 과목의 경우 애초에 설정된 교과목 편성 순서에 따라 이수하도록 한다. 둘째, 내용 수준의 위계가 있는 수학 과목명에는 번호나 학년 표시 등으로 위계를 명시하는 경우가 많다. 셋째, 과목 위계에 따라 진로별로 수학 이수 과목을 규정할 수 있다.

4) 대학입학시험에 따른 수학 내용 구성

대학입학시험에 따라 고등학교의 교육 내용을 선정하는 경우가 있는데, 이는 영국이 대표적이다. 영국은 Sixth Form에 해당하는 12~13학년에서 A-level, Core Math, T-level 등의 시험을 준비한다. A-level 시험은 전통적인 시험이고, Core Math는 직업, 학업, 생활 등에서 수학을 적용할 수 있도록 하기 위한 것이며, 직업계 학생들을 위한 T-level은 시행을 앞두고 있다. 대학입학시험에 따라 교육 내용을 구성하는 국가에서는 시험 범위에 해당하는 내용을 학교에서 가르친다. 따라서 과목이나 국가 교육과정이 정해지지 않고 시험에 따라 좌우된다. 아울러 대학입학시험의 범위에 따라 고등학교 교육 내용을 조직할 수 있다.

5) 과목 구성에 따른 학생들의 이수 경로

선택과목 구성이 어떠한지에 따라 학생들이 고등학교에서 과목을 선택하는 이수 경로를 몇 가지로 정리할 수 있다. 첫 번째는 선형 이수 경로이다. 이 경우는 계열에 상관없이 과목을 구성한 경우로 학년이나 성취수준에 따라 배워야 할 내용이 정해지므로 무슨 과목을 선택해야 할지에 대한 고민을 하지 않아도 된다. 미국 캘리포니아주의 경우가 여기에 해당한다. 두 번째는 진로 계열형 선형 이수 경로이다. 진로를 정하면 그에 따라 배워야 할 수학 과목이 정해지는 경우로, 학생은 진로 계열만 선택하면 과목 선택에 대한 고민은 하지 않아도 된다. 싱가포르, 중국, 캐나다 브리티시컬럼비아주, 호주가 여기에 속한다. 세 번째는 진로 계열에 따른 가지형 이수 경로이다. 진로 계열이 정해지더라도 그 안에서 과목을 선택해야 하는 경우이다. 일본의 경우 〈수학I, II, III〉을 이수하면서 〈수학 A, B, C〉를 병행 이수하도록 되어 있어서 학생 스스로 과목을 선택해야 한다. 핀란드의 경우 기본과정과 심화과정 각각에 국가 특수 선택과목이 있어서 학생들은 이를 선택해야 한다. 마지막으로, 대학입학시험에 따른 과목 선택 경로로, 영국이 여기에 해당한다.

4. 수학 선택과목 구성을 위한 논리 탐색 방안

해외 사례의 특징을 바탕으로 우리나라 수학 선택과목 구성을 위한 논리를 탐색하고자 한다. 먼저, 우리나라 현재 2015 개정 교육과정의 수학 선택과목을 살펴보고자 한다. 수학과 선택과목은 공통, 일반선택, 진로선택으로 구분되며, 고등학교 수학을 이수할 준비가 안 된 학생들을 대상으로 중학교 내용을 복습할 수 있는 〈기본수학〉 과목만 2020년에 추가로 고시되었다. 공통과목에는 〈수학〉, 일반선택과목에는 〈수학 I〉, 〈수학 II〉, 〈확률과 통계〉, 〈미적분〉이 편성되어 있고, 진로선택과목에는 〈기하〉, 〈경제수〉, 〈수학과제탐구〉, 〈실용수학〉, 〈기본수학〉이 편성되어 있다.

각 과목의 특징적인 성격은 〈표 5-10〉과 같다.

과목별 성격을 살펴보면, 모든 고등학생이 필수적으로 이수해야 하는 과목은 공통과목 〈수학〉이며, 일반선택과목의 〈수학I〉, 〈수학II〉, 〈확률과 통계〉는 공통과목을 이수한 후 이수하는 것으로 〈수학〉보다 내용 위계가 높다. 그리고 〈미적분〉은 〈수학〉, 〈수학I〉, 〈수학II〉를 이수한 후에 이수할 수 있으므로 가장 위계가 높은 과목이라 할 수 있다. 진로선택과목은 일반선택과목에 비해 과목별 특성이 두드러지게 나타나는데, 〈기하〉는 기하 위주의 내용적 차별성을, 〈경제수학〉은 경제 · 경영 · 금융을 포함한 사회과학

〈표 5-10〉 2015 개정 수학과 교육과정의 선택과목의 성격 일부

구분	과목명	성격
공통	수학	중학교 3학년까지의 수학을 학습한 후 고등학교의 모든 학생들이 필수적으로 이수하는 과목이다. …… 수학 일반 선택과목과 진로선택과목, 수학 전문 교과 과목을 학습하기 위한 토대가 되고, 자연과학, 공학, 의학뿐만 아니라 경제·경영학을 포함한 사회과학, 인문학, 예술 및 체육 분야를 학습하는 데 기초가 되며, 나아가 창의적 역량을 갖춘 융합 인재로 성장할 수 있는 기반을 제공한다.

일반선택	수학 I	공통과목인 수학을 학습한 후, 더 높은 수준의 수학을 학습하기를 원하는 학생들이 선택할 수 있는 과목이다.
	수학 II	
	확률과 통계	
	미적분	수학 I과 수학 II를 학습한 후, 더 높은 수준의 수학을 학습하기를 원하는 학생들이 선택할 수 있는 과목이다.
진로선택	기하	공통과목인 수학을 학습한 후, 기하적 관점에서 심화된 수학 지식을 이해하고 기능을 습득하기를 원하는 학생들이 선택할 수 있는 과목이다.
	경제수학	일반선택과목인 수학 I을 학습한 후, 수학의 지식과 기능을 활용하여 경제 및 금융의 기본 개념을 이해하기를 원하는 학생들이 선택할 수 있는 과목이다. …… 경제·경영·금융을 포함한 사회과학 분야를 학습하는 데 기초가 되고, 나아가 창의적 역량을 갖춘 융합 인재로 성장할 수 있는 기반을 제공한다.
	수학과제 탐구	공통과목인 수학을 학습한 후, 수학과제 탐구방법을 익히고 자신의 관심과 흥미에 맞는 수학과제를 선정하여 탐구하는 경험을 통해 수학과제 탐구능력을 향상시키기를 원하는 학생들이 선택할 수 있는 과목이다.
	실용수학	공통과목인 수학을 학습한 후, 수학이 실생활의 다양한 분야에서 어떻게 활용되는지 이해하고 수학을 활용하여 실생활 문제해결 방법을 알기를 원하는 학생들이 선택할 수 있는 과목이다. …… 생활 주변에서 접하는 여러 가지 실생활 문제를 해결하는 능력을 기르는 데 기초가 되고, 창의적 역량을 갖춘 융합 인재로 성장할 수 있는 기반을 제공한다.
	기본수학	중학교의 수학을 학습한 후, 고등학교 수학에서 다루는 기본적인 내용의 학습을 원하는 학생들이 선택할 수 있는 과목이다. …… 공통과목인 수학과 일반선택과목, 진로선택과목, 수학 전문 교과 과목을 학습하기 위한 기반을 제공한다.

분야를 위한 진로의 차별성을 갖는다. 〈실용수학〉은 실생활 문제해결 능력을 키운다는 점에서 목적의 차별성을, 〈수학과제탐구〉는 학생의 탐구능력 향상을 위한 방법적 차별성을, 〈기본수학〉은 고등학교 수학 학습을 위한 기초 내용 위주의 특징을 갖는다. 각 과목의 성격을 볼 때, 진로선택과목에 속한 5개 과목은 심화학습, 진로안내 학습, 실생활 체험학습 등 서로 다른 특징과 성격을 지녀 이를 '진로선택'이라 칭하는 것은 적절하지 않은 측면이 있다.

우리나라에서 수학 선택과목의 운영은 교육과정 편성과 별개로 대학수학능력시험의 영향을 받는다. 학생들의 대학 진학에 대한 욕구가 높아서 대학수학능력시험에 어떤 과목이 출제되는가에 따라 학생들의 과목 선택이 결정되고 내신 성적도 유리한 등급을 받을 수 있도록 많은 학생이 선택하는 과목으로 쏠리는 현상이 나타나는 것이다(최보금, 홍원표, 2015). 2015 개정 교육과정에 따라 마련된 2022학년도 대학수학능력시험부터는 〈수학 I〉과 〈수학 II〉가 공통과목이고, 〈확률과 통계〉, 〈기하〉, 〈미적분〉이 선택과목으로 규정되어 있다. 학생들은 대학 입시를 위해 2+1과목을 준비해야 하고, 학생들의 과목 선택에 따라 나머지 과목은 학교에서 무용지물이 될 수도 있다. 그리고 대학수학능력시험에서 선택과목으로 선정된 세 과목이 두 과목은 일반선택과목, 한 과목은 진로선택과목이라는 점에서 시험 범위가 과목의 성격이나 위상을 어떻게 반영한 것인지 분명하지 않다.

지금까지 2015 개정 수학과 교육과정의 선택과목 구성과 운영의 형편을 고찰한 바에 따르면, 선택과목 구성에서 어떤 논리가 반영되어 있는 것인지 모호하다. 따라서 앞서 살펴본 해외 사례의 특성을 토대로 선택과목 구성의 논리를 탐색하는 방안을 제안하고자 한다.

1) 종결교육으로서 필요한 수학 내용의 선정

수학은 고등학교에서 필수적으로 편성되므로 고등학교 수학에서 모든 학생이 배워야 하는 필수공통 내용을 규정할 필요가 있다. 우리나라는 〈수학〉이 공통과목이지만 이수 단위를 채우기 위해 〈수학 I〉까지 이수하는 것이 일반적이고, 대학수학능력시험 준비를 위해서는 〈수학 II〉까지 학습해야 한다. 즉, 편성과 운영의 면에서 모든 학생들이 배우는 내용이 일치하지 않는 결과가 나타나고 있다. 따라서 모든 학생을 대상으로 한다는 점에서 고등학교에서 종결되는 수학이 무슨 내용이어야 하는지를 규정하고, 그 내용에 대해 학습하는 데 필요한 시수 등을 고려하여 과목과 단위 수를 배정해야 한다. 수학 내용의 선정은 이 장의 범위를 넘어서며, 각국에서 다루는 교육 내용은 조상식 등(2020)을 참고해 볼 수 있을 것이다. 하지만 4차 산업혁명과 인공지능 등에서 수학의 필요성이 강조되는 최근 상황에서 미래지향적으로 필수적인 내용을 선정할 필요가 있다. 수학의 내용에 따라 함양될 수 있는 사고 방법 또한 달라지므로 수학을 통해 일반 시민이 갖추어야 할 소양을 고려하는 것도 필요하다.

2) 대학 진학에 따른 계속교육 내용의 선정

학생들의 진로에 따라 계속 교육이 필요한 내용을 진로선택과목으로 편성할 필요가 있다. 대학에 진학하여 전공을 하게 될 때 그 전공에서 필요한 내용을 연계성 있게 학습할 수 있도록 고등학교 선택과목을 편성하는 것이 학생의 수요에 따른 교육과정 편성에서 고려되어야 한다. 2015 개정 교육과정에서 진로선택과목은 이를 염두에 두었지만, 진로에 따른 특성이 나타나는 과목은 〈기하〉, 〈경제수학〉뿐이다. 진로선택과목에 포함되는 과목은 진로에 따른 계속 교육을 위한 수학으로 선정될 필요가 있다. 이때 학생들의 진로가 앞으로 더 다양화되고 수정될 수 있으므로, 진로 계열을 지나치게 많이 구분하는 것은 적절하지 않다. 또한 직업이 다변화될 것으로 예상되는 미래를 위해 학생들이 이른 시기에 진로를 정하게 하는 것은 다소 위험하다. 진로에 따라 선택과목을 편성하고 있는 국가 중 싱가포르와 핀란드는 2개, 캐나다 BC주와 호주는 3개, 중국은 5개의 계열을 고려하고 있음을 감안하여, 수학의 계속 교육이 필요한 진로 계열의 과목을 편성한다.

3) 교과 특성을 반영한 내용 위계의 명료화

수학은 위계성이 강한 학문이자 교과이므로, 선택과목 간의 내용 위계가 어떠한지 명료해야 한다. 그리고 과목별 그룹을 구분할 때도 내용 위계를 유사하게 편성할 필요가 있다. 우리나라의 〈수학 I〉과 〈수학 II〉는 그 성격에서 위계를 갖고 있지 않으면서도 숫자를 부여하여 위계가 있는 것처럼 보이게 하고 있으며, 일반선택 과목의 〈수학 II〉와 〈확률과 통계〉는 공통과목을 이수한 후 바로 학습할 수 있지만 〈미적분〉은 가장 상위 내용으로 동일 그룹 내에서 내용 위계가 명료하지 않다.

과목 간의 위계가 쉽게 드러나지 않으면 교사나 학생 입장에서 무엇을 병렬적으로 이수해야 하는지, 순서대로 이수해야 하는지 알기가 어렵다. 과목의 성격을 규정하고 내용을 배치할 때 과목명 등에서 내용 위계를 보여 주어 이수하는 경로를 명확히 할 필요가 있다. 또한 내용 위계를 바탕으로 진로선택과목을 편성할 수도 있을 것이다. 그리고 이를 바탕으로 학생들이 이수해야 할 과목을 분명히 제시한다.

4) 나선형 교육과정의 반영

위계가 있는 과목 간에 계열성이 확보되면서 학생들의 학습을 용이하게 하기 위해 나선형 교육과정 설계를 반영할 필요가 있다. 2020년에 공표된 〈기본수학〉의 경우 그 내용은 중학교 내용의 복습이다. 이런 유형의 과목은 2009 개정 수학과 교육과정에서도 시도되었는데, 2015년 교육과정 초기에 삭제되었다가 다시 도입한 것이다. 이른바 '수포자(수학 과목 학업 포기자)'가 많은 현실을 감안한 조치라고 볼 수 있지만, 유급이나 재이수와 같은 과정이 없기 때문에 나온 방안이다. 이 장에서는 자세히 다루지 않았으나, 외국 교육과정은 대부분 나선형으로 조직되어 있어서 한 번 다룬 개념을 좀 더 심화하여 다음에 다뤄 볼 기회가 있다(조상식 외, 2020). 우리나라는 학습량 감축이라는 요건에 따라 교육과정을 단계형으로 조직하고 있다. 따라서 제대로 학습이 이루어지지 않은 내용을 학교 교육에서 다시 보완할 수 있는 기회가 없다. 미국의 경우 한 과목을 여러 학년에 걸쳐 천천히 이수할 수 있도록 하고 있다. 이러한 방식은 학습량 부담과 수포자로 인한 학습 속도와 복습의 문제를 해결할 수 있는 하나의 방안이 될 수도 있을 것이다. 따라서 선택 교육과정은 선택 결과가 얼마나 학생들의 학습의 질에 영향을 미칠 것을 기초로 사고하고 운영 방안을 구안해야 한다(홍후조, 2001: 54).

5) 교육과정 편성 논리의 우선순위 결정

선택과목 구성의 논리가 여러 개 세워질 때는 우선순위를 정한다. 여러 가지 방안을 적용함에 있어서 중요도 순서에 따라 의사결정이 이루어져야 한다. 예컨대, 학생들의 일상적인 삶에서의 종결교육과 진학에서의 계속교육 중 어느 것을 더 중요하게 생각하는지를 고려하고 그를 표방하여 과목을 편성해야 한다. 교육받은 시민 양성에 초점을 둘 것인지, 개인의 요구 충족에 둘 것인지에 따라 선택과목 구성은 달라질 수 있다. 중등교육의 성격을 강조하면 공통 교육과정의 비중이 커지고, 고등교육 기관의 성격을 강조하면 분화, 심화선택 교육과정의 비중이 커진다(홍원표, 2016: 73).

5. 마치며

이 장에서는 9개국의 고등학교 과목 선택 구성이 어떠한지 살펴보면서 몇 가지 공통점을 선택과목 구성의 특징으로 살펴보고, 우리나라에서 선택과목 구성의 논리를 탐색할 때 고려해야 할 점을 살펴보았다. 해외 교육과정을 분석한 결과 나타난 특징으로는 필수과목의 지정, 학생 개인의 진로 반영, 수학의 내용 위계성 반영, 대학입학시험과의 관련성, 학생들의 이수 경로가 나타났다. 그리고 이를 반영하여 우리나라 선택과목 구성의 논리를 탐색하는 방안으로는 고등학교에서 모든 학생이 배워야 할 종결교육으로서의 수학 내용을 선정하고 그에 따라 과목 수나 시수 등을 배정할 것, 대학에 진학하여 배울 내용과 연계될 수 있는 계속 교육의 내용을 진로 계열별로 편성할 것, 과목 간의 위계를 분명히 하고 이에 따라 편성 그룹 간의 수준을 맞출 것, 나선형 교육과정 설계를 반영할 것, 그리고 여러 구성의 논리에서 우선순위를 정할 것을 제안하였다. 여러 차례의 교육과정 개정이 진행되면서 교육과정 개발진은 선택과목 구성에 암묵적으로 이 방안을 염두에 두었을 것이다. 하지만 교육과정 결과물로는 그 논리가 파악되지 않으므로, 교육과정 편성의 근거와 논리를 분명하게 제시하여, 교육이해 당사자들의 공유된 이해가 형성될 수 있는 교육과정을 마련할 필요가 있다. 호주의 경우 2002년 발표된 멜버른 선언에 입각하여 교육과정의 모든 원리가 결정되고 있는데(김선희 외, 2018), 이러한 굳건한 논리가 우리 교육과정 구성에도 필요한 것이다.

이 장에서는 고등학교 선택과목 구성의 논리를 탐색했으나, 고등학교 교육은 대학입시와 연계된다는 점에서 교육과정 편성은 대학입시를 함께해야 한다. 이의 제안이 실효성을 거두기 위해서는 교육과정 편성 시 대학수학능력시험의 범위가 동시에 결정될 필요가 있는 것이다. 우리나라에서 교육과정 편성과 운영의 목적이 상충되는 것은 편성 의도와 다르게 대학수학능력시험의 범위가 결정되기 때문이다. 학생들의 진로에 적합한 교육보다는 대학 입학에 유리한 과목이 선택되고 있는 사례가 많다는 점에서 고등학교 선택과목 구성의 취지가 살아나지 못한다고 할 수 있다. 영국의 경우 시험 범위에 따라 내용 편성이 이루어져 운영이 편성을 주도하고 있는데, 이는 학생의 선택에 따라 운영이 이루어지는 선택과목 체제에서는 편성이 운영을 따를 수밖에 없음을 보여 주는 것이다.

여기서는 외국의 선택과목 편성과 관련하여 각 과목의 분량에 대해서는 살펴보지 못했으나, 과목 편성에서 분량도 중요한 근거가 될 수 있다. 2015 개정 수학과 교육과정은 각 과목이 모두 5단위로 편성되어 있어서 한 학기에 한 과목만 수강해도 수학을 매일 한 시간씩 접하게 된다. 선택과목의 수가 많은 중국과 핀란드의 경우, 각 과목을 이수하는 시수가 적게 편성되어 있어서 과목 내용을 소주제 위주로 편성한 것을 볼 수 있다. 이렇게 과목을 세분화하면 다양한 과목을 여러 개 병렬적으로 이수할 수 있으며, 내용을 집중적으로 다루어 볼 수 있다는 장점이 있다. 예를 들어, 핀란드의 심화과정인 삼각함수(MAA7), 무리함수와 로그함수(MAA8)는 삼각함수, 무리함수, 로그함수라는 수학적 대상에 대해 함수적 · 대수적 · 해석적 접근을 모두 사용한 내용들을 담고 있어서 하나의 대상을 다른 관점에서 집중적으로 바라볼 수 있게 한다. 하지만 핀란드는 한 학기가 짧고 1년에 여러 학기로 구성된 학제이기 때문에 과목을 많이 편성하는 것이 가능하다. 우리나라도 고교학점제를 시행하면 과목의 단위수가 적게 편성될 필요가 있는데, 이런 점에서 핀란드와 중국의 과목 구성과 배치를 심층적으로 다뤄 볼 필요가 있다. 이는 구체적인 과목 구성 방법이므로 이 장에서 심도 있게 다루지는 않은 주제이지만 교육과정 편성에서 고려해야 한다.

참고문헌

곽영순, 조성민, 최인선, 박지현, 이재봉, 김현정(2014). 한국과 뉴질랜드 고등학교 학력자격 상호인증을 위한 기준 설정 연구: 수학 및 과학 교육과정 비교 분석. 한국교육과정평가원 연구보고 RRC 2014-2.

김선희, 남진영, 서동엽, 강현영, 김부미, 이동환, 조진우(2018). 2018 수학교육 국제동향 분석 연구. 한국과학창의재단.

임유나, 이광우(2020). 영국 고교 교육과정 편성 · 운영의 특징과 고교학점제에 주는 시사점: Key Stage 4와 Sixth Form을 중심으로. 교육과정연구, 38(1), 87-116.

조상식, 박종배, 김선희, 김사훈, 안홍선, 김빛나(2020). 총론 주요사항 및 교과 교육과정 현황 국제비교 연구. 교육부.

최보금, 홍원표(2015). 고등학교 선택중심 교육과정에서 학생들의 과목 선택 이유가 대학 학업에 미치는 영향. 교육학연구, 53(3), 141-160.

허봉규(2004). 학교 현장에서 본 선택중심 교육과정. 교육과정연구, 22(3),

93-122.

홍원표(2016). 2015 개정 고등학교 교육과정의 적용 방안과 후속 지원에 대한 탐색적 연구. 교육과정연구, 34(2), 69-94.

홍후조(2001). 선택 교육과정의 편성 · 운영에서 '과목' 선택 '교과영역' 선택. 교육과정연구, 19(2), 53-76.

中华人民共和国教育部 (2018). 普通高中数学课程, 2017版. 北京: 人民教育出版社.

文部科学省 (2017). 高等学校学習指導要領解説-数学編 理数編. 文部科学省.

ACARA (2019). *Senior secondary curriculum-Mathematics*. (https://www.australiancurriculum.edu.au/senior-secondary-curriculum/mathematics/) (검색일: 2019. 9. 3.)

California Department of Education (2015). Mathematics Framework for California Public Schools: Kindergarten through Grade Twelve. (https://www.cde.ca.gov/ci/ma/cf/mathfwchapters.asp) (검색일: 2019. 9. 9.)

Department for Education, England (2014). *The national curriculum in England-Key stages 3 and 4 framework document*.

Finnish National Board of Education (2016). *National core curriculum for general upper secondary schools 2015*. Helsinki: Next Print.

Ministry of Education, New Zealand (2007). *Curriculum achievement objectives by learning area*. New Zealand: Ministry of Education.

Ministry of Education, Singapore (2012a). *Additional mathematics syllabus: Secondary three to four-Express course, Normal (Academic) course*. Ministry of Education.

Ministry of Education, Singapore (2012b). *Mathematics syllabus: Secondary one to four-Express course, Normal(Academic) course*. Ministry of Education.

Ministry of Education, Singapore (2012c). *Mathematics syllabus:*

Secondary one to four - Normal(Technical) course. Ministry of Education.

Ministry of Education, Singapore (2015a). *Mathematics syllabus: Pre-university H1 mathematics*. Ministry of Education.

Ministry of Education, Singapore (2015b). *Mathematics syllabus: Pre-university H2 mathematics*. Ministry of Education.

Ministry of Education, Singapore (2015c). *Mathematics syllabus: Pre-university H2 Further mathematics*. Ministry of Education.

Ministry of Education, Singapore (2015d). *Mathematics syllabus: Pre-university H3 mathematics*. Ministry of Education.

NZQA (2014). *Introducing NCEA*. Unpublished document.

Schbert, W. H., & Miklos, T. (1991). Elective subjects. In A. Lewy (ed.), *The international encyclopedia of curriculum*. NY: Pergamon Press, 203-204.

https://www.educationcounts.govt.nz/publications/schooling/oecd-review-on-evaluation-and-assessment-frameworks-for-improving-school-outcomes/chapter-1-the-school-system.(검색일: 2019. 9. 9.)

http://www.koreaneducentreinuk.org/%ec%98%81%ea%b5%ad%ea%b5%90%ec%9c%a1/%ec%98%81%ea%b5%ad%ec%9d%98-%ed%95%99%ec%a0%9c/ (검색일: 2019. 9. 9.)

https://curriculum.gov.bc.ca/curriculum/mathematics (검색일: 2019. 9. 9.)

https://curriculum.gov.bc.ca/curriculum/mathematics (검색일: 2019. 9. 9.)

제6장

근대 교과서 삽화로 살펴보는 실물교육

한현정

* * *

1. '보면 안다?' 실물교육의 시작

우리는 '삼일 운동'이라고 하면 아우내 장터 만세운동을, '한일강제병합' 하면 안중근 열사의 혈서를 흔히 떠올린다. 역사적 사건에 공통적 표상을 갖는 이유는 그것이 어린 시절 교과서에서 본 적이 있기 때문일 것이다. 역사적 실제를 '안다'는 것과는 별도로 기억에는 시각적 요소가 강력한 매개로 작용한다.

일찍이 코메니우스(J. A. Comenius)는 라틴어 학습에 감각 교수법 또는 실물 교수법을 도입하면서 시각 자료(그림)를 이용하여 학생들이 라틴어 단어를 좀 더 쉽게 익히고 기억에 각인되도록 했다(우정길, 2009: 9; 北詰裕子, 2001). 이렇게 지식이 오감을 통해 획득된다는 신념으로 사물을 직접 아동에게 제시하여 인식에 이르게 하는 방법을 '실물교육'이라 한다. 코메니우스의 실물교육은 후대에 페스탈로치(J. H. Pestalozzi)의 직관교육과 헤르바르트(J. F. Herbart)의 실물교육에 이어져 근대학교의 교육방법에 영향을 끼쳤다.

우리나라에서 실물교육의 도입을 언급할 때 근대 일본교육의 영향을 빠뜨릴 수 없다. 일본에서 실물교육은 다카미네 히데오(高嶺

秀夫, 1854~1910)가 1870~1890년대의 미국 오스위고(Oswego)를 유학한 후 일본 국내에 처음으로 소개하였고, 그 영향에 따라 일본 사범교육의 근대화를 추진하였다(影山昇, 1997) 실물교육을 포함한 페스탈로치의 사상은 일제강점기의 1920년대부터 1930년대에 한국에 알려졌는데(김성학, 1998), 실물교육의 영향은 당시 조선총독부 산하 교원단체인 '조선교육회'가 간행한 잡지『문교의 조선』에서도 드러난다. 잡지에는 지각과 감각에 기반한 언어(일본어) 교수법 기사가 한국인 교사와 일본인 교사 사이에 통용되고 있었다(韓炫精, 2011). 따라서 우리나라에서의 실물교육의 출현을 알기 위해서는 우리나라에 보통학교가 증가하기 시작한 1920년대 전후의 교육을 일본 교육사와 함께 살펴볼 필요가 있다.

학습자의 읽을 책에 그림이 필수적이라는 인식은 일본 근대 초기에 일반적이었다. 당시 일본의 학교 교과서는 활자와 도상을 조합해 인쇄하는 것을 기본으로 하고 있었다. 그래서 1880~1890년대 일반 서적이 이미 활자 인쇄로 간행되어도 교과서는 오랫동안 목판으로 제작되었다. 목판은 한자판 위에 글자 이외에 삽화와 도해를 함께 파서 동시에 인쇄 표현할 수 있는 장점이 있었기 때문이다(東京書籍印刷株式会社社史編集委員会, 1999). 일본의 국정교과서가 시작되는 1903년경에 비로소 교과서는 활판 인쇄로 판형 변화가 이루어졌다(矢作勝美, 1992). 우리나라는 1910년부터 조선총독부가 간행한 교과서를 사용하면서 인쇄 미디어의 변화를 경험하게 된다. 실제로 일본의 문부성 및 총독부 교과서는 개정별로 그림의 양과 종류가 상당히 변화하였다(사희영, 김순전, 2016; 韓炫精, 2014).

후지오카 츠구헤이(藤岡継平)는 1934년 일본 문부성 역사교과서 『심상소학역사』를 감수한 인물로, 그림과 기억을 연결시켜 다음과 같이 언급하였다.

> 책의 삽화는 독자에게 깊은 인상을 주는데, 문장보다도 길게 머릿속에 남는다. 스스로의 경험을 되돌아보아도, 전에 읽었던 책의 어구는 이미 잊어버려도 그때 본 삽화는 지금도 생생하게 떠올라 그 삽화로부터 그때의 문장을 연상하는 일이 종종 있다(藤岡継平, 1938).

교육적 전달에서 그림은 중요한 역할을 하지만 실물교육의 측면에서 교과서 삽화를 주목하지는 않았다. 종래의 교과서 연구는 주로 텍스트를 중심으로 이데올로기 분석이 이루어졌고(李淑子, 1985), 그림은 학습자의 본문 이해의 보조적 수단에 머물렀다. 오가사하라(小笠原)는 이러한 교육연구의 경향을 문자는 의미에, 그림은 실물에 대응한다는 이해가 강해서 그림을 실물과 유사한 것으로 취급했기 때문이라고 보았다(小笠原喜康, 2004).

근대 교과서 삽화에 대한 주목은 시각문화 분야에서 시작되었다. 사진, 영화 등의 복제 기술은 특정 도상의 소비양식을 바꾸어 놓았다. 앙드레 말로(André Melroux)는 사진제판이 사물로서의 성격과 역할을 상실시키고, 복제에 의해 모든 것이 동질적이 되는 상상의 박물관을 창조했다고 했다(André Melroux, 1996/2004). 교과서 삽화는 아동이 볼 수 있게 대량 인쇄되는 복제품으로 위치 지을 수 있다.

또한 베네딕트 앤더슨(Benedict Anderson)은 권력이 인구조사, 지도, 박물관이라는 제도를 통해 사물을 수집하여 가시화하고 일련화하는 과정에서, 그것을 유통시키는 인쇄자본주의, 즉 그림엽서나 학교 교과서를 통해 국민이 정보를 접하고 이들 사물을 국가의 앨범으로 여기게 했다고 하면서 기계적 재생산의 정치성을 지적했다(Anderson, 2006/2012: 211-237). 그의 주장 역시 교과서에 삽입된 지도, 그래프, 사진, 회화 등 다양한 종류의 삽화에 적용할 수 있다.

일본의 시각문화연구에서는 잡지, 신문 등에 사용된 사진, 회화를 연구하여 이들이 당대 사회의 시각적 습관에 어떤 영향을 끼쳤는지 밝혔다(大久保遼, 2011; 小林弘忠, 1998; 金子隆一, 1999b; 紅野謙介, 2002; 北原恵, 2003). 이는 문자를 읽지 않아도, 세계의 사정을 이해할 수 있는 시대, 즉 '읽는' 시대에서 '보는' 시대로의 전환을 의미했다(金子隆一, 1999a). 국내의 교육학 연구에서도 '사진'이라는 매체가 가지는 역량과 의미를 탐색하여 '읽기'가 아닌 '보기'로의 전환이 가지는 교육학적 의미를 논했다(김문정, 정영근, 2010; 김정민, 김영철, 2009; 정영근, 2010). 이 장에서는 이러한 이론을 교육 매체인 교과서 삽화에 적용하여 검토하고자 한다.

교육적 그림이란 무엇일까? 일반적인 인쇄매체의 그림이나 미술관의 그림 혹은 광고 포스터와 무엇이 다를까? 어원을 살펴보면, '삽화'란 본문의 이해를 돕기 위해 보조적으로 넣은 그림을 뜻한다. 영어로 일러스트(illustration), 드로잉(drawing), 그림(picture), 아이콘(icon), 도표(diagram), 이미지(image)로 사용되며, 한자 문화권에서는 삽화(揷画), 삽회(揷絵) 등으로 사용된다. '화(画)'는 붓을 사용해 '그리다, 구획 짓다, 긋다' 등의 의미가 있는 반면, '회(絵)'는 糸과 會이 합쳐져 사물이나 심상을 형상화하여 평면 위에 그린 것을 의미한다. 여기서 画와 絵의 차이는 画가 윤곽을 그린 것인데 비해, 絵는 채색해서 세밀하게 표현한 것을 뜻하므로, 지식 전달에서는 画의 역할, 즉 사물 현상을 구분하는 것을 중시했다고 볼 수 있다. 사물은 있는 그대로 전달되지 않고 삽화, 즉 그리는 방식을 통해 전달되므로 실물과 삽화 간에는 늘 간격이 발생한다.

이 장에서는 [그림 6-1]과 같은 도식의 관계를 살펴보고자 한다. 즉, 기존 교과서 연구, 특히 일제강점기 교과서 연구가 텍스트 분석에 바탕을 둔 언어 중심의 이데올로기 비판에 초점을 맞춘 것에 비해, 여기서는 삽화에 드러나는 실물과 언어의 관계를 전면에 드러낸다(前景化). 실물을 통한 언어(개념)의 습득 과정 사이에 교과서를 위치시키고 문자 텍스트와 그것을 가리키는 삽화 간의 변화

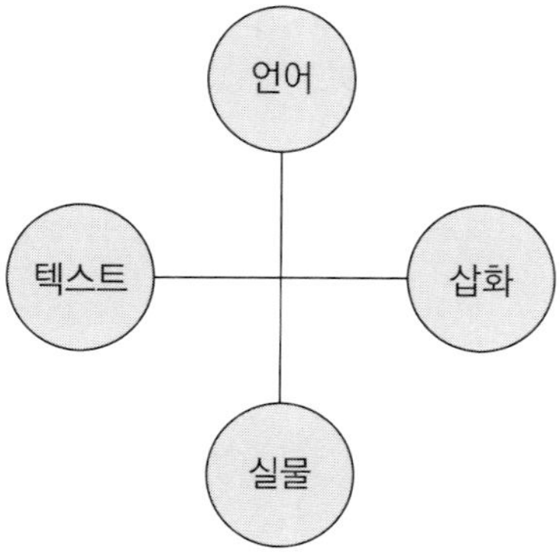

[그림 6-1] 언어와 실물, 교과서

여부에 주목하고자 한다. 그럼으로써 식민통치를 통해 왜곡되고 단절된 이데올로기 비판으로서 교과서 연구뿐만 아니라, 근대교육학의 특성 전체의 연속선상에 있는 실물관, 교육관의 변화 또한 밝히고자 한다.

삽화는 당대 시각문화의 관습은 물론, 교과서 편집자의 편집기법에 영향을 받는다. 교과목 가운데 시각적 요소가 많은 교과의 하나가 역사이다. 1903년 일본 국정교과서가 간행된 이래 패전 전까지 총 6회의 개정을 거치면서 일본 소학교 고학년의 역사 교과서는 [그림 6-2]와 같이 그 분량과 삽화 수가 증가했다. 삽화는 역사지도, 손 삽화, 사진, 표 등으로 분류되는데, 1921년 개정판에서부터 텍스트 및 삽화 분량이 증가했음을 알 수 있다.

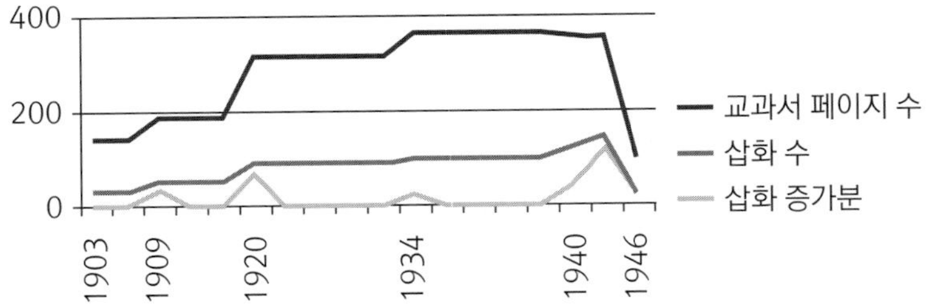

[그림 6-2] 문부성 간행 일제강점기 역사교과서 페이지 수 및 삽화 수 변화

출처: 韓炫精 (2012). 재인용

교과서 삽화를 실물교육과 관련시켜 살펴보기 위해 이 장에서는 일제강점기(1903~1945)에 문부성이 간행한 일본 국정 역사 교과서와 조선 총독부가 간행한 역사 교과서를 대상으로 한다. 문부

성 역사 교과서는 1903년부터 1909년, 1920년, 1934년, 1940년, 1943년에 이르기까지 총 6회 개정을 했고, 조선총독부 역사 교과서는 1922년, 1932년, 1938년, 1940년의 총 4회 개정을 하였는데 특히 4년제 초등과정을 위해 1938년 국사·지리 교재를 통합 간행한 것이 특징적이다. 본문에서는 역사 교과서에 사용된 다양한 층위의 삽화를 사용해야 하지만 지면의 제한으로 분석의 대표적 사례를 사용하였으며, 서툰 일반화의 오류를 배제하고자 노력하였다.

이 장에서는 일본 근대 교과서가 개정별·시대별로 어떤 특징을 갖는지 탐색하고, 이 시기에 삽화에서 언어와 실물의 관계에 어떤 변화를 보이는지 고찰하고자 한다.

2. 1910~1920년대 교과서 삽화와 실물주의

1) 언어와 실물의 일치 논쟁: 있는 그대로를 보여 주기

(1) 문부성 역사 교과서 편집자의 삽화관

일본의 국정 역사 교과서가 간행되는 1903년 초기부터 편집자들은 역사 교과서의 삽화를 중요하게 다루었다. 역사 교과서의 삽화가 논쟁에 오른 것은 삽화의 선택 기준에 있었다. 1903년 「소학일본역사 편찬취의서」에서는 "아동에게 확실한 관념을 주어 인상을 심화시키기 위해 삽화를 삽입한다. 그 삽화는 되도록 정확한 근거가 있는 것으로, 상상을 하는 작위적인 것을 피한다. 제1권의 인덕천황이 굴뚝 연기를 바라보는 그림 외에는 모두 작위적인 것을 피한다."(文部省, 1903)라고 하여 삽화의 목적을 달성하기 위해 '정확한 근거' 있는 것만 사용하고 상상해서 그린 것은 제외시켰다.

반면, 1909년 개정에는 다음과 같이 입장을 바꾸고 있다.

> 예전 교과서에는 전거(典據)가 있는 것을 골라서 그것을 삽입했다. 그 그림 중에는 정적인 것이 많고 또 그 수도 적었다. 교과서는 아동이 본문에 서술된 역사적 사실을 당시 상황을 상상하기 쉽게 해서 교과서에 친숙하게 하는 것을 목적으로 하기 때문에 삽화 수를 늘리고, 활동적인 것을 선택한다. 그 중에는 모두 상상화인 것도 적지 않다(文部省, 1909).

1909년 일본 국정교과서 편찬에 종사했던 키타 사다키치(喜田貞吉, 1871~1939)는 이와 같은 삽화 사용 변화에 대해 다음과 같이 언급했다.

> 수정 교과서에서는 그림의 정확성보다는 재미라는 쪽을 중심으로 선택했다. 따라서 삽화는 출전이 있는 것뿐만 아니라 거의 아무런 근거 없이 완전히 화가의 상상으로 그려진 그림이 매우 많다. 개별 그림은 하나하나 학문적으로 연구한다면 혹 하나하나가 이치에 맞는지 여부는 보장할 수 없지만 초등 수준에서는 그러한 상세한 것까지 연구할 필요는 없다고 본다. 최초의 국정교과서가 출전이 명확한 것이 아니면 싣지 않았던 탓에 중요한 부분에 삽화가 없거나 활동적인 그림이 적었지만, 본 교과서

에서 개정됨으로써 삽화가 의미하는 역사 해석을 (학생들이) 배우게 되었다(海後宗臣, 1969: 126-127 재인용).

이어서 1920년 개정판에서도 화가가 무언가를 직접 보고 그린 것이 아니라 상상으로 그린 삽화를 게재했는데, 여기서 '상상'이란 당대 사회에서 통용되는 상식적인 표현을 의미했다. 하지만 기존 교과서와 차이점도 밝혔다. 1920년판 교과서의 간행 감수자인 후지타 츠구헤이(藤田継平)는 "기존 교과서에는 본문 내용에 나오지 않은 것이 삽화로만 나와 있다거나, 본문 내용과 직접 관계가 없어 교수자의 연결식 강술에 따라 당시 상황을 방불케 하려는 삽화가 있었다."(藤田継平, 1921)라고 특징을 말했다. 즉, 1909년 교과서의 본문 내용과 삽화가 별도인 경우도 있어 그 간격을 교사의 재량에 따라 메워야 했다. 기존의 삽화는 언어(개념)를 반복 지시하는 역할이 아닌 별도의 의미 전달 매체로 기능했다는 것을 알 수 있다.

하지만 1920년 개정판에서는 "본문 내용에 준하는 삽화를 사용하여 아동이 곧바로 삽화에 나타난 의미를 알 수 있게"(文部省, 1921)했다. 독자는 교과서를 읽고 봄으로써 일관된 정보를 습득할 수 있는 것이다. 교과서 내용이 삽화에 대입됨으로써 가르치는 내용은 균일화되지만 대신 교사의 설명 가능한 범위 역시 줄어들게 된다.

1920년판 교과서 편집자는 삽화를 내용에서 동적인 것 28점과 정적인 것 8점으로 나누고, 정적인 것을 다시 건물 삽화, 초상 삽화, 필적 삽화로 나누었다. 기록에 근거한 정적 삽화보다 상상에 의거한 동적 삽화의 비율을 높인 반면, “시간과 공간의 지배를 받는 역사적 사건을 전달할 때 사건 연대와 장소를 정확히 알리기 위해 반드시 역사 지도를 가르치도록”(藤田藤平, 1921: 64) 했다. 역사 수업에 지도를 도입한 것은 역사적 지식을 외부의 실제 장소와 연결시키려는 시도로 언어(개념)와 사물의 일치 노력으로 볼 수 있다.

(2) 이세신궁에서 본 언어와 실물

이세신궁(伊勢神宮)은 일본 미에현 이세시에 위치하며 일본 천황 가문의 조상신 아마테라스를 모시는 곳으로 일본인에게 수호신으로 숭배되는 대상이자 성스러운 장소로 인식된다. 일본 역사 교과서 개정판의 첫 페이지 등장하는 장소이다.

국정화 이전의 교과서인 『제국사략』(1898)에 묘사된 이세신궁([그림 6-3] 참조)은 풍경화를 액자에 넣은 구성으로 그림을 감상하도록 했다. 신궁 입구의 토리이 문(신사 입구의 문)을 건너는 다리부터 숲을 거쳐 내부의 본당에 이르기까지의 거리 전체를 ‘신궁’으로 묘사했다. 같은 시기의 『소학국사』(1900)에도 첫 페이지에 일본

[그림 6-3] 『제국사략』(1898)의 〈이세신궁〉

[그림 6-4] 『소학국사』(1900) 〈우네이 산의 능묘〉

의 초대 천황인 진무천황과 관련된 우네이 산의 능묘([그림 6-4] 참조)를 제시한다. 이 삽화에서도 건축물뿐만 아니라 주변을 둘러싼 구름과 정원, 거니는 사람을 담는 등 전체 맥락에서 부감하는 형식으로 한 폭의 풍경화를 연상케 하도록 묘사했다. 즉, 일본 국정화 이전의 교과서에서는 신궁 삽화가 당대 '명소'를 그리는 방식을 따르고 있음을 볼 수 있다.

이에 비해, 1903년 삽화는 신궁 입구를 클로즈업(close-up)해서 그림으로써 신궁이라는 공간에 들어서는 첫 순간으로, 공간을 시간화해 표현했다. [그림 6-3]과 [그림 6-4]가 신궁이라는 공간을 주변과의 관계에서 전체적으로 조망하는 관점을 나타낸 반면, [그림 6-5]는 아래에서 토리이를 우러러보는 시점을 취함으로써 보는 측의 자세를 그림에서 정하고 있다. 본문의 내용은 다음과 같다.

[그림 6-5] 〈이세의 대신궁〉
(文部省, 1903)

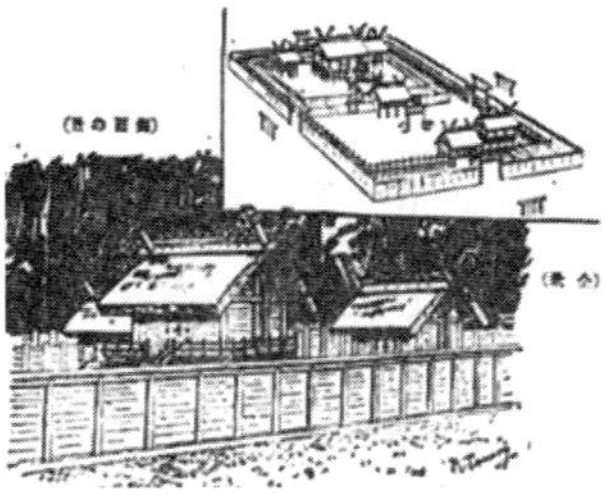

[그림 6-6] 〈이세신궁〉
(文部省, 1909/ 1920)

> 아마테라스 대신은 우리 천황 폐하의 조상이다. 그 은덕은 지극히 높고 마치 태양의 천상에 있어 세상을 비추는 것과 같다. 대신은 손자 니니기노 미코토에게 이 나라를 깨우쳐 주시고, "황위가 왕성하시라, 천지가 함께 변하라."고 말씀하셨다(文, 1903).

[그림 6-6]은 1909년과 1920년에 동일하게 사용된 신궁의 전면도와 설계도이다. 신궁의 전면과 측면을 동시에 제시하여 제작의 관점에서 장소를 구획하여 사실적으로 표현하고자 했다. 본문은 다음과 같다.

> 대신의 신기구를 귀하게 받았을 때, "이 거울을 나로 생각하고, 항상 우러러보아라."라고 말씀하셨다. 그러면 이 거울을 귀한 몸으로서 오오가미(大神)를 모시는 이세(伊勢)의 황대신궁은, 대대로의 천황 및 국민의 깊게 숭상하며 기리는 신궁(神宮)이다(文, 1909/1920).

1921년에 간행된 역사 교과서 해설서에는 삽화에 대한 설명 비중이 높아졌다. 예를 들어, 역사 교과서 첫 페이지에 나오는 이세신궁의 삽화에 대해서 다음과 같은 해설을 덧붙인다. "이세신궁의 조영 설계도는 내무성에 소장된 것을 교섭하여 전문 화가가 십여 일간 매일 내무성에 다니면서 완성한 것이다. 때문에 이것은 가장 정확한 것이며 못 하나, 판자 하나 틀림없이 정확한 것이다."(藤田藤平, 1921: 57)라고 하여 삽화의 출전과 모사하는 과정의 정확도를 강조했다. 실물을 정확히 모사하여 삽화로 보여 줌으로써 교사의 특별한 설명 없이도 정신이 '옛사람들(제작자, 만들어진 배경과 그를 둘러싼 이야기)'과 이어져 '앎'이 가능해지는 인식 구조이다. 삽화를 매개로 과거의 실재를 알 수 있게 되는 것이다.

(3) 교수자 쿠리야마의 삽화관

쿠리야마 슈이치(栗山周一)는 쿄토의 소학교 교사로 국사 교육 및 삽화에 대한 다수의 저서를 펴낸 저자이다. 그는 당대 교과서 편집자의 삽화관에 대해 "학문적 근거와 교과서 삽화의 근거는 그 기능이 다르다."라고 말하고, "근거가 명확한 회화의 경우라도 교육 삽화로서 가치 판정을 내릴 때는 잘된 상상화와 다를 바 없다."(栗山周一, 1921: 167)라고 하였다. 즉, 국정교과서에서 중시한 '출처'란 풍속연구의 역사적 사료로는 가치가 있지만, 실물을 접하고 그린 것이 아닌 교과서 삽화는 그린 이의 상상으로 작성되었기 때문에 사료로서가 아니라 전부 상상의 산물이라는 것이다. 쿠리야마는 출처 유무 여부가 역사 교과서 삽화에는 문제가 되지 않는다고 보았다. 독자인 아동의 심리에 호소하는 삽화라면 '교육적인 것'이 되기 때문이다.

그는 1920년 일본 역사 교과서에 사용된 이세신궁 삽화의 적절성에 대해 언급한다. "삽화는 본문 중에 가장 클라이맥스를 그려야"(栗山周一, 1921: 167) 하는데, 신궁의 전경도와 설계도가 역사 교과서 첫 페이지에 게제된 것이 효과적인지 의구심을 품는다. 쿠리야마는 "아동에게 국가는 구별이 되지 않는 개념이다. 어떻게든 흥미를 일으켜 주의를 교과서로 끌어들여야 할 때 최초의 컷은 매우 중요하다."(栗山周一, 1921: 179)라고 했다. 그가 문제시한 것은 '교육적 그림'으로 삽화에 내포된 지식의 성격이다. 교과서 편집 감수자는 '근거 있음'을 강조한 반면, 교수자는 독자인 아동에게 효과적으로 전달되는 점을 부각시켰는데, 여기서 '교육적 그림'을 둘러싼 교육 주체 간의 분열이 나타남을 볼 수 있다.

2) 교과서 삽화의 제도화: 공인된 그림의 위력

(1) 제도적 그림의 사용: 근대화가, 기념관 회화

1920년 교과서의 또 다른 특징은 그림에 전문성이 강조된 것이다. 종래 교과서 해설서에는 삽화가명이 명기되지 않았는 데 비해, 1920년판에는 제국 미술원 전람회에 특선을 입상한 신진화가 히다 히데야마(肥田秀山)가 그렸다는 점을 밝혔다. 복제물로서 교과서 삽화의 위상이 높아진 것이다.

[그림 6-7] 〈미카사함 갑판의 토고 대장〉
(도조 쇼타로 作)

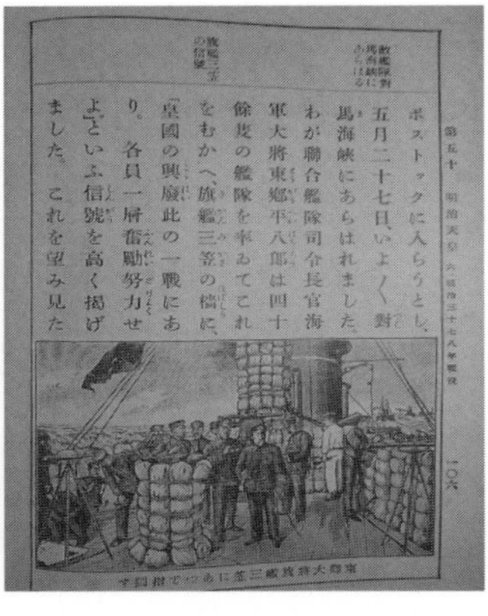

ポストックに入らうとし、
五月二十七日、いよいよ對
馬海峽にあらはれました。
わが聯合艦隊司令長官海
軍大將東郷平八郎は四十
餘隻の艦隊を率ゐてこれ
をむかへ、旗艦三笠の檣に、
「皇國の興廢此の一戰にあ
り。各員一層奮勵努力せ
よ」といふ信號を高く揭げ
ました。これを望み見た

[그림 6-8] 『심상소학국사』
(1920)

[그림 6-8]은 1920년판 역사 교과서의 러일전쟁에 관한 본문이다. 러일전쟁은 한반도 주도권을 놓고 1904년 러시아와 일본 간에 일어난 전쟁이다. 삽화로는 특정 인물을 중심으로 한 구도를 사용했는데, 이 삽화는 본래 회화작품을 모사한 것이다. 원본([그림 6-7] 참조)을 그린 이는 도조 쇼타로(東城鉦太郎, 1865~1929)인데, 고용 이탈리아인 화가 에드알도 키요소네 및 가와무라 키요오(川村清雄)에게 사사하며 주로 전쟁화를 그린 화가이다. 1906년 해군성의 명에 따라 러일전쟁 해전화를 제작했는데, 일본해 해전에서 러시아 발트해의 함대와 접촉한 직후의 정황을 그린 것이다.

이 그림이 유명해진 것은 1920년에 개정된『심상소학국사』에 러일전쟁 관련 삽화로 사용됐기 때문이다. 교과서 본문을 읽는 일이 직선적인 행위라면 교과서 삽화를 본다는 것은 순간성과 동시성을 가진다. 그리고 일반 회화 감상과 교과서에 삽입된 회화 그림이 다른 점은 본문과의 순환적 읽기 속에서 그 의미를 가진다는 점이다.

회화 사용으로 인해 1920년대에는 교과서 본문이 그림의 영향을 받기 시작했다. 전후를 비교해 보면, 1909년『심상소학일본역사』의 '러일전쟁' 관련 본문에서는 합전과 해군의 승리를 설명하는 문장을 실었고, 삽화로는 실제 전투 장면이나 승전 행렬을 사용했다. 반면, 1920년 본문에는 러시아와의 전투 직전에 승리의 주역이었던 토고 장군이 기함 미카사 호에서 신호인 Z 깃발을 올리고 "황국의 흥폐사 일전에 있으니 더욱 분발하여 노력하라."고 한 말을 기술했다. 삽화는 [그림 6-8]과 같이 도조 쇼타로의 그림을 모사한 회화를 사용했다. 그림 자체는 전쟁 장면과 상관이 없지만, 토고 장군의 사실적 얼굴과 전투 직전이라는 텍스트의 설명이 그 후 전쟁승리의 원천이 된다는 듯이 본문과 삽화가 상호 지시하는 구성을 취하고 있다.

본문을 읽으면 삽화가 연상되고 삽화를 보면 본문이 떠오르는 이야기식 전달법이 성립된 것이다. 이제 전쟁은 군단의 진행 상황 및 승패 여부에 대한 사후적 기술이 아니라 어떤 결과를 낸 단초로 거슬러 올라가 에피소드로 서술된다. 이는 역사 기술의 인과론적 특성에는 부적절하지만 독자에게 인상 지우는 방법의 일환으로 보인다. 삽화가 본문 서술에 영향을 끼친 사례로 볼 수 있다.

(2) 삽화 해설서 간행

1920년 역사 교과서의 삽화는 다양한 출처에서 선택되었기 때문에 그림을 어떻게 보아야 할 것인지에 대한 해설서[1)]도 다수 간

---

1) 喜田貞吉『国史之教育』三省堂書店, 1910年; 斎藤斐章『歴史の内容的教授法ー実証的見地心理的思索に拠れる』目黒書店, 1913年; 藤田藤平『編纂趣意書の解説を主としたる新国史教科書の考察と活用』大同館書店, 1921年; 栗山周一『最近史潮歴史教育の根本的革新論』大同館書店, 1921年; 栗山周一『杜撰極まる尋常小学国史の批判』大同館書店, 1921年; 栗山周一『国史教育の行動的三大革新論ー文学法に基く』平凡社, 1921(1926)年; 栗山周一『目と耳の教育 第1部』大同館書店, 1922年; 栗山周一『目と耳の教育 第2部』大同館書店, 1923年; 仏性誠太郎『小学国史文化史的教授』宝文館, 1922年; 江馬務『日本風俗沿革図説』山本文華堂, 1924年; 志垣寛『文化中心国史新教授法』8版, 教育研究会, 1925年; 中野八十八『感激の国史教育5年生』啓文社書店, 1926年; 中野八十八『感激の国史教育6年生』啓文社書店, 1926年; 三木英太郎『精神科学的心理学に基く新国史教育』明治図書, 1931-1933年, 2冊; 小酒井儀三『国定国史插画解説ー考証精確』宝文館, 1931年; 江馬務『小学国史教科書插画の風俗史的解説と誤謬』文泉堂書房, 1932年; 栗山周一『新制小学国史の勉強尋5学年の巻』大同館書店, 1934年; 施弥平治, 佐藤隆徳『学習心理より見たる国史教科書の欠陥と救済方案』友生書院, 1934年. 이상 각주에만 표기하고 참고문헌에는 생략하였다.

[그림 6-9] 〈일한합병〉
(츠지 히사시 作)

して國事に盡くしたためである。さうしてこれからわ
が國は、ポーツマス條約にもとづいて、韓國を保護するた
めに統監を置いてこれを導き、南滿洲鐵道株式會社を
設けて、滿洲の鐵道を經營し、產業を興すことに力をい
れ、關東都督府を置いて關東州を治め、樺太廳を置いて
樺太を治めることになった。この時に當って、おそれ多
くも天皇は、戊申詔書をお下しになり、國民が戰勝のよ
ろこびのあまり、ゆだんすることなく、まじめにめいめ
いの職業をはげむやうお戒めになった。そこで國民は
ます〳〵協力一致して、その業をはげんだので、國力は
いよ〳〵發展し世界の强國となることが出來た。

[그림 6-10] 조선총독부가 간행한 역사 · 지리 교과서의 예(조선총독부, 1937)

행되었다. 이들은 교과서에 사용된 삽화가 무엇을 가리키는지 해설함으로써 교사가 가르칠 때 참고로 하게 했다. 1920년판 교과서에서부터 사용된 기념 회화의 삽화는 1930년대에 들어서면서 문부성뿐만 아니라 총독부 교과서에서도 그 사용이 늘어났다. 기념 회화 작품이 교과서 삽화로 널리 사용되기 시작한 것이다.

[그림 6-9]는 1931년 관람이 공개된 메이지 성덕기념회화관의 77번째 그림 〈일한합병(日韓合邦)〉이다. 일본의 서양화가 츠지 히사시(辻永, 1884~1974)가 그린 것으로 문부성 및 총독부 역사 교과서에 가장 많이 사용된 그림 네 점 중 하나이다. 특히 조선총독부가 간행한 1937년 국사 · 지리 교과서에서는 [그림 6-10]과 같이 색인쇄로 한 페이지를 차지하고 있다. 화창한 날씨의 서울 남대문 앞을 조선의 지게꾼, 소몰이, 일본 여인, 머리에 광주리를 이고 아이 손을 잡은 조선 여인이 한가롭게 걷고 있는 광경이 〈일한합병〉으로 그려지고, 일본 본토 및 식민통치하의 학교 교과서에 널리 사

[그림 6-11] 〈오오야마대장 하에 봉천성에 들어가다〉(文部省, 1940)

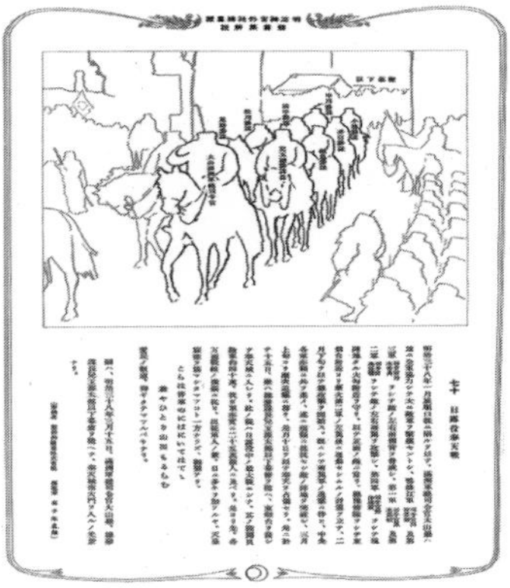

[그림 6-12] 〈러일전쟁봉천전〉(카노코기 다케시로 作)

용되었다. 본문 내용과 별개로 그림 자체에서 강력하게 의미를 전달하고자 하는 내용이며 배치이다. 이 그림이 4년제 보통학교를 다니는 조선 아동의 교과서에서 색인쇄와 큰 사이즈의 그림으로 게재된 것은 반대로 이 그림을 보고 조선 아동이 느끼는 바가 기타 지역, 즉 일본 아동, 타이완 아동, 만주 아동과 분명 다를 것이라는 인식을 반증하고 있다.

[그림 6-11]은 명치신궁 성덕기념회화관의 70번째 그림으로 서양화가 카노코기 다케시로(鹿子木孟郎, 1874~1941)의 작품 〈일로전역봉천전(日露戦役奉天戦)〉을 묘사한 삽화이다. 전시 초기부터 기념회화는 감상방법이 [그림 6-11]과 같이 마련되어 있었다. [그림 6-12]는 카노코기의 회화를 실루엣으로 표현하여 봉천성 입성자의 이름을 붙이고 있는 해설서이다(明治神宮外苑編, 2001). 해설서의 그림 사용에서 미루어 볼 때, 그림을 '본다'는 것은 그림에 묘

사된 것이 외부 세계의 무엇과 일치하는지 관계 짓는 행위로 이 역시 실물을 언어와 일치시키는 것을 배우게 한다.

(3) 실물에 대한 언어의 위상 변화: 미키의 인상론

1910~1920년대의 교과서 삽화에 관한 논의는 '사실적이고 근거가 있는 것이냐'와 '학습자에게 적합한 역동적이고 상상적인 것이냐'의 이항 대립으로 전개되었다. 이 시기의 교과서 편집자에게 지식이란 외부 세계를 자세히 관찰하여 획득하는 것이었다. 하지만 앞서 언급한 후지오카의 말처럼, 1930년대에 지식은 '기억'의 문제와 관련되고 있다. 1930년대 일본에서 왕성하게 활동한 역사 교육자 미키 에이타로(三木英太郎)는 역사 교육에서 '전달 부진' 문제를 들면서 역사 지식의 전달 방법에 변화를 촉구했다.

> 역사를 기록으로 보는 관점은 낡았다. 그것은 학문적 축적대로 엄밀한 증거를 제시하면 앎에 이른다고 하는 전제가 흔들리고 있기 때문이다. 국사(일본사)는 명문으로 쓰여졌다 해도 그 정도만으로는 도저히 그 만분의 일도 표현해 낼 수 없는 정신적 전일재(통일재)이다. 기술할 때 인식한 것을 그대로, 조금도 변경하지 않고 나타내는 것은 도저히 불가능하다. 기록에 의거하지 않는다고 결코 단언하지는 않지만, 기록만으로는 진실된 이해를 할 수 없다. 신 국사(일본사) 연구법은 개인의 정신을 붙잡기 위해 기록과 건축물과 전설과 유물 중에 보이는 것을 통해 연구함으로써 사물의 존재에 비추어 보아 정신을 가리키는 것이 무엇보다 중요하다(三木英太郎, 1931: 37-38).

미키는 증거 유무만으로 역사가 전달되었다고 믿는 것은 이미 낡았다고 비판하며, 역사적 지식을 학문적으로만 다루어서는 안 되고 지식이 얼마나 효과적으로 전달되었는가에 관심을 가져야 한다고 주장했다. 그는 다음와 같이 전달하는 측과 전달받는 측의 불일치 문제에 대해 진술했다.

> 감격하면서 받아들인 인상이라도 이번에는 그것을 가지고 사람을 감동시키고자 하는 실천이나 표현은 쉽게 되지 않는다. …… 국사(일본사)에서 감격을 표현하는 일은 좀처럼 쉬운 일이 아니다. 그것은 아동들에게 어려움 중에 어려운 일이다. 성인에게도 역시 곤란한 일이다(三木英太郎, 14).

미키는 외부적 존재가 어떻게 해야 정신의 내면 그 자체로 변모되는가에 대한 문제를 제기하고 '인상(印象)'이라는 개념을 가지고 그것을 설명한다. '인상'이란 자기 자신의 요청으로 외부 존재가 채워지는 모습, 마음 깊은 곳에서 손을 뻗어 취하는 행위이다. "'인상'은 꽉 누르는 것, 내면으로 밀어 넣어 미궁으로 들어가는 것"이며, 일견 수동적으로 보이기 쉽지만 자유로운 의미에서 볼 때 '인상'은 외적 성질을 갖는 것이 사람의 '감격'을 통해 그 사람의 내면성과 관계 맺는 것이다. 그리고 "감격 내지 공명하는 것은 자신의 정신이 외적 존재와 장벽 없이 직접 마주하는 것"(三木英太郎, 1931: 14)이라고 했다.

그렇다면 '인상 지우기'는 어떻게 실현될 수 있을까? 미키는 마음을 감동시키는 문제를 두 가지로 해결하려고 했다.

첫째, '전체적이면서 구체적인(全具的) 이해'이다. 전체성과 구체성은 학습자의 내면을 약동시켜 앎에 이르게 하는 길이다. 전체적이고 구체적인 이해는 '원인과 결과에 이르는 앎의 방법에서 전체성보다는 부분을 추출하여 취급'해서는 안 되고, '물질생활을 통해 정신생활도 동시에' 가리키지 않으면 안 된다. 이것은 특정 사물이나 사건이 그 자체로 투명하게 전달되는 것이 아니라, 그것을 보았을 때 독자에게 떠오르는 의미와 마음 속 잔상을 통해 이루어진다는 것을 의미한다. 사물은 말과 단순한 일대일 대응에 머물지 않고, 전체 이해에 이르게 하는 상징적 기능을 한다.

둘째, '형식성'이다. '외연이 자신의 정신 내면에 침투할 때 형식을 통할 필요가 있는데, 형태나 수량, 색채의 형식이 이에 해당'한다. 개별적 사실은 전체적 의미 속에 위치하기 때문에 진정한 지식이 된다는 것이다. 미키의 지식 전달에서 전체적 이해와 형식성을 역사 교과서의 삽화에 적용해 보자면, 그림은 특정한 이야기를 감상자가 상기함으로써 이해된다. 이때 독자는 이야기를 파편적으로 알고 있는 것이 아니라 이야기 전체를 상기함으로써 기억하는 것이다.

물론 삽화가 본문 내용과 일치하면서 근거가 있어야 한다는 측면은 1940년 교과서에도 동일하게 유지된다.

> 무엇이든 본문의 기술과 조응해서 교수의 철저를 기해야 한다. 새로이 게재하는 삽화의 전거에 대해서는 별지 수정 일람표에 대략 기록한

> 다. 또한 권 말에 국명, 부 · 현 명 대조 지도는, 본문에 기재한 구 국명의 현재의 부 · 현에 있어서 개략의 위치를 표시한 것이다. 본 그림을 사용하여 본문에 기재되지 않은 구 국명을 부가하여 함부로 가르치는 것은 본 그림을 게재한 취지에 맞지 않다(文部省, 1940).

근거와 더불어 역사교육에서 '인상'은 중요한 요소로 자리 잡았다. 1943년 『초등과국사』의 편찬취지 해설에서는 독자의 흥미를 자극하고 감동을 주며 부분적 이미지로부터 전체 의미를 알도록 하는 기능을 강조했다.

> 새로운 교과서에서는 삽화를 한층 새롭게 하고 이를 기존보다 풍부하게 할 뿐만 아니라 특히 그 그림을 기품 넘치고 또한 아동의 흥미를 자극하는 역동적인 것이 되도록 배려했습니다. 또한 그림에 대한 설명에도 힘을 써서 가능한 한 단조로운 해설풍 설명을 피하고 함축적 표현을 사용하고 있습니다. 아동이 설명 자체에서도 삽화의 정신을 체득하고 그 감동을 마음에 새겨 본문의 이해를 심화시키도록 계획했습니다(中村一良, 1943).

역사 교과서의 삽화는 실물과 정확히 매칭되는 것이어야 하고, 독자에게 역동적이고 강한 인상을 주어서 전체적 이해에 이를 수 있는 것이어야 한다.

1903년경에는 삽화와 본문 내용이 연관 없이 제시되기도 했지만, 점차 연관성이 강조되면서 언어(개념)와 실물 간에 일치가 이루어졌다. 교과서 삽화는 제도권에서 생성된 그림이라는 대표성을 가지게 되면서 실물과 삽화의 위상이 변화하고 시간의 사회화가 이루어졌다. 다음에서는 교과서 본문과 삽화의 관계 변화를 다루어 보겠다.

3. 1930~1940년대 교과서 삽화와 시각적 연출: 보이는 것이 관념을 만든다

1) 독자별 상이한 삽화 사용: 문부성 · 총독부교과서의 '임진왜란' 비교

문부성과 총독부가 간행한 역사 교과서는 전체적으로 동일한 구성과 체제를 가지지만, 삽화 사용에서는 미묘한 차이를 보인다. 특히 일본과 관련된 사건에 대해 독자를 의식한 듯 상이한 삽화가 게재되고 있다. 삽화에 따라 사건 해석은 달라질 수 있다. 문부성과 총독부 간행 역사 교과서에서 '임진왜란[일본 명칭은 분로쿠노에키(文禄の役)]'은 1592~1597년에 걸쳐 도요토미 히데요시가 대륙을 침공하기 위한 명분으로 조선에 파병하여 일으킨 전쟁으로 기술되고 있다. 1903년판과 1909년판의 본문은 다음과 같다.

> 히데요시는 크게 국위를 해외로 발양하지 않겠다고 억제하여, 국내를 서서히 평정하기에 이르러, 우선 명나라와 우호를 맺기로 하고, 조선에

취지를 전하고, 또 류큐를 시켜 이를 명나라에 고하게 하고, 또 필리핀과 대만에도 사신을 보내 그 복종하도록 촉구했다. 명나라가 우리 요구에 응하지 않자, 히데요시는 조선에 길을 빌려 명나라를 정벌하고자, 뜻을 조선 왕에게 이르도록 하였으나, 왕은 명나라의 위세를 두려워하여 이에 따르지 아니하였다. 이에 히데요시는 호조 씨가 죽은 이듬해에 마음먹고 조선 정벌령을 내리고, 이듬해인 일황 표기 2252년(기원 1575년) 가토 기요마사와 코니시 유키나가를 선봉으로 하여 13만여 대군을 몰아 먼저 이를 베게 했다. 우리(일본) 장수 모두 용감하여 싸우면 이기고, 공격하면 취하여, 금세 조선 수도 경성을 함락하여 국왕을 쫓고, 유키나가는 나아가 평양을 취하고, 키요마사는 크게 동북 지방을 점령하여 인 왕자를 평정하고, 거의 조선 전국을 풍미하기에 이르렀다. 조선 왕들이 크게 두려워하여 원병을 명나라에 청하니, 명나라는 즉시 대군을 일으켜 이를 도왔는데, 우리 군(일본)이 이것 역시 깨부수었다. 명은 유키나가를 통해 화합을 구했다(文部省, 1903).

일황 표기 2552년(기원 1575년) 코니시 유키나가(小西行長)와 카토 키요마사(加藤清正)를 상대로, 13만 여의 대군이 바다를 건너갔지만, 수천도 안 되는 군선, 모두 집안의 안장이 새겨진 막을 휘두르고, 사무치는 기를 세우고, 위세가 그보다 등등할 수 없다. 그보다 여러 장수가 부산에 상륙하여, 모르는 길을 나누어 북진하였지만, 싸우면 이기고, 공격하면 차지하여, 금세 경성을 함락시키고, 유키나가는 국왕의 뒤를 따라 평양을 취하고, 키요마사는 동북 지방을 정벌해 두 왕자를 포섭하였다. 키요마사는 단지 무용에 뛰어났을 뿐만 아니라, 자주 왕자를 보살피는 백성을 불쌍히 여겨, 부하들도 그 덕망으로 인해 모였다. 다치바나 무네시게(立花宗重) 등과 벽제관(陳蹄館)에 진력하여, 67배의 적병을 무참히 무찔렀다. 여기서 명나라는 크게 놀라 유키나가에게 내려와 화해를 구한다. …… 히데요시가 무례함에 분노하여 명의 사신을 쫓아내고 다시 출병의 명을 내렸다. 경장 2년, 키요마사, 유키나가가 앞서고 전군사가 바다를 건너, 곧 조선의 남부에 이르렀다. 연말에 이르러 명나라 대군이 아사노 유키나가를 울산성에서 포위하여 곧 우리(일본) 원병이 오자 힘을 합쳐 크게 명나라 군사를 이겼다. 출정 장수의 유언에 따라 병사를 피신시키자, 또다시 명이 20만을 거느리고 시마즈 요시히로의 사천을 공격했다. 요시히로는 겨우 5천 병사를 데리고 고전하여 이를 물리쳤는데, 명군은 다시 우리(일본) 뒤를 쫓아오지 않아, 장수들은 무사히 빠져나갈 수 있었다. 그러므로 전후 7년에 걸친 전쟁은, 여기에 그 종말을 고했다(文部省, 1909).

1903년 판에는 해당 본문에 삽화를 사용하지 않았으나 그 이전 역사 교과서에 해당하는 1890년『제국사략』과 비교해 보면, [그림 6-13]과 같이 임진왜란은 조선으로 향하는 배 무리로 묘사하여 전쟁 서술 본문과 일치한다. 1903년판은 히데요시가 전쟁을 일으킨 전황에 대해 본문의 반 이상 할애했고 전쟁 시작 지점과 전개 과정을 서술하고 있다.

1909년판도 이와 유사하지만 전쟁 발생 원인보다는 전투에 대해 자세히 서술했다. 특히 특정 장소명을 두드러지게 사용한 것이 특징적이다. [그림 6-14]는 히데요시가 조선 정벌군의 출발을 바

[그림 6-13] 〈조선정벌병선 출발〉
『제국사당』(1890)

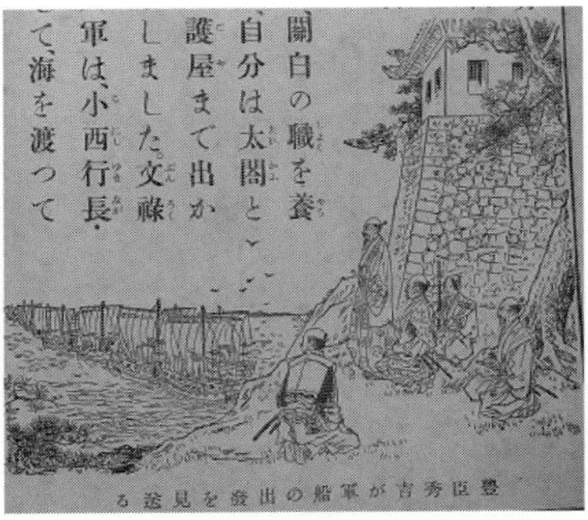

[그림 6-14] 〈히데요시가 조선정벌군의 출발을 기다리다〉(文部省,1909/1921)

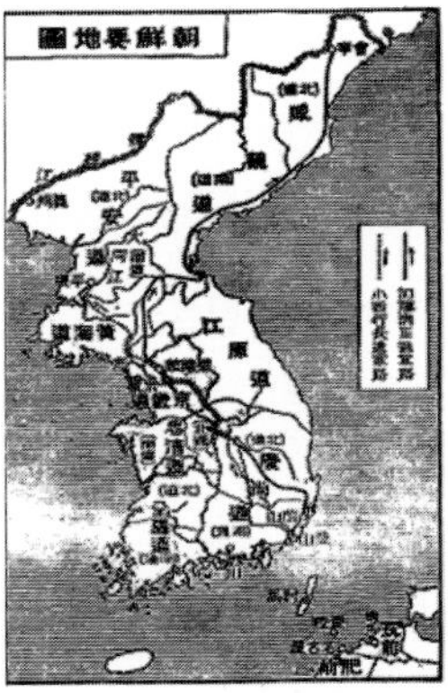

[그림 6-15] 〈조선요지도〉
(文部省, 1909/1921)

라보는 삽화인데 출병 시의 묘사와 일치한다. [그림 6-15]의 전투 장소 지도는 지도에 표시된 장수들의 전진 화살표를 따라감으로써 전쟁을 공간적으로 파악할 수 있게 된다.

임진왜란에 대한 삽화 사용의 현격한 차이는 1935년, 1940년 문부성 교과서와 1937년과 1938년 조선총독부 교과서에서 나타난다. 1935년에 문부성 교과서에는 가토 키요마사가 울산을 향해 가는 출병도 삽화([그림 6-16] 참조)를 사용했고, 1940년에는 같은 본문 내용에 양정관 기념회화 그림([그림 6-14] 참조)을 게재했다. 반면, 조선총독부의 역사 교과서에서 '임진왜란'은 초기 1923년 판으로 일본군의 진군 경로를 나타낸 지도([그림 6-15] 참조)로 표현되었으나 1937년 개정한 역사 교과서에는 히데요시의

[그림 6-16] 〈가토 기요마사가 울산을 향하다〉(文部省, 1935)

[그림 6-17] 〈기요마사가 울산을 향하다〉(文部省, 1940)

小西行長の築いた順天城

[그림 6-18] 〈코니시 유키나가가 쌓은 순천성〉(조선총독부, 1937)

碧蹄の古戦場

[그림 6-19] 〈적벽의 옛전장〉(조선총독부, 1938)

가신(家臣) 코니시 유키나가가 쌓은 순천성 전투 유적([그림 6-18] 참조)을 사용했다. 1938년『역사지리』통합교과서에서도 타치바나 무네시게의 적벽에서의 전장 유적을 실었다. 그렇다면 왜 조선총독부 교과서에만 유적 장소를 제시했을까?

우선 [그림 6-19]의 '벽제의 고전장'의 본문에서는 "조선은 곧 명나라에 도움을 청했다. 명나라가 대군을 몰아 쳐들어왔으나 벽제(경기도)의 싸움으로 죽을 고생을 하고 화목을 청했다."라고 서술하고 있다. 역사 서술의 주체는 조선이지만 삽화에는 일본군이 승리한 조선의 장소의 현재를 보이고 있다. 책 속의 장소는 과거의 시간을 지시하고 있으며, 기억은 과거의 사건과 현재의 장소를 상호 관련시키는 이중의 효과를 낸다. 유적 도상은 전쟁이 일어난 장소를 직접 지목함으로써 조선 독자들이 자신의 공간을 역사적 시각으로 바라보는 습관을 훈련시킨다.

임진왜란의 수행자 없는 유적 삽화는 조선의 아동 독자에게는 사실적인 삽화로서 전쟁의 기억을 선명하지만, 또한 그것이 이미 과거의 기억으로 인식을 무화시키는 효과도 가진다. 유적 도상은 문부성 교과서에는 사용하지 않았다. 이 사례에서도 삽화는 역사적 사건과 외부 세계를 연결시키는 기능을 하지만 독자에 따라 다른 인식의 효과를 낳는다는 것을 확인했다.

2) 삽화에 의한 언어 확장: 픽처레스크 삽화

1930년대 말 역사 교과서에는 새로운 종류의 삽화가 등장한다. 교과서 국정화(일본) 이후 지속적으로 사용된 사실적 삽화와 대조적으로, 풍경을 그림처럼 묘사하는 삽화가 그것이다. '그림과 같은' 기법이란 미술사 용어로 픽처레스크(picturesque)라고 한다. 그것은 굽이치는 길과 강, 험한 산세, 뻗어 올라간 수목 등 울퉁불퉁한

[그림 6-20] 〈해안〉
(文部省, 1943)

[그림 6-21] 〈야마토의 봄〉
(조선총독부, 1938)

것을 요소로 한다(尾崎信一郎外, 2007). 픽처레스크는 풍경에 감정적 의미를 넣어, 풍경을 바라보는 쪽이 풍경을 자신의 앎의 틀 속으로 포함시키는 기능을 한다.

픽처레스크 이미지에는 그것이 직접 가리키는 외부 실재가 없는 것이 특징적이다. [그림 6-20]은 1943년 문부성 역사 교과서에 사용된 〈해안〉삽화로 해당 본문은 다음과 같다.

> 해안을 따라 폭이 좁은 평야도 곳곳에 보이지만 토지가 산이 많기 때문에 산이 바다에 가까이 있어 작은 배를 댈 수 있는 평지가 없는 해안도 많습니다. 바다를 향해 깎아지른 듯한 바위산의 끝자락에는 섬 흩어져 있고, 소나무 숲이 줄지어져 있는 해변가에 파도가 부서지는 것은 일본의 해안풍경의 특색이라고 해도 좋습니다(文部省, 1943: 13).

[그림 6-20]은 실제 어디를 가리키는지 알 수 없는 일반적인 '해변' 삽화이다. 본문에서는 이 해안을 일본의 전형적인 풍경으로 기술한다. 자연물에 부여하는 전형성은 바다를 볼 수 없는 산간지방

에 사는 일본 독자조차 해양국으로서 일본 국가의 이미지를 갖게 한다. 외부에 가리킬 실체가 없는 자연 도상은 그 전형적 특성으로 인해 불변의 것으로 고정된다는 데 효과가 있다. 그리고 보는 이에게 향수를 불러일으켜 자연을 통해 인식이 본래적인 것이나 정신적인 것으로 향하게 되는 것이다.

[그림 6-21]은 조선총독부 간행 교과서(1938)에 사용된 삽화 〈야마토의 봄〉이다. 야마토는 일본의 옛 명칭으로 민족주의(nationalism)와 강하게 연결된다. 조선 아동이 읽을 교과서에 〈야마토의 봄〉은 색 인쇄로 교과서 한 페이지를 전부 차지하고 있다. 빽빽이 모인 밭과 논을 둘러싸고 꽃 핀 가로수가 이어진 평야 너머 멀리 산이 줄지어 있는 평온한 풍경을 그리고 있다. 이 그림은 특정 지역을 지정하지 않음으로써 누구나 떠올릴 수 있는 일상의 풍경, 혹은 시골, 고향의 이미지를 연상시킨다.

사실 픽처레스크는 독자에게 즉각적으로 지식이나 교훈을 주지는 않는다. 그 대신 기존의 그림들, 즉 사물을 있는 그대로 보여 주는 것만으로는 전할 수 없는 것을 전달한다. 즉, 그림에 구체적인 지명이 없으면 보는 이의 눈은 자신의 내면을 향할 수 있다. 그리고 내면을 향해 형성된 기억은 자신이 사는 환경에 투사할 수 있는 효과를 낸다. 조선총독부 간행 교과서에 게재된 〈야마토의 봄〉은 어느 곳에나 자리 잡고 있는 시골의 봄 풍경에 제국의 태곳적 의미를 부여하고, 또 교과서 독자들이 자신의 일상적 풍경에서 민족주의를 떠올릴 수 있도록 훈련시킨다. 여기서 삽화 속 풍경은 지시할 외부가 있기도 하고 없기도 하다. 그 애매모호함으로 인해 오히려

지시할 외부를 건너뛰어 곧바로 보는 이의 인식에 연결됨으로써 기존의 교과서 삽화에서 지속되었던 언어-사물의 일치점이 흐릿해지고 대신 실물의 의미를 재구성할 수 있게 되었다.

4. 마치며

이 장에서는 1930~1940년대까지 문부성과 조선총독부 교과서의 삽화 사용을 통해 근대교육에서 실물과 언어의 관계 전환을 고찰하였다. 요약하면 다음과 같다.

첫째, 1920년대를 전후로 일본 교과서 삽화에서 실물(그림)과 언어의 '일치'가 중요한 논제로 다루어졌다. 삽화는 외부 세계의 실물, 사건을 가리키면서 교사의 자의적 강술은 제한되었고 독자 누구나 '보면 알' 수 있도록 가르치는 장면을 고정하는 역할을 했다. 이러한 고정화는 교과서 삽화에 전문 화가를 채용하고 기념관 회화를 사용하며, 교과서 삽화 해설서가 대거 간행되면서 심화되었다. 이는 교과서의 삽화가 사물을 사실적으로 제시하는 매체일 뿐 아니라 교사의 설명을 거치지 않고도 학습자가 지식을 동일하게 파악할 수 있도록 외부 세계의 실물 실체에 직접적으로 매칭된 것임을 의미한다.

둘째, 교과서 삽화에서는 근대 고유의 세계관 및 교육관이 표출되었다. 실물교육은 교과서 삽화 속에서 초기에는 언어와 사물 간 일치성을 추구하였으나 후반으로 갈수록 사물(그림)이 언어를 가리키거나, 개념을 상징하는 쪽으로 분화되었다. 아동은 교과서를 통해 자신의 생활세계와는 유리된 '세계'를 접한다. 이때 그림은 손 삽화, 사실적 회화, 지도, 통계도표 등 다양한 구성으로 아동이 아직 모르는 세계를 들여다 볼 수 있게 했다. 교과서 삽화는 사건 · 사물을 사실적으로 '있는 그대로 보여 주기'에서 '강한 인상을 주어서 기억하고 주목하도록' 하는 기술로 바뀌어 갔다. 이는 교육의 목적이 사건 · 사물을 정확히 보고 그것이 의미하는 바를 파악하는 능력에 있지 않고, 자율적인 활동으로 편성되어 학습자가 앎에 이르는 '과정'을 조절하는 데 있다. 교육에서는 사건이나 사물 자체보다 전달 방식이 중요해지면서 교육에서 언어와 사물, 그림 간에 위상이 뒤바뀌어 버렸다.

셋째, 1930년대에 교과서 독자별로 삽화 사용의 상이함은 시각적 표현의 정치성을 나타냈다. 특정 개념에 다른 피사체를 사용하여 그것을 보는 행위에서 독자 간 다른 인상을 떠올리도록 유도했다. 이는 교과서의 삽화가 사물을 '있는 그대로' 모방해 내는 것이 아니라 의도하는 사항을 사실적으로 그릴 수 있는 것이 된다. 즉, 교과서 편집의 정치적 의도에 따라 독자는 세계를 다른 사실성으로 기억하게 된다.

넷째, 1930~1940년대 교과서 삽화는 반드시 본문에 종속되지 않아도 독립적으로 의미를 전달할 수 있는 것이 증가했다. 그 예로, 픽처레스크 삽화는 당시 일제강점기의 공간에 있는 독자가 일상에서 같은 것을 연상하도록 하는 새로운 유형의 삽화였다. 특정 대상을 갖지 않는 상징적 지시(픽처레스크)가 일상에 대한 독자의 시선을 지배하도록 그려짐으로써 삽화는 텍스트를 이끌거나 텍스트가 말하지 않는 것을 독립적으로 전달하는 기능을 한다.

이와 같이 근대 일본 교과서 삽화를 통해 교육에서 실물과 언어의 관계 전환기에 대해 분석했다. 이것이 차후 현대교육 인식에 끼친 변화를 다음과 서술할 수 있을 것이다. 흔히들 "보면 안다."고 한다. 여기에는 무언가를 보여 주면 반드시 보는 이가 그것을 특정 의미와 결부시킨다는 학습관이 전제된다. 보면 안다는 과정은 자연스럽고 순차적인 과정이지만, 여기에는 '이미 아는 것을 본다'는 순서의 도치가 일어나고 있다. 그리고 이러한 앎은 강연이든, 사진이든, 동영상이든 동시대 미디어를 통해 학습자가 획득하게 된다.

근대 일본 교과서 삽화 분석을 통해 실물과 언어의 관계가 유동적으로 변화함을 확인했는데, 이는 세계 인식을 위한 표상의 가능성에 대해 시사점을 준다. 즉, 기존의 세계를 단순히 답습하여 실물을 언어에 일치시키거나 지시하는 데 머물지 않고, 실물의 표상 속에서 새로운 언어를 생성해 낼 수 있는 것이다. 미래의 교육에서는 실물(삽화)을 학습자가 조망하면서 새로운 개념을 자유롭게 생산할 수 있는 그림을 고안하는 것이 과제가 될 것이다. 특히 본문에서 확인한 언어와 실물의 관계 전환의 구도는 현대교육에서 새로운 공공성을 시각적으로 모색해 가는 데 던지는 시사점이 크다.

이 장의 내용은 교과서의 다양한 삽화를 대상으로 해야 했으나 전체적 변화를 [그림 6-2]의 그래프로 집약적으로 나타내고 지면 관계상 한정된 분량의 그림을 사용한 제한점을 가진다. 추후 다른 교과의 교과서 분석을 병행하여 당대 교육 미디어의 특성을 명확히 드러낼 수 있도록 해야 할 것이다. 또한 현대 우리나라 교과서와의 비교를 통해 현대의 미디어가 '보면 안다'는 과정에 어떠한 실물주의 관점을 가지고 작용하는지, 그리고 이것이 현대 학력관에 어떤 영향을 끼치는지 검토할 필요가 있다.

참고문헌

김문정, 정영근(2010). 사진의 교육학적 의미. 교육사상연구, 24(3), 47-63.

김성학(1998). 식민지시기 페스탈로찌 수용과정 연구. 경희대학교 교육문제연구소 논문집, 14(1), 51-79.

김정민, 김영철(2009). 사진의 교육적 역량탐색. 교육인류학연구, 12(2). 103-135.

사희영, 김순전(2016). 일제강점기 〈地理〉 교과서 삽화 활용에 대한 고찰. 일본연구, 67, 177-199.

우정길(2009). 두 개의 세계, 두 개의 인간학 그리고 하나의 교육. 한국교육학연구, 15(2), 5-29.

정영근(2010). 도상적 전환의 교육학적 의미. 교육의 이론과 실천, 15(3). 175-192.

金子隆一 (1999a). 印刷文化のなかの写真―その始まりから確立まで. 国文学－解釈と教材の研究, 44(10), 學燈社.

金子隆一 (1999b). 朝日グラフにみるグラフ構成の変容とその意味. 論集 視覚の昭和. 松戸: 松戸市教育委員会.

大久保遼 (2011).「日露戦争実記」における視覚の構成. マス·コミュニケーション研究, 78, 209-230頁, 日本マス·コミュニケーション学会

東京書籍印刷株式会社社史編集委員会 (1999). 東京書籍印刷株式会社30年史―教科書製造の変遷. 東京: 東京書籍印刷.

藤田継平 (1921). 編纂趣意書の解説を主調にした新国史教科書の考察と活用.
藤田継平 (1938). 挿画を中心とせる国史教育—尋常小学国史挿画の解説と其の精神.
栗山周一 (1921). 杜撰極まる尋常小学国史の批判.
李淑子 (1985). 教科書に描かれた朝鮮と日本. 東京: ほるぷ出版.
明治神宮外苑編 (2001). 明治神宮聖徳記念絵画館壁画. 明治神宮外苑.
文部省 (1903). 小学日本歴史編纂趣意書.
文部省 (1903/1909/1920/1934). 尋常日本歴史.
文部省 (1909). 尋常小学日本歴史編纂趣意書.
文部省 (1920). 尋常小学国史上編纂趣意書.
文部省 (1938/1939). 尋常小学地理書.
文部省 (1940). 小学国史.
文部省 (1940). 小学国史上編纂趣意書.
文部省 (1943). 初等科国史.
尾崎信一郎外 (2007). 日本近現代美術史事典. 東京: 東京書籍.
北原恵 (2003). 教科書のなかの「歴史/画」-天皇の視覚表象. 歴史評論, 634, 14-24.
北詰裕子 (2001). J.A.コメニウスにおける事物主義と図絵. 教育哲学研究, 84, 87-103.
三木英太郎 (1931). 精神科学的心理学に基く国史教育. 東京: 明治図書.
小林弘忠 (1998). 新聞報道と顔写真—写真のウソとマコト. 東京: 中央公論社.
小笠原喜康 (2004). Peirce記号論によるvisual記号の概念再構成とその教育的意義. 横浜: 紫峰図書.
小出楢重,芳賀徹 (1987). 小出楢重随筆集. 東京: 岩波書店.
矢作勝美 (1992). 大日本図書百年史—社史からみた日本の教育史. 東京: 大日本図書.
影山昇 (1997). 明治前期のペスタロッチー主義教育. 成城文藝, 167, 84-61.
朝鮮総督府 (1932/1937). 普通学校国史.

朝鮮総督府 (1937). 初等地理.

朝鮮総督府 (1938). 国史地理.

中村紀久二 (2001). 教科書の社会史一明治維新から敗戦まで. 東京: 岩波書店.

中村一良 (1943). 初等科国史編纂趣旨書.

韓炫精 (2012). 教科書における歴史の視覚的演出:近代戦争の挿画を中心に. 東京大学大学院教育学研究科基礎教育学研究室紀要, 38, 11-21.

韓炫精 (2014). 教科書における帝国の風景:戦前地理教科書の写真使用を中心に. 東京大学大学院教育学研究科基礎教育学研究室紀要, 40, 203-217.

紅野謙介 (2002). 写真のなかの戦争一明治30年代 太陽の口絵をめぐって. 近代日本の文化史3近代知の成立. 東京: 岩波書店.

喜田貞吉 (1969). 月刊. 小学校. 臨時増刊新国定教科書号(明治43.2.) 海後宗臣. 歴史教育の歴史. 東京: 東京大学出版会.

Anderson B. (2006). *Imagined Communities*. 서지원 역(2012). 상상된 공동체. 서울: 길.

Melroux, A. (1996). *Le Musee Imegineire*. 김용권 역(2004). 상상의 박물관. 서울: 동문선.

찾아보기

인명

내용

저자 소개

김선희(Kim Sunhee)

이화여자대학교 대학원 이학 박사(수학교육 전공)

현 강원대학교 수학교육과 교수

〈주요 저서〉

수학교육과 정의적 영역(공저, 경문사, 2014)

수학적 추론(공저, 교우, 2017)

세계의 수학교육 둘러보기(공저, 경문사, 2019)

방진하(Bhang Jina)

서울대학교 대학원 교육학 박사(교육철학 전공)

현 명지전문대학 유아교육학과 교수

송순재(Song Sun-Jae)

독일 튀빙겐 대학교(Eberhard Karls Universität Tübingen) 대학원 사회과학 박사 (교육철학 전공)

감리교신학대학교 교수, 한국인문사회과학회 회장 역임

〈주요 저 · 역서〉

상상력으로 교육에 말걸기(살림터, 2011)

꿈의 학교, 헬레네 랑에(역, 착한책가게, 2012)

임현정(Lim Hyunjung)
전남대학교 대학원 교육학 박사
현 북이초등학교 교사

〈주요 논문〉
교과서 중심 교육관의 대안 탐색: 발도르프 교육론을 중심으로(2021)

정정철(Jeong Jeongcheol)
전남대학교 대학원 교육학 박사
현 광주광역시 일동초등학교 교사

〈주요 논문〉
학교교육에서 제공되어야 할 교육적 경험의 특성에 관한 연구: 존 듀이 교육론을 중심으로(2011)
'과정 중심 평가'의 교육적 의미와 난점 분석을 통해 본 교육평가의 지향점 탐구(2020)
목적 기반 교육평가의 적용 가능성 탐색: 존 화이트 이론에 근거한 고찰(2021)

조상식(Cho Sang-Sik)

독일 괴팅겐 대학교(Georg Ausust Universität Göttingen) 대학원 정치학 박사
(교육철학 전공)

현 동국대학교 교육학과 교수

〈주요 저서〉

현상학과 교육학(원미사, 2002)

윌리엄 제임스 교육론(문음사, 2005)

교육철학 및 교육사(공저, 교육과학사, 2016)

한현정(Han Hyunjung)

일본 동경대학교 대학원 철학 박사(교육사 · 철학 전공)

현 창신대학교 유아교육과 교수

〈주요 논문〉

Adventure stories and Geographical imagination in Japanese and Korean Children's Magazines, 1925-1945(2015)

세계인식 형성에 있어서 교과서 삽화의 역할: 일제시대 간행된 초등 지리교과서의 인종 · 민족 삽화를 중심으로(2017)

한국교육철학학회 총서

교사, 교과서를 말하다
교육 실제에 관한 철학적 탐구

On Teaching Through Textbooks:
Philosophical Inquiry into Educational Practice

2022년 2월 15일 1판 1쇄 인쇄
2022년 2월 25일 1판 1쇄 발행

편저자 • 한국교육철학학회
지은이 • 김선희 · 방진하 · 송순재 · 임현정 · 정정철 · 조상식 · 한현정
펴낸이 • 김진환
펴낸곳 • (주) 학지사
04031 서울특별시 마포구 양화로 15길 20 마인드월드빌딩
대표전화 • 02)330-5114 팩스 • 02)324-2345
등록번호 • 제313-2006-000265호

홈페이지 • http://www.hakjisa.co.kr
페이스북 • https://www.facebook.com/hakjisabook

ISBN 978-89-997-2595-1 93370

정가 13,000원